AF268113

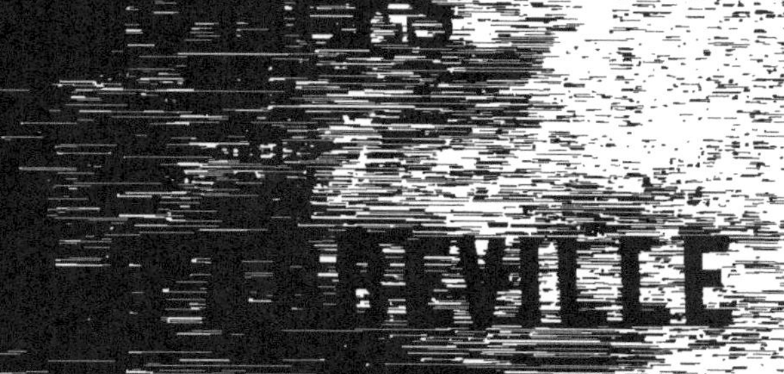

LK⁷ 20

I.

X

NOTICES

SUR LES

RUES D'ABBEVILLE

ET SUR LES FAUBOURGS

Abbeville. — Imp. JEUNET, rue Saint-Gilles, 109.

NOTICES

SUR LES

RUES D'ABBEVILLE

ET SUR LES ,FAUBOURGS,

PAR

ERNEST PRAROND.

DEUXIÈME ÉDITION.

ABBEVILLE.

T. JEUNET, IMPRIMEUR-ÉDITEUR, RUE SAINT-GILLES, 108.

1850.

Par suite de dispositions typographiques changées aujourd'hui,
un assez grand nombre d'exemplaires des Notices sur les Rues
d'Abbeville ne commençaient qu'à la page 79. Ce sont ces exemplaires que nous avons voulu compléter par Les Faubourgs et la
Notice sur Ringois. Cette seconde édition n'en est donc pas une
nouvelle à proprement parler, bien qu'elle ait cela de commun avec
beaucoup d'autres de s'abriter sous une couverture neuve et une date
rajeunie; elle est, il est vrai, un peu augmentée, mais non revue ni
corrigée. Si jamais une seconde édition véritable des Notices sur
les Rues d'Abbeville était faite, de nombreuses modifications,
sans la mettre sans doute à l'abri de tout reproche, la rendraient
néanmoins plus satisfaisante ; ainsi Les Faubourgs se trouveraient

II

naturellement refondus et complétés à leur place dans le plan général de l'ouvrage, et la Notice sur Ringois pourrait venir en note au théâtre. Ce ne seraient pas là, du reste, les seules additions qu'une revue consciencieuse nous permettrait d'apporter à notre travail. Quant à l'édition présente, ces observations suffiront au lecteur, nous voulons l'espérer, pour lui faire indulgemment chercher et découvrir dans ce livre l'unité que nos intentions y mettent.

LES

FAUBOURGS D'ABBEVILLE.

LES FAUBOURGS D'ABBEVILLE.

LA BANLIEUE.

Il est convenable, avant de parler des Faubourgs d'Abbeville, de
dire un mot de la Banlieue qui les enveloppe. La Banlieue d'Abbeville
fut réglée en **1283**, suivant le P. Ignace (1). Elle existait, du reste,
depuis longtemps déjà. L'art. 30 de la charte de Jean II, comte de
Ponthieu, en rappelle et confirme la concession. Rappelle et confirme,
nous employons ces mots à dessein : on sait que cette charte de
Jean II, accordée en **1184**, ne faisait que consacrer en très-grande
partie les libéralités verbales de son bisaïeul, Guillaume de Talvas, à
qui les bourgeois d'Abbeville durent l'établissement de leur commune
vers **1130**. C'est ainsi que s'exprimait la charte de Jean II : « Concessi
etiam eisdem Burgensibus banlivam quetam et liberam habendam

---

(1) *Histoire chronologique des Maieurs d'Abbeville,* page 216.

1

usque ad arborem de Maliort, usque ad trenkeiam de Monte Calberti, usque ad trenkeiam novorum molendinorum, usque ad quatuor quercus, usque ad antiquam mensionem Roberti Fretel, et usque ad crucem Altavenœ.» La Banlieue d'Abbeville s'étendait donc, en 1184, jusqu'à l'arbre de Mautort, jusqu'à la tranchée des monts de Caubert, jusqu'à la tranchée des nouveaux moulins, jusqu'aux quatre chênes, jusqu'à l'ancien logis de Robert Fretel et jusqu'à la croix de Haute-Aveine. Des indications de la Banlieue de ce temps, combien ne nous offrent même plus un point de repère! Où est l'arbre de Mautort, Où est la tranchée des nouveaux moulins? Où sont les quatre chênes? Où est la maison de Robert Fretel? Où est la croix de Haute-Aveine? Certainement il est dans la nature des choses que les arbres pourrissent, que les maisons tombent, que les fossés se bouchent, que les croix même disparaissent ; nous ne nous donnerons pas le ridicule de faire de l'élégie à propos de ces accidents ; mais quels cimetières cependant que nos livres, et surtout nos livres d'histoire et de géographie, ou tout simplement de petite topographie locale ! Une foule de noms paraîtront peut-être dans le cours de notre travail qui, dans cent ans ou deux cents ans d'ici, ne seront pas plus connus de nos petits-fils que celui de Robert Fretel, un très-gros bourgeois sans doute de 1184. Cent ans plus tard, lorsque la Banlieue d'Abbeville fut réglée, suivant l'expression du P. Ignace, en 1283, comme nous l'avons dit, il se trouva qu'elle comprenait, du côté de la porte d'Hocquet, tout le faubourg de Rouvroy, Sur-Somme et une partie de Mautort ; du côté de la Portelette, « cette grande espace de terre qu'on a appelée les *Planches*, » dit le P. Ignace. Cette partie de la Banlieue était nue alors, et elle s'étendait jusqu'à la tranchée des carrières du mont de Caubert, suivant la charte de Jean II, que viennent ici confirmer les lettres d'Esticule de Kerrieu, chevalier seigneur de Marcuil, datées du mois d'octobre 1283 ; ces lettres acceptent comme limites de la Banlieue la « *tranchée des quarrières du mont de Cauberch, que l'on appele le cren de portes.* » Ce cren de porte existe encore : c'est la tranchée ouverte au-dessus des monts de Caubert et qui sert de chemin. Du côté des portes Saint-Gilles et du Bois, la Banlieue comprenait, outre les faubourgs, un grand nombre de terres labourables ; elle s'arrêtait sur la route d'Epagnette, à une borne placée au-dessous de l'*Espine-Harvoise* et sur le chemin de Saint-Riquier à une autre borne dont rien ne nous indique la position. C'était près d'Epagnette qu'était la tranchée des nouveaux moulins ; les lettres d'Esticule de Marcuil en font foi ; elles posent comme limites à la Banlieue, avec l'*Espine-Harvoise*, « *le trenkie des nuës molins, qui est au bout pardescure vers Espaignele du pré Lambert' Daussay qui fu.* » Du côté de la porte Marcadé, la Banlieue, qui comprenait « le hameau de Demenchecourt, » allait jusqu'à la *croix de Haute-Aveine*, qui existait sans doute encore. Aujourd'hui la Banlieue d'Abbeville, quoique le mot soit encore en usage, n'est plus qu'un souvenir. Rigoureusement, si on voulait en faire autre chose que de l'histoire topographique, elle a été restreinte aux bornes de l'octroi ou de la commune. Autrefois la Banlieue avait pour ses habitants une grande importance ; ils jouissaient des mêmes franchises et priviléges que ceux de la ville ; aujourd'hui ces priviléges, précieux alors, se sont effacés dans l'égalité de la loi générale. Les habitants de la banlieue partagent cependant encore les avantages et les charges de tous les habitants de la commune.

Cette Banlieue, ainsi circonscrite, embrasse, comme nous l'avons dit, les faubourgs ; ces faubourgs sont, à proprement parler, au nombre de huit, bien qu'Abbeville n'ait que cinq portes : ce sont les faubourgs de Thuyson, de la Bouvaque, de Menchecourt, de Rouvroy, de Mautort, des Planches, de Saint-Gilles et du Bois.

THUYSON.

La côte de la Justice est le point d'où l'on domine le mieux Abbeville. C'est de ce point que Robert Cordier, notre vieux graveur, dessina le plan de 1654 qui a sauvé sa mémoire parmi nous.

Cette côte de la Justice est ainsi nommée parce que c'était là qu'étaient les fourches patibulaires. On sait que les chartreux de Thuyson y cultivaient des vignes. D'autres souvenirs se rattachent encore aux environs de cette côte, et nous devons les mentionner ici avant de descendre dans les brouillards qui enveloppent trop souvent notre ville.

Entre les deux routes de Montreuil et d'Hesdin, près de leur embranchement, est un lieu que l'on appelle *Baillon*. Ce champ *Baillon* était-il le fief ainsi nommé et qui, « situé près de la terre d'Abbeville, suivant Dom Grenier, tirait vers Buigny Saint-Maclou ? » Nous ne savons, quoique cela soit probable, et n'avons pas dessein d'éclaircir ici cette question ; nous n'avons voulu qu'indiquer par ce champ la place où furent faites il y a quelques années d'assez curieuses trouvailles.

M. Delignières, ayant fait creuser la terre dans ce lieu pour les besoins d'une briqueterie, y recueillit différents objets qui paraissent monter à l'époque romaine. C'étaient trois vases en verre avec deux anses, trois petits vases lacrymatoires en verre, une jatte en terre dans laquelle se trouvait une monnaie de cuivre à l'effigie de Faustine, enfin quelques débris de vases en terre, un fragment de meule à main et des traces de combustion. Un des vases en verre, une des petites fioles lacrymatoires, la jatte en terre, la pièce de monnaie, le débris de meule et quelques autres fragments sont encore en la possession de M. Delignières. Tous ces débris feraient supposer l'existence d'une sépulture, si la meule ne donnait quelque poids à la créance d'une ancienne habitation.

C'est à peu de distance de ce champ *Baillon*, près du chemin qui va vers Hautvillers, que s'élève encore aujourd'hui une épine énorme et qui probablement servit autrefois de borne à la forêt de Gaden. Cet arbre s'appelle l'*Epine de la belle Madeleine*. La tradition veut qu'en 1346, à l'époque de la bataille de Crécy, une jeune fille ait été trouvée morte au pied de cette épine. Des soldats de l'armée d'Edouard III l'avaient, dit-on, violée et tuée. De là le nom d'épine *de la belle Madeleine* laissé à cet arbre par cette jeune fille dont le souvenir est ainsi venu jusqu'à nous.

Au haut de la Justice encore, mais de l'autre côté et sur la droite de la route d'Hesdin, est un lieu dit : *La Porte Rouge*. Une tradition consacre aussi ce nom : on prétend qu'une ferme détruite par un incendie s'y élevait autrefois, et qu'une large pierre couvre encore sous terre le puits de cette habitation.

Quant à la route qui descend aujourd'hui la Justice et dans laquelle se confondent les deux routes de Montreuil et d'Hesdin, ce n'était avant 1789 qu'une cavée. A cette époque, la misère qui obligea la ville à recourir à des travaux de charité pour subvenir aux besoins des malheureux, fit adoucir la côte par les bras sans travail ; la route actuelle fut alors ouverte.

Si nous examinons maintenant les environs de la ville mentionnés par le burin de Robert Cordier dans le plan qu'il nous a laissé d'Abbeville, nous trouvons en première ligne le faubourg de Thuyson dominé par l'église de la Chapelle.

L'étymologie du nom de Thuyson est fort incertaine : on a cru la retrouver dans le vieux mot Tuoison (Tue oison) qui, selon Roquefort, signifie action d'égorger les animaux ; on a cru aussi pouvoir l'attribuer à Thuyscon, le grand dieu des Germains, commun peut-être aux Gaulois comme la plupart des dieux germains ; cette dernière explication aurait pour appui ce qu'avance le P. Ignace, qu'un autel était consacré aux faux dieux où est aujourd'hui l'église de la Chapelle. Nous émettons ces doutes pour ce qu'ils valent. Dom Grenier, l'inépuisable bénédictin que nous avons longuement consulté à la bibliothèque nationale sur Abbeville et l'arrondissement, ne nous fournit point d'explication beaucoup plus irréfragable : « *Touvion*, dit-il laconiquement dans une note isolée, *Touvion* que l'on appelle aujourd'hui Tuison, faubourg d'Abbeville à la porte Marcadé, est peut-être le *Noviomum* sur la rivière de Scardon (1). » Ailleurs nous trouvons sur une note détachée encore, comme la plupart de celles

____

(1) Dom Grenier, 24ᵉ paquet, 22ᵉ liasse.

qui composent les liasses de sa topographie : « *Pontem de Tounoyon,*
peut-être aujourd'hui Tuison. » La citation de ce lieu dans cette
note est extraite d'une charte du val de Buigny, de 1260. Dom
Grenier ajoute dans une note qui sert en quelque sorte de complé-
ment aux deux premières : « Il y a dans la chaussée Marcadé le pont
de Touvoyon, sous lequel passe une rivière qui vient des prés des
Chartreux. » Il nous en coûterait de renoncer à l'idée qui nous fait
attribuer au mayeur Touvoyon, en charge en 1369, et sous la magistrature duquel les Anglais furent chassés d'Abbeville par nos arrière-
grands pères, le nom du pont de Touvoyon. Nous devons reconnaître cependant comme au moins très spécieux, sinon convainquant,
le rapprochement de Dom Grenier. Ne serait-il pas possible, en sup-
posant que *Tounoyon* ou *Tonuoyon,* — il faut se délier des écritures
et de ses propres yeux, — fut bien effectivement Thuyson, ne serait-
il pas possible que le mayeur Firmin de Touvoyon eût pris son
nom même de ce lieu et que notre pont de Touvoyon, construit de
son temps ou baptisé en son honneur, s'appelât ainsi à double titre ?
Il y a là un jeu d'hypothèses dont nous ne devons pas abuser.

Ce qui nous paraît plus positif, c'est qu'il y eut à Thuyson, ou près de
Thuyson, un lieu appelé *Novion.* Tout le constaterait à défaut même
de titres, la rivière de *Novion,* un ancien moulin de ce nom, et
jusqu'à une vieille rue de la ville qui s'appelait ainsi. Dom Grenier nous
fournit de plus des preuves qui font de cette supposition presque
forcée une certitude. « *Omnia prata mea,* dit Gui, comte de Ponthieu,
dans une charte de l'an 1100 en faveur du prieuré de Saint-Pierre,
*quæ sunt juxta Abbatis villam supra Scardon ex utraque parte et omnem
piscieriam de Scardon, a molendinis de pratis usque ad Somonam fluvium
et molendinum de Noviomo, totum situm super eumdem fluvium Scardon et quidquid habebat* (ou *habebam*) *in eadem villa de Noviomo...
concessimus* (1). Il n'y a pas de doute possible avec le Scardon et la

- - - - - - -

(1) Dom Grenier, 24ᵉ paquet, 22ᵉ liasse.

Somme, avec ces prés qui touchent à Abbeville, ces moulins des prés et de Novion, et cette habitation désignée du nom même de Noviou, *eadem villa de Noviomo*. Dans la même charte il est question d'une chaussée que laissent à leur gauche ceux qui vont à Novion : « *Super calceiam à sinistris euntium de Abbatis villa Noviomum.* » Cette chaussée avait sans doute la direction de la route qui escalade aujourd'hui la Justice et s'en va vers le village actuel de Nouvion ; c'était probablement même cette rue de Thuyson qui porte actuellement encore le nom de Chaussée d'Hesdin, à moins cependant qu'il ne s'agît d'un chemin tournant vers Demenchecourt. Ce n'est pas sans intention que nous venons de parler du village de Nouvion. Nouvion et Novion ont la même étymologie ; tous deux s'appellent *Noviomum* dans les vieux titres ; aussi hésitons-nous presque à reproduire ici une autre note extraite de la charte citée plus haut, ne sachant, isolée qu'elle est dans les papiers de Dom Grenier et sans explication, si nous devons la rapporter à Novion près d'Abbeville, ou à Nouvion le village chef-lieu de canton. La voici cependant dans sa brièveté énigmatique : « *Super calceiam quæ ducit de Abbatis villa Noviomum.* » Cette chaussée conduisait à *Noviomum* sans aucun doute ; mais où était ce *Noviomum* ? Nous en avons deux pour un : abondance de biens nuit quelquefois. C'est cette abondance de biens, autrement dit cette incertitude, qui nous empêche de rappeler ici un diplôme du roi Chilperic II, par lequel ce prince donne à la basilique de Saint-Médard de Soissons le village de Novion en Ponthieu que Grimoald, maire du palais, avait possédé et qui était retourné au fisc. Nous sommes portés à croire que pour cette fois ce titre se rapporte bien au village et non au faubourg ; nous le produirons plus tard si nos excursions dans l'arrondissement nous en fournissent l'occasion. Pour en finir avec ces exhumations de vieux noms mangés aux vers dans la poudre des bibliothèques, hâtons-nous de dire, ce que l'on a deviné sans peine, que Dom Grenier tire de quelques uns de ces passages la conséquence probable que Nouvion et Tuison, ainsi que Touvion et Tounoyon ou Touvoyon sont un seul et même lieu.

Ajoutons qu'un des principaux bienfaiteurs des chartreux établis à

Tuyson, s'appelait Jean-de-Nouvion et qu'il avait sa sépulture aux Chartreux même (1).

Nous avons vu le moulin de Novion mentionné dans la charte de de 1100 de Gui, comte de Ponthieu ; nous le retrouvons sous le nom de moulin à OEuille, dans un bail à cens du 28 octobre 1417 conservé dans le cartulaire noir de Saint-Pierre, fol. 286, verso. « Le moulin à OEuille qu'on dit de Nouvion séant au dehors de la porte Marcadé à Abbeville (2).

A Thuyson étaient l'église paroissiale de la Chapelle et le couvent des Chartreux dédié à Saint-Honoré.

L'église de la Chapelle qui, dans le plan de Robert Cordier, semble dominer toute la ville, ne fut d'abord effectivement qu'une chapelle « où on mit une image de Nostre-Dame, et de là vient qu'elle fut appelée Nostre-Dame de la Chappelle » (3). Depuis, cette chapelle s'effaça sous une église que le nombre augmentant des fidèles fit ériger en paroisse. Ce nouvel édifice fut construit à une époque inconnue, mais certainement, ainsi que le fait remarquer le P. Ignace, avant l'établissement du château d'Abbeville, — c'est-à-dire environ vers l'an 1400, — car le duc de Bourgogne, Charles-le-Téméraire, acheta des terres qui dépendaient de l'église de Notre-Dame-de-la-Chapelle. La Chapelle, comme on dit aujourd'hui par abréviation, ne fut longtemps qu'une succursale, un secours du Saint-Sépulcre ; elle embrassa depuis, comme paroisse, le faubourg de Demenchecourt avec une partie de la chaussée Marcadé et des rues adjacentes. L'église de la Chapelle était fort belle ; elle avait trois nefs et renfermait sept autels ; deux autres avaient été supprimés en 1630 comme trop rapprochés de la porte, ce qui faisait craindre que le vent, dit le P. Ignace, n'emportât l'hostie. Il ne reste plus de cette église que le clocher et

---

(1) Hist. *Ecclésiastique* d'Abb.

(2) Dom Grenier, 24e paquet, 22e liasss.

(3) Le P. Ignace. *Histoire Ecclésiastique.*

une porte en ogive du côté du presbytère ; encore ce clocher, consumé
par la foudre en 1619 et reconstruit l'année suivante, ne date-t-il que
de 1620. Un plus grand danger que le tonnerre attendait l'église de
la Chapelle. En 1637, en temps de guerre, l'Espagne, heurtant encore
à nos portes par l'Artois, et notre ville étant frontière, le cardinal de
Richelieu vint à Abbeville avec le roi Louis XIII. Quelques politiques
persuadèrent au cardinal qu'en cas de siége l'église de la Chapelle
pourrait bien servir de forteresse contre la ville. Le cardinal se rendit
sur les lieux, accompagné du mayeur, considéra l'assiette de la
place et de l'église, et vit qu'il y avait quelque raison de craindre ; il
était presqu'en disposition de la faire abattre. Les représentations
du mayeur l'en empêchèrent. Ce mayeur était Guillaume Sanson,
seigneur de Haut-Meisnil. « O très-sainte vierge, » s'écrie le P. Ignace,
qui était intéressé au souhait peut-être, portant lui-même ce nom
de Sanson, «patronne et protectrice d'Abbeville, puisque ce mayeur a
conservé votre sainte maison, conservez la sienne et toute sa famille,
jusques à la fin des siècles. » Cette église, qui avait trouvé grâce devant la foudre, qui s'était tirée saine et sauve des appréhensions du
cardinal de Richelieu, ne put échapper à la révolution ; elle fut démolie comme beaucoup d'autres églises de la ville. Le clocher de
1620 seul et la porte en ogive restèrent debout. La Collection des
Vues d'Abbeville, qui appartient à M. de Saint-Amand, nous a conservé l'aspect que présentait à cette époque l'église de la Chapelle en
ruines. Ces ruines, qui existaient encore en 1792, étaient considérables et attestaient l'importance de l'édifice abattu. La chapelle qui
les a remplacées a été construite en 1804.

La fête de Notre-Dame-de-la-Chapelle est la Nativité de la Vierge.
Des indulgences y étaient attachées pour tous les samedis de l'année,
et l'on y allait en pélerinage pour avoir des enfants.

Le cimetière de la Chapelle a été tracé, suivant la tradition, par
les pas de la Vierge. « J'ay sceu cette particularité, dit le P. Ignace,
de maistre François Le Sueur, curé de la mesme paroisse, qui m'a
asseuré l'avoir oüy dire à un ancien prestre, clerc de ladite paroisse.
nommé monsieur Robutel, qui disoit l'avoir lu dans un manuscrit

qui estoit escrit il y avoit deux cens ans. » Le P. Ignace cite ses autorités, comme on voit. Ce cimetière, considérablement agrandi, est
devenu le cimetière de la ville depuis la suppression du cimetière de
la porte du Bois.

Au-dessous de l'église de la Chapelle, un peu plus loin sur la route
de la Bouvaque, était la Chartreuse d'Abbeville, que le P. Ignace
appelle un corps-de-garde angélique pour la ville. La chartreuse
d'Abbeville fut fondée en 1301 par Guillaume de Mâcon, évêque
d'Amiens, et par Edouard I, roi d'Angleterre et comte de Ponthieu,
dans la maison que les Templiers occupaient au même lieu (1). On
ne sait rien ou presque rien de l'histoire des Templiers d'Abbeville,
du moins quant à l'établissement de leur maison de Thuyson. Guillaume de Mâcon l'avait achetée avec la chapelle qui en dépendait du grand maître des Templiers d'alors. Par ses ordres une chartreuse y fut bâtie en l'honneur de Saint-Honoré, avec treize cellules,
pour y loger treize religieux, y compris le prieur. La description que
le P. Ignace fait de cette Chartreuse est presque une églogue : « La
Chartreuse d'Abbeville, dit-il, est bâtie sus le penchant d'une colline
au bas de laquelle coule doucement une petite rivière qui a son origine
de trois fontaines ; la première vient de Nostre-Dame-de-l'Heure, la
seconde de Saint-Riquier, et la troisième de Drucat. Cette maison ne
respire que sainteté : mesme le son de leur cloche donne de la dévotion, soit qu'elle sonne le jour, soit qu'elle sonne la nuit entre dix et
onze, pour matines... etc. » Le reste est à l'avenant. Le jour où il
écrivit cette page, la meilleure peut-être de son livre, le bon père
s'était bien véritablement inspiré de ces cellules dans lesquelles sont
épanchées tant de larmes de dévotion, de ces jardins où s'épanouissent en Dieu les cœurs religieux, de cet éloignement de toutes les
créatures, de ces bois, de ces prairies, de ces collines et de ces vallées
prochaines dont il parle avec tant d'onctueux épanchement. Le por-

---

(1) *Histoire d'Abbeville*, tome II, livre VIII.

trait que fait de cette chartreuse l'*Histoire d'Abbeville* de M. Louandre est peut-être plus vrai, mais moins séduisant à coup sûr : « La maison des Chartreux se distinguait par son architecture gothique, ses murailles garnies de tours et le triste aspect de ses cloîtres et de ses enclos » (1). M. de Saint-Amand possède les monuments de la Chartreuse d'Abbeville; on y dit, entre autres choses, et ce mot viendrait en justification au P. Ignace, que ce lieu est tellement agréable qu'il mettrait en goguette Héraclite lui-même, *hexilaret et ipse Heraclitus*. La gaîté de cœur des bons religieux, l'air de satisfaction et de calme que l'on respirait autour d'eux, la pieuse disposition d'esprit de ceux qui les visitaient ou qui faisaient ces descriptions, tous ces sentiments d'un temps si loin et qui sont devenus si étrangers pour nous, n'étaient-ils pas pour beaucoup dans les embellissements de ce lieu ? On voit par les yeux de l'âme comme par ceux du corps.

Les Chartreux avaient conservé l'ancienne chapelle des Templiers, « pour son antiquité, dit le P. Ignace. » Cette chapelle n'était pas comprise dans la grande clôture, et c'était le seul lieu de la maison où les femmes pussent entrer. Elle était dédiée à Sainte-Marguerite. Anciennement sur la porte de l'église des Chartreux étaient dix vers composés en l'honneur de Guillaume de Mâcon; le P. Ignace rapporte ces vers qui n'existaient plus de son temps ; il donne en outre la liste de tous les prieurs qui avaient dirigé jusqu'à lui le couvent, et celle des reliques que possédaient les Chartreux.

Cette maison fut démolie en 1796 ; elle venait d'être reconstruite. Les bâtiments encore subsistants, ceux de la ferme, sont occupés par la filature de M. Gavelle.

Les Chartreux étaient seigneurs de Port, que Guillaume de Mâcon leur avait donné comme procédant du patrimoine de Saint-Honoré avec tous les droits qui appartenaient à cette terre.

---

(1) *Histoire d'Abbeville*, tome II, livre VIII.

Nous devons dire à la louange des Chartreux qu'ils étaient très-hospitaliers, comme nous le montrerons un peu plus bas, et qu'il contribuèrent quelquefois pour leur part aux travaux d'utilité de la ville ; le Livre Rouge nous en fournit la preuve : le 11 juillet 1347, les maire et échevins d'Abbeville donnent un verger aux Chartreux de Thuyson, parce qu'ils ont aidé les habitants à travailler aux fortifications. Cette conduite des Chartreux est à noter ; le clergé d'alors n'était point partout aussi disposé aux contributions, même volontaires.

Le plan de la Chartreuse existe encore aujourd'hui dans la Collection des Vues d'Abbeville de M. de Saint-Amand. La clôture appartient maintenant mi-partie à M. Gavelle, mi-partie à M. Boyer.

Quant à Thuyson même, nous n'avons que peu de chose à en dire, si ce n'est qu'au commencement de l'année 1789, plus de vingt maisons y furent incendiées et que les Chartreux logèrent alors et nourrirent pendant plusieurs mois les victimes de cet accident.

Ce faubourg est divisé en deux parties assez distantes l'une de l'autre : la première au-dessous de l'église de la Chapelle, la seconde au pied de la côte qui monte vers le bois Boullon, et que l'on appelle la Montagne-Verte. Il y a quatre rues ou chemins dans la première de ces parties : la grande rue de Thuyson à la Bouvaque, ou chemin de Drucat, la Chaussée d'Hesdin, qui était autrefois la route d'Abbeville, lorsque la porte de la ville s'ouvrait au bout de la rue Vieille-Porte-Marcadé, la petite rue de Thuyson, ou rue de Bas, et la rue de l'Abreuvoir ; il n'y a qu'un carrefour dans la seconde partie, qui se compose d'une rue dite rue de Haut, du chemin de Drucat, et d'un autre qui conduit à la chapelle de Saint-Milfort.

LA BOUVAQUE.

Cette seconde partie était autrefois la Bouvaque. On pense que l'étymologie de ce nom vient de la réunion du mot bœuf et du mot

vache, *bos* et *vacca ;* vache, comme on le sait, se dit encore *vaque* en
picard. On ajoute à l'appui de cette explication que les habitants
de l'endroit, qui faisaient paître leurs vaches dans les marais ou dé-
dépendances de cette ferme, étaient tenus, en vertu de leur état de
vasselage, de faire saillir leurs vaches aux taureaux de cette ferme.
Nous n'avons vu aucun titre constatant cette particularité.

La Bouvaque s'est appelée aussi Beaulieu-lès-Abbeville, ou Beau-
lieu-Saint-Milfort (1). La terre et seigneurie de la Bouvaque, voyons-
nous dans Dom Grenier (2), tenue en fief noble du roi, appartenait
en 1703 aux Chartreux d'Abbeville par achat en 1666 de Charles de
Sacquespée, fils de Claude, qui fut fils de Louis de Sacquespée, petit-
fils et légataire de Jean Maupin, conseiller magistral au présidial
d'Abbeville, qui en avait fait aveu probablement en 1602 et qui l'avait
eue par achat en 1600, etc. Nous citons presque littéralement Dom
Grenier ; du reste, la seigneurie de la Bouvaque avait appartenu dès
1473 (3) à la famille de Maupin, qui fournit plus d'un mayeur à
Abbeville ; un de ces mayeurs, seigneur de la Bouvaque, avait fait
re construire la chapelle de Saint-Milfort.

L'ancienne ferme seigneuriale de la Bouvaque est occupée aujour-
d'hui par M. Deray ; on voyait encore il y a peu d'années dans la
cour de cette ferme plusieurs constructions antiques, notamment
un puits et un pigeonnier ; la porte d'entrée en briques est peut-être
encore celle de la seigneurie des Maupin.

Trois pas avant les bâtiments de cette ferme, un peu au-dessus
du chemin, est un très-gros orme, comparable à celui de Mouflières,
mais mieux conservé ; il a été planté, croit-on, du temps de Sully
pour célébrer la fête du seigneur du lieu.

Une borne en grès, que l'on pouvait voir encore il y a peu d'années,
marquait à quelques pas de là les limites de la seigneurie.

---

(1) Dom Grenier, 24e paquet, 6e liasse.
(2) Dom Grenier, ibid.
(3) Dom Grenier, ibid.

Les souvenirs, recueillis sur les lieux mêmes, placent le fief du hameau de Beaulieu à l'endroit où sont aujourd'hui bâtis les cabarets de la *Montagne-Verte*.

Un peu au-dessous de cette dernière partie de Thuyson, en descendant vers les prés, s'*élève*, si l'on peut dire cela de quelques assises de briques disposées en guérite, la chapelle de Saint-Milfort. On connaît la réputation miraculeuse de cette chapelle et l'histoire du saint. Une tradition veut que Saint-Milfort, quoique bien véritablement saint, n'ait pas été un homme, mais une femme ; il ou elle était fille d'un roi d'Irlande. Sa beauté merveilleuse rendait amoureux d'elle tous ceux qui l'approchaient. Le respect qu'elle devait à son rang, et mieux encore la sévérité de sa vertu, l'obligeait à réduire au désespoir cette cour d'adorateurs ; un jour que, saisie de compassion pour toutes ces infortunes, elle s'en prenait à sa beauté et suppliait ardemment le ciel de vouloir bien défigurer ce misérable visage qui causait tout le mal, une barbe énorme lui poussa tout-à-coup. C'est munie de cette barbe qu'elle quitta le palais de son père et vint prendre du service chez le fermier de la Bouvaque. Ce fermier, blessé des égards et des préférences de sa femme pour le nouveau valet, le tua un jour de jalousie et sur des soupçons qu'autorisait trop la longue barbe du saint. L'innocence de Milfort ne fut reconnue qu'après ce meurtre. L'histoire ne dit pas comment.

Ce qui est moins connu, c'est le renseignement que nous fournit Dom Grenier sur le nom même de Milfort. « Saint-Milfort, dit-il, est le nom que l'on donnait autrefois en Picardie aux églises des maladreries. Sans parler de celle de la Neuville-sous-Corbie, la maladrerie située près la Bouvaque, en Ponthieu, avait le même nom, que l'auteur de l'*Histoire Ecclésiastique d'Abbeville*, page 403, et le P. Roswid, jésuite, n'ont pu deviner. L'étymologie de Milfort est *fort comme mille*. » Ce jeu de consonnances nous paraît plus que hasardé.

Cette chapelle appartenait-elle au faubourg de Thuyson ou à la Bouvaque ? nous ne savons. D'un côté le P. Ignace ne dit pas qu'elle fût dans la Bouvaque, mais près de la Bouvaque ; de l'autre le nom de Saint-Milfort et celui de la Bouvaque sont si intimement liés qu'ils n'en faisaient qu'un souvent, ainsi que nous l'avons vu. Ainsi que nous l'avons vu aussi, un des seigneurs de la Bouvaque fit reconstruire la chapelle de Saint-Milfort; ne serait-ce pas là une raison de plus pour laisser à la Bouvaque, avec l'illustration du saint, la chapelle que nous visitions tout à l'heure?

Un peu plus loin, vers la rivière du Scardon, était la ferme seigneuriale de *Tortine-Ecluse* ; c'est la maison occupée aujourd'hui par M. Dumont.

Plusieurs moulins existent près de là sur cette rivière.

Au bas du chemin qui prend naissance près du gros orme de la Bouvaque sont les Quatre-Moulins, ainsi nommés parce qu'ils étaient autrefois munis de quatre roues ; ils n'en ont plus que deux aujourd'hui. Ce moulin appartenait aux Chartreux.

Au-delà de la ferme de *Tortine-Ecluse*, un peu plus haut, sur le Scardon, est le moulin dit *Devérité*. C'est à l'endroit même où tourne ce moulin que quelques personnes placent encore Beaulieu ; au reste, ces discussions ont fort peu d'intérêt. Beaulieu et la Bouvaque devaient se toucher de fort près, s'ils ne faisaient pas un seul et même lieu.

Nous ne savons auquel de ces moulins se rapporte le renseignement qui suit :

On trouve aux archives du département de la Somme, liasse cotée Abbeville, dossier A. B., dernier jour de mars 1352, une transaction entre le couvent de Saint-Pierre et les maire et échevins d'Abbeville au sujet de la justice du moulin de la Bouvaque et de la pêcherie dans les eaux dudit moulin.

Ce que l'on appelle vulgairement aujourd'hui la Bouvaque est ce faubourg aquatique compris entre les bras de la rivière de Scardon ; il commence près d'Abbeville et se confond douteusement près de la Tour du Haut-Degré avec le faubourg du Bois, et se confond aussi douteusement, presque du côté opposé, avec le faubourg de Thuyson.

DEMENCHECOURT.

A notre droite, en descendant la côte de la Justice, s'étend le faubourg de Demenchecourt. Le nom de ce faubourg, que l'on écrit aujourd'hui Menchecourt, et que l'on écrivait autrefois Demenche-court vient, suivant Dom Grenier, de *Dominica curtis* (1) ; on le trouve déjà nommé Demenchecourt dans un titre du mois d'octobre 1205 (2). Demenchecourt était un fief tenu du roi par hommage de bouche et de mains, service à Ronchin, 60ˢ parisis, 20ˢ de chambellage et service de plaids ; ce fief comprenait soixante journaux de terre ou environ, près du vieux chemin d'Abbeville au Plessiel, le 8 juin 1373 ; une justice de vicomté en dépendait (3). Une autre vicomté sise en ce lieu était celle de Fleuron, qui appartenait au chapitre de Saint-Vulfran et qui embrassait une partie du faubourg de Demenchecourt. Le vicomte de Fleuron, pendant la franche fête de la Pentecôte, était tenu d'assister le prévôt du chapitre *en habit honneste*, et le prévôt devait le nourrir pendant la durée de la fête et lui donner un chapeau de roses et une paire de gants.

Dom Grenier relate en outre un aveu d'un fief dit de *Dourier* à Demenchecourt, du 15 avril 1267 (4). A cette époque il y avait aussi à Demenchecourt un fief nommé le fief *Lamberg*, relevant de Saint-Pierre d'Abbeville. Le chef-lieu de ce fief, dit Dom Grenier, était situé au commencement de la rue qui mène de Nouvion à l'église de

---

(1) Dom Grenier, 24ᵉ paquet, 11ᵉ liasse.
(2) Dom Grenier, ibid.
(3) Dom Grenier, ibid.
(4) Dom Grenier, ibid.

la Chapelle (1). Le chef-lieu de ce fief était donc à Thuyson, car nous ne pouvons supposer, après tout ce que nous avons établi déjà, que Nouvion ou Novion, avec ses moulins et ses prés, fût à Menchecourt. Une vicomté, dite vicomté de Lamberg, était attachée à ce fief (1).

L'Hôtel-Dieu d'Abbeville possédait un pré à Demenchecourt, en vertu d'un acquisition faite en 1629 de Nicolas Samson et de Maier Thomas, son épouse (2).

Il y a à Menchecourt, à la naissance de la côte qui s'élève vers la campagne, des sablières que nous ne devons pas oublier ici ; MM. Baillon et Ravin ont donné la coupe du terrain où elles ont été entamées ; on a recueilli dans ces sablières des ossements de mammifères anté-diluviens mêlés à des coquilles marines, fluviatiles et terrestres. M. Baillon a reconnu plusieurs de ces mammifères, et M. Picart a donné une liste des coquilles. Les mammifères sont : l'*elephas primigenius*, le *rhinoceros tichorinus*, le *cervus somonensis*, le *cervus tarandus priscus*, l'*ursus spelæus*, l'*hyena spelæa*, une espèce de *felis* ; parmi ces ossements furent encore trouvés une dent appartenant à une espèce voisine du tigre royal, des ossements d'une espèce d'*equus*, plus petit et plus grêle que le cheval ordinaire, des ossements de *bos* appartenant à plusieurs espèces très difficiles à déterminer, parmi lesquels cependant on croit qu'il y en a d'aurochs.

Les mollusques et conchifères sont trop nombreux pour que nous les dénommions ici ; il y a confusion entière entre ceux qui appartiennent à la mer, aux fleuves ou à la terre. M. Boucher de Perthes a trouvé dans ces sablières une partie des silex qui servent de pièces justificatives à son livre des *Antiquités celtiques et anté-diluviennes.* « Ces découvertes, dit M. Buteux dans son Esquisse géologique du département de la Somme, se joindront à d'autres du même genre dont l'exactitude a été généralement contestée, et pourront

---

(1) Dom Grenier, 24e paquet, 11e liasse.
(2) Dom Grenier, ibid.

donner lieu à un nouveau débat qui avancera sans doute la solution de la question. » (Voir M. Ravin et M. Boucher de Perthes.)

Les rues de Menchecourt sont aujourd'hui la rue du faubourg même, ou chemin d'Abbeville au Crotoy, et, à droite de cette rue, un chemin sans nom qui monte dans les champs vers les briqueteries de M. Delignières, et un autre appelé la cavée Bizet ; parallèlement à la Grande-Rue est la rue de Bas, qui prend près des fossés de la ville et court le long des marais jusqu'au point où elle retrouve la route du Crotoy ; entre ces deux rues, et descendant de la grande à la petite, sont les rues dites : ruelle d'En-Bas, rue du Verger et rue Bocquet. Quelques uns de ces noms s'expliquent par eux-mêmes ; quant aux autres, nous ne savons d'où ils viennent.

ROUVROY.

Sautons la Somme avec Robert Cordier dont le plan guide nos yeux et qui nous montre de loin la petite église de Saint-Jean comme la dernière croix plantée de ce côté. Nous sommes à Rouvroy.

Rouvroy, nom commun à plusieurs lieux de France, dérive, dit-on, de *rouvre*, en latin *robur*, espèce de chêne qui, sans doute, abondait sur l'emplacement de ce faubourg. Il ne faut pas oublier, du reste, que c'est à peu de distance que se rencontre le pont de Rome. Les souvenirs anciens sont fréquents dans ce voisinage du camp des monts de Caubert, et ce nom de Rouvroy remonte peut-être à l'époque de l'occupation romaine. Dom Grenier ne dit presque rien de Rouvroy. Nous ne trouvons ce lieu cité que deux fois par lui ; la première dans un extrait d'un titre de 1198 : « *Molendinum de Rouvroy is quo homines de Cambron et Maltort* (de Cambron et de Mautort), *et vico super Somonam* (serait-ce Sur-Somme ?) *molere tenentur.* — Il s'agit, on le voit, d'un moulin banal ; peut-être celui qui appartint aux moines de Dommartin. — La seconde fois dans une charte du comté de Ponthieu, du mois de février 1209 ou 1210, où Rouvroy est écrit *Ruvroi*.

La porte par où l'on se rend à ce faubourg était une des plus fortes de la ville.

Le cours de la Somme a été redressé ces dernières années au sortir des murs. Avant la création du canal et des écluses, la mer refluait encore violemment dans la ville à cet endroit; plus anciennement, les inconvénients des marées étaient assez grands pour inspirer des inquiétudes de plus d'une sorte. En 1350, ordre est donné par Jacques de Bourbon, comte de Ponthieu, aux maire et échevins d'Abbeville de faire ôter de la rivière de Somme, tant au dedans qu'au dehors de la ville, les galets qui gênaient le cours de cette rivière et pouvaient faciliter aux ennemis le moyen de passer d'une rive à l'autre (1). Cela montre à la fois et l'intérêt que présentait le passage de la Somme en ce lieu où fut construit plus tard le château de Charles-le-Téméraire et la puissance du flux qui portait des galets jusqu'à Abbeville.

L'importance que l'on attachait à la défense de la ville de ce côté est non moins prouvée par la sollicitude des habitants que constate un acte d'un roi d'Angleterre. En effet, voit-on dans les archives du département de la Somme, Edouard, roi d'Angleterre, autorise, comme comte de Ponthieu, les maire et échevins d'Abbeville à lever un impôt sur les boissons pendant quatre ans pour l'entretien des fortifications et la *construction d'un fort* à la porte qui mène à Rouvroy (2).

Le faubourg de Rouvroy est arrosé par trois bras de la Somme, qui sont : le Fossé Neuf, la rivière du Doigt et la rivière aux Nonnains.

---

(1) Cabinet de Chartres. Bibliothèque nationale, copies des ch. CC. 265.

(2) Archives du département de la Somme, liasse cotée Abbeville, dossier A. B. — F, pièce I.

Cette rivière du Doigt, appelée *riparius de Doyto* dans un titre de 1285, faisait peut-être mouvoir le moulin banal des moines de Dommartin ; il est question d'une rivière de Dommartin à Rouvroy dans un titre de 1332 ; trois ténements, « situés entre cette rivière et les murs de la ville, » sont mentionnés dans ce titre. La position de ces ténements pourrait nous faire hésiter entre la rivière du Doigt et le Fossé Neuf ; cependant un moulin, qui pourrait être celui de Dommartin, existait encore sur la première de ces deux rivières entre le pont Saint-Jean et la Somme, avant l'ouverture du canal.

Voici ce que nous trouvons, à propos de ce moulin de Rouvroy, dans un Extrait du terrier de l'Abbaye d'Epagne de 1492 :

« Doivent à cause du moulin de Rouvroy, par an, trente-six septiers de bled, aux termes de Saint-Remy, Noël et Pâques, par donation faite dudit moulin à la dicte abbaye par Enguerand de Fontaine, seneschal de Ponthieu, en l'an 1188, lequel moulin a esté baillé à cens aux dicts religieux de Dommartin par madame l'abbesse. »

Les dames d'Epagne, qui avaient baptisé la rivière aux Nonnains, possédaient en outre une vicomté à Rouvroy ; l'Extrait cité plus haut le constate ainsi : « Les dictes dames abbesse et religieuses d'Epagne ont une vicomté quy commence au pont de Follemprinse jusques au bout de Rouvroy, où il y a pareil droit qu'en la vicomté du Pont-aux-Poissons, en Abbeville, sauf le travers, mane et palette. » Cette indication est d'autant moins claire que ce pont de *Follemprins* devait être le Pont de Rome, qui de tout temps a été la limite du faubourg de Rouvroy. M. Louandre nous apprend, en effet, qu'un peu après 1368, les Anglais, maltres alors du Ponthieu, élevèrent à l'extrémité de ce faubourg une forteresse qui prit le nom de Folle-Emprinse (1). De ce fort était probablement venu pour quelque temps au pont de Rome situé, au bout du faubourg, le nom de Fol-lemprinse, que reproduit l'Extrait du terrier d'Epagne. La construction

---

(1) *Histoire d'Abbeville*, tome II, livre VIII.

de ce fort de *Folle-Emprinse*, sous le règne d'Edouard III, rapprochée de cette autre pièce des archives du département qui parle de la construction d'un fort *à la porte qui mène à Rouvroy*, éveille cependant un nouveau doute ; ces deux indications se rapportent évidemment au même fort, mais ce fort était-il à la porte de la ville ou à la Barbacane, dite porte de Rome? Le pont Bachelier ne pourrait-il alors disputer ce nom de *Folle-Emprinse* au pont de Rome? Notre *sagacité* d'investigateur est ici en défaut ; c'est en histoire surtout, et peut-être seulement, qu'il est permis d'être sceptique.

Rouvroy est, après Thuison, le seul des faubourgs d'Abbeville' qui ait une église.

L'église actuelle de Rouvroy a été bâtie en 1528 (1) ; mais sa fondation remontait beaucoup plus haut, suivant le P. Ignace, qui lui donne pour date, ou environ, l'époque où fut rapportée de Constantinople à Amiens la face de Saint-Jean-Baptiste (1206). Le P. Ignace raconte longuement comment cette précieuse face fut découverte dans un vieux mur d'un monastère de Constantinople par un chanoine de Picquigny, natif du village de Sarton ; comment elle fut par lui enlevée et cachée jusqu'à son retour dans le diocèse d'Amiens. Avec cette face étaient deux beaux vaisseaux, dont l'un renfermait le doigt et l'autre le bras de Saint-Georges, et deux plats d'argent sur l'un desquels était écrit en lettres grecques *Agios Joannis prodomos.* Ce dernier contenait la tête de Saint-Jean, et ce ne fut que par la comparaison de cette inscription avec toutes celles qui se trouvaient au-dessous des images de Saint-Jean dans les églises de Constantinople que le chanoine Wallo, ignorant de la langue grecque, put découvrir à qui ce chef appartenait. Nous ne discuterons pas l'authenticité de cette relique de Saint-Jean ; cette découverte dans un vieux mur de couvent n'est pas si surprenante qu'on pourrait le croire d'abord, si l'on réfléchit que c'était l'époque où les croisés,

____

(1) *Histoire d'Abbeville*, tome II, livre VIII.

nouvellement maîtres de Constantinople, dépouillaient toutes les églises grecques de leurs reliques et en revenaient chargés comme du butin le plus précieux ; où Aléaume de Fontaines, par exemple, faisait construire l'église de Longpré pour donner asile à ces religieuses spoliations. Les évêques, le clergé, les moines, voyant mettre ainsi au pillage les richesses des premiers temps de leur église, devaient évidemment faire leurs efforts pour les dérober à la sauvagerie sainte des vainqueurs et les dissimuler souvent, comme la face de Saint-Jean, sous des « lits de terrasse et de foin, dans des murs sans ciment ni mortier. » Wallo avait donné une partie des reliques rapportées par lui à Picquigny, où il était chanoine, et à l'abbaye de Marmoutier. La face de Saint-Jean fut mise dans la grande église d'Amiens par l'évêque Richard.

C'est en commémoration sans doute de cette précieuse réception que l'église de Rouvroy fut dédiée vers ce temps à Dieu en l'honneur de la décollation de Saint-Jean-Baptiste. Elle possédait une jambe de ce saint et une parcelle de la coquille avec laquelle Jésus-Christ fut baptisé. Le P. Ignace rapporte qu'une jeune fille malade se trouva guérie après avoir bu par dévotion de l'eau dans le petit vase qui enchassait cette parcelle de coquille.

Une fête qui ne manquait pas d'une certaine grâce arcadienne, la fête à bouquets, s'est conservée longtemps à Rouvroy ; un usage moins connu est celui-ci. Il y a sur le versant du mont de Caubert, auprès de l'ancien camp romain, un lieu nommé *Ostenne*, où de temps immémorial les enfants du faubourg se rendent en troupe tous les ans, le jeudi et le vendredi de la semaine sainte, après l'office appelée Ténèbres. Dès qu'ils y sont arrivés, ils s'asseient sur la terre et la frappent à coups de maillets en poussant des cris lugubres. « Aucune tradition, dit M. A. de Poilly, qui a consigné ce fait dans les Mémoires de la Société d'Émulation (1), n'indique l'origine de

____

(1) Année 1833.

cette singulière cérémonie. » Cet usage modifié existe, du reste, dans notre ville et dans beaucoup d'autres. Les jours indiqués plus haut, les enfants parcourent les rues en frappant les portes et les contrevents de leurs maillets.

Une grande partie des habitants de Rouvroy vivent de la fabrication des ficelles ; des corderies sont établies dans toute l'étendue de ce faubourg, le long des haies des jardins.

Rouvroy est, d'ailleurs, un faubourg révolutionnaire. Il y a quelques années, le 6 février 1838, une émeute y éclata contre les employés des droits réunis qui venaient inventorier les barriques de cidre.

La résistance commença le 4 février ; cette résistance, que rien n'avait fait présager antérieurement, se manifesta d'abord par la présence hostile, dans un cabaret situé à la sortie de la ville, d'une soixantaine de jeunes gens qui s'y étaient réunis pour empêcher les employés des contributions indirectes et de l'octroi de pénétrer dans le faubourg. Ce rassemblement alléguait hautement comme causes du refus de souffrir les inventaires :

1° Qu'on voulait faire payer, sur les vieux cidres *repassés*, un droit égal à celui des cidres nouveaux, ce qui était injuste ;

2° Que la régie exigeant que les droits soient acquittés à l'arrivée sur les fruits destinés à la consommation locale, il en résultait que ceux des habitants qui brassaient du cidre très-léger, étaient lésés dans leurs intérêts, si, lors des inventaires, on ne considérait que la quantité de liquide sans égard au volume considérable d'eau ajouté pour l'obtenir.

Ces réclamations avaient évidemment un fondement juste. L'administration fit cesser prudemment les inventaires. Le lendemain les habitants les plus notables du faubourg furent convoqués à la mairie afin de faire connaître leur opinion ; le but de cette réunion était de tenter une conciliation par le raisonnement. Vingt-cinq des habitants convoqués se rendirent à l'appel ; ils reproduisirent les motifs allégués plus haut. On arrêta alors qu'ils rédigeraient, en ce qui regardait leurs réclamations, une demande adressée au maire. La paix était faite comme cela arrive d'ordinaire à la veille de toutes les révolutions ; les réclamants furent les premiers à insister pour que l'on procédât de nouveau aux inventaires, promettant leur concours pour assurer la tranquillité pendant l'exercice.

Les opérations des employés recommencèrent donc le 6 au matin sans difficultés ; mais des groupes nombreux grossis par les faubourgs de Mautort et de Sur-Somme se formèrent tout-à-coup : ils faisaient entendre les cris de : Fermez vos portes ! et envahissaient les maisons dont les habitants ne paraissaient pas remplir assez vivement leurs intentions. Les employés et les commissaires de police, qui étaient venus les assister, se décidèrent alors à quitter le faubourg.

Les révoltés faillirent jeter quelques uns des employés à la Somme ; des femmes arborèrent au bout de manches à balais des mouchoirs de différentes couleurs ; la *Marseillaise* fut chantée. On dut songer à des mesures énergiques : la garde nationale, faiblement organisée alors, ne se rendit que mollement à l'appel. Un détachement composé de la compagnie de sapeurs-pompiers et d'un petit nombre de grenadiers et de voltigeurs vint parlementer au premier pont. Un commissaire de police avait reçu de la boue et le désordre était au comble. Quelques alarmistes,—cette race ne fait jamais défaut — allaient jusqu'à s'inquiéter de voir le magasin à poudre sous la main de la révolte. La prudence cependant faisait un devoir impérieux de ne pas pousser à une résistance opiniâtre et brutale une population composée en grande partie de jeunes gens et de femmes animés par l'ivresse du moment, et, par cela même, incapables de comprendre et les observations et la portée de leur conduite. Il était difficile, d'ailleurs, de se décider, avec les faibles moyens dont on disposait, à employer la force, parce qu'une fois cette résolution prise, il eût fallu ne reculer sous aucun prétexte devant cette masse tumultueuse dont la résistance exaspérée eut pu amener des extrémités regrettables et coûter du sang de part et d'autre. Le poteau de l'octroi avait été arraché, et la foule vint, comme défi aux sages conseils de l'administration, le replanter au milieu des cris et des bravos à la porte même de la ville, comme limite désormais assignée au rayon de l'octroi. L'autorité céda momentanément devant des craintes louables, et les insurgés ne se tinrent enfin pour battus que lorsque le général Dessaix et quelques troupes demandées à la hâte par la ville alors sans garnison se furent mis à la disposition de la municipalité. Les plus mutins parmi les insurgés furent promptement, pour l'édification des autres, conduits sous bonne escorte à la prison de la cour Ponthieu. — Depuis le théâtre de Guignole, force reste toujours à la loi et aux commissaires.

Cette émeute, plus grosse que dangereuse, eut, du reste, un bon résultat ; elle fit résoudre d'une manière précise les questions soulevées par les habitants du faubourg. On en agit depuis ce temps à l'égard du petit cidre, comme cela se pratique dans les pays vinicoles relativement à la piquette. Les propriétaires peu aisés ont ainsi la faculté de faire sans surélévation d'impôt des cidres légers et propres à leurs besoins.

Les rues de Rouvroy sont : la Grande-Rue ou route de Dieppe, appelée Chaussée du Havre ; une ruelle non bâtie qui descend brusquement vers la rivière, après le pont de Saint-Jean, et remonte jusqu'à l'embarcadère actuel du chemin de fer ; la rue aux Ainettes, ainsi appelée, dit-on, parce qu'elle longeait un fossé juste assez large pour laisser nager trois canards—*ainettes* — de front. — Cette rue aux Ainettes prend naissance en face de l'église de Saint-Jean et finit à la rue de Sur-Somme. Elle est encore bordée par deux fossés au-delà desquels sont les haies des jardins voisins. La rue de Sur-Somme, que nous trouvons au-delà d'un petit pont jeté sur la rivière, aboutit, à droite, au chemin de halage du canal de Saint-Valery, un peu au-dessus du pont de Sur-Somme, et, à gauche, au faubourg de Mautort ; de ce côté, où pas une maison ne se rencontre, elle court sur les trois quarts de son étendue derrière le faubourg de Rouvroy, entre la rivière aux Nonnains, dont les bords sont plantés d'arbres assez élevés, et les jardins qui font la richesse de ces environs de la ville. Elle ne s'écarte enfin de cette rivière que pour aboutir à la Chaussée du Havre, près d'un petit pont jeté sur un ruisseau d'orage.

SUR-SOMME.

Nous n'avons presque rien à dire de Sur-Somme, que nous venons de nommer ; ce faubourg ne se compose que d'une seule rue ; il longeait autrefois la Somme, lorsque cette rivière courait dans son ancien lit ; aujourd'hui la Somme canalisée le sépare de Rouvroy qu'il touchait alors par un bout, un peu au-dessus de l'écluse condamnée. Sur-Somme s'enrichit tous les jours des terrains conquis sur le lit abandonné de la Somme. Dom Grenier ne parle pas de Sur-Somme, à moins que le *Vicus super Somonam* que nous avons vu cité plus haut par hasard ne fût devenu Sur-Somme par une traduction littérale depuis l'année 1198.

MAUTORT.

Nous avons vu que la banlieue d'Abbeville s'étendait en 1184 jusqu'à l'arbre de Mautort, et qu'en 1283 elle embrassait une partie de ce faubourg. Des lettres de Michel de Mautort, escuyer, du mois de mai 1291, établissent que la terre ou seigneurie de Mautort faisait partie de cette banlieue. Michel de Mautort fixe en outre dans ces lettres la manière dont la justice devait être rendue dans les différents cas par lui et les mayeurs et échevins d'Abbeville (1).

Il y avait très-probablement une sorte de château à Mautort, en 1360. Ce château, ou ce qui en tenait lieu, — ce qui pouvait abriter des ennemis, ce que Dom Grenier enfin appelle *domus de Mautort*,—fut

_____

(1) Ordonnances des rois de la troisième race, t. III, p. 293.

détruit par les habitants d'Abbeville dans la crainte qu'ils avaient que les ennemis ne s'y abritassent. Des lettres de rémission du roi Jean, du 16 novembre de la même année, font foi de ce fait (1).

La seigneurie de Mautort était tenue en deux fiefs du comté de Ponthieu ; elle consistait au dix-huitième siècle en une maison de quatre à cinq journaux d'enclos, en 149 journaux de terres labourable, en 30 journaux de pré, en 7 journaux d'aire et en censives. M. Tillette, écuyer, en était propriétaire en 1703. Outre cette seigneu_rie, Dom Grenier mentionne six fiefs à Mautort, tenus de différents lieux et quelques autres fiefs tenus de Mautort à Yonval, à Cambron et ailleurs.

Un mémoire abrégé de ce que contient le registre terrier de l'abbaye d'Epagne de 1492 nous apprend que le *dixmage* de Mautort, Vaux, Yonval, appartenait alors, savoir : un tiers à l'abbaye d'Epagne, un tiers à la cathédrale d'Amiens, et l'autre tiers enfin au curé de Mautort et à l'église de Saint-Jean-des-Prés à Abbeville ; ces derniers mots *et à l'église de Saint-Jean-des-Prés* sont, sur le mémoire que nous avons vu, d'une écriture plus moderne que cet extrait du terrier d'Epagne.

Quant au nom de Mautort, on a cru en retrouver l'origine, nous a-t-on dit, dans *Male Tortum*, à cause du coude que fait dans ce faubourg la route qui le traverse ; rien n'autorise cette supposition. Voici le relevé chronologique des transformations de ce nom ; *Maltort*, dans une charte de 1178, portant fondation de l'abbaye d'Epagne. (Gall. Christ. T. X., col. 320, instr.) *Maltort*, dans un traité fait en 1209 entre Thomas de Saint-Valeri et Guillaume, comte de Ponthieu ; *Malatort*, dans une charte de 1192 ; *Mautort* enfin, dans une autre de 1197, tirée des archives de l'évêché d'Amiens (2).

Mautort n'a de remarquable aujourd'hui que son église. C'est un

---

(1) Dom Grenier, 24ᵉ paquet, 19ᵉ liasse.
(2) Dom Grenier, ibid.

édifice que l'on fait remonter, uon sans raison, à l'époque romane.
Elle se compose de quatre ou cinq parties presque distinctes ; la première, la plus ancienne, selon nous, celle qui regarde vers Cambron est percée de deux portes ; la plus grande, cintrée en moellons,
est protégée par un auvent en forme de toit massif en briques,
reposant sur deux montants ou contreforts également en briques ;
cette porte est fort basse ; la petite, beaucoup plus basse encore et
plus étroite, est cintrée également ; cette dernière ne donne accès dans
l'église que par plusieurs degrés descendants. Cette partie de l'église
n'est éclairée que par quatre petites fenêtres, étroites, cintrées, et
percées comme des meurtrières, c'est-à-dire s'élargissant vers l'intérieur. La partie qui suit est plus élevée ; elle serait éclairée par sept
fenêtres assez grandes en ogives obtuses, si celle du fond n'avait été
condamnée par suite de la disposition de l'autel ; quatre de ces
fenêtres sont ornées vers le haut de ces branchages en pierre
que l'on attribue généralement au 15e siècle ; les autres laissent
entrer le jour par un vitrage simple, à l'exception d'une, qui conserve
quelques restes de vitraux assez anciens. La voûte de ces deux parties
de l'église ne sont pas positivement des cintres, du moins parfaits,
sans être cependant des ogives. Vers le milieu de l'église dont elles font
une croix, mais attenantes à la première partie, sont, d'un côté, une chapelle dédiée à la Vierge, de l'autre, le clocher. La chapelle de la Vierge
est cintrée ; elle n'a de remarquable que les ornements de pierre qui
environnent la niche de la Vierge ; ces ornements se composent de
deux petits clochetons rejoints entre eux par une guirlande de feuillages formant la bordure de la niche, et qui porte bien les caractères
de l'époque romane. Le clocher construit en moellons est carré ; à
une certaine hauteur, et dans chacun des angles se voient encore les
commencements d'une voûte historiée qui n'existe plus. Quelques
anciennes décorations de l'église ont été déposées dans ce clocher.
J'y remarquai deux statues en bois qui certainement valent beaucoup
mieux que celles qui n'ont pas été dépossédées des regards et du culte
des fidèles. La femme du bedeau qui me conduisait me les nomma
du nom de Sainte-Barbe et de Saint-Adrien ; il serait désirable que

ces deux statues, Sainte-Barbe surtout, fussent replacées dans l'église. Au-dessous de la sacristie, que je me fis montrer aussi, et qui me parut plus moderne que certaines autres parties de l'édifice, est un caveau qui sert de lieu de sépulture à la famille de M. de Clermont. Lé fond de l'église est occupé par l'autel de Saint-Sylvin, patron de Mautort ; cet autel a été reconstruit à neuf il y a trois ans ; la statue de Saint-Sylvin qui le surmonte est en pierre ; elle n'a, du reste. rien de remarquable. Extérieurement, l'église de Mautort accuse non moins deux dates différentes : la première partie est construite d'un mélange de différentes pierres liées entre elles par un mortier très dur; la seconde partie n'est construite qu'en moellons. A tous les angles sont de doubles contreforts ; la toiture du clocher ne pose pas sur les pierres de la tour mais sur une charpente qui l'exhausse un peu. Une partie de la toiture du reste de l'édifice a été renouvelée en 1836. Si nous nous sommes étendu autant sur cette église de Mautort, c'est que personne, pas même le P. Ignace, n'en avait parlé jusqu'à présent.

Les rues de Mautort sont à notre gauche en allant vers Cambron, et immédiatement après le pont de Rome : un chemin sans nom qui, longeant la rivière aux Nonnains, aboutit par le bas des monts de Caubert aux premières maisons du village de ce nom, sur la route de Rouen ; l'ancien chemin de Rouvroy à Blangy, ainsi que le dit encore la plaque indicative ;—ce chemin franchit les monts de Caubert, dans la direction du camp de César qu'il traverse ; — enfin le chemin de Moyenneville, qui commence un peu au-delà de l'endroit où finit du côté opposé la rue de Sur-Somme. Ces rues sont à notre droite, sans revenir à celle de Sur-Somme: la rue d'*Amour* ;—cette rue non bâtie, mais abritée par des haies et des arbres assez hauts, finit à la rue de l'Eglise ; l'amour qui l'a baptisée ne peut guères qu'y passer, et à la brune ; il trouverait difficilement à s'y reposer le jour. Il fallait tout l'attrait du nom que porte cette rue pour nous engager à la parcourir par un affreux temps de dégel, un jour où, à chaque pas, notre cheval, ce bon camarade de toutes nos excursions, s'éclaboussait jusqu'aux sangles et nous éclaboussait jusqu'aux jarrets. — Ce sont enfin, après cette rue d'Amour, la rue de l'Eglise et la rue du Marais. La rue de l'Eglise commence sur la Chaussée du Hâvre, auprès d'un crucifix protégé par une grande niche cintrée en briques, et finit à u ne petite place près de l'église ; la rue du Marais commence à cette place et s'éloigne du faubourg vers les marais qui lui donnent son nom. Vers le milieu de la rue de l'Eglise, sur un des côtés d'une petite place plantée d'arbres, s'ouvre une impasse du nom d'impasse de la Croix ; les arbres de la place, évidemment destinés à abriter un calvaire, expliquent suffisamment le nom de cette impasse. Sur la route de Dieppe, Mautort finit à l'embranchement du chemin dit des *Blancs Monts*. Ce chemin est celui que prennent les piétons du pays pour se rendre à Miannay, en évitant le demi-cercle que fait la grande route à Cambron. Ce chemin avait autrefois une réputation assez mauvaise ; plusieurs voyageurs, dit-on, y furent assassinés.

Il y a entre Mautort et Cambron un champ que l'on appelle le champ de la Tombe. Ce champ est situé à peu près vers le milieu de la distance qui sépare ce faubourg de ce village. Quelques personnes se souviennent d'avoir vu là une élévation aujourd'hui nivelée par la culture et qui probablement accusait l'existence d'une tombelle.

Au dix-huitième siècle, Mautort avait cinquante-deux maisons, et la circonscription désignée sous ce nom embrassait 100 journaux de terre labourable, sept journaux de pré et 90 journaux de biens communaux (1). Une note de M. Louandre, sous la date de 1763, nous apprend qu'à cette époque il y avait à Mautort trois feux hors de la banlieue d'Abbeville.

LES PLANCHES.

Ce faubourg s'appelle ainsi des planches ou petits ponts sur lesquels on traversait les fossés et les rivières qui le sillonnaient à l'époque où

---

(1) Dom Grenier, 24ᵉ paquet, 19ᵉ liasse.

la route qui mène de ce côté en Normandie se détachait encore à Rouvroy de celle de Dieppe et passait sur les monts de Caubert. Près de
ce faubourg était le Pâtis, promenade fréquentée et vaste, plantée de
plusieurs lignes d'arbres et dont il ne reste plus guères aujourd'hui
que le souvenir et le nom conservés par quelques centaines de pas du
chemin de halage. Le Pâtis est aujourd'hui un lieu de dépôt pour
les marchands de bois à brûler. Le plan de l'ancien Pâtis est dans la
collection de M. de Saint-Amand.

C'est dans ce faubourg des Planches qu'était et qu'est encore la
chapelle de Sainte-Marguerite, dont le P. Ignace n'a rien dit. Elle est
aujourd'hui fermée.

Le faubourg des Planches n'a qu'une rue qui est la Chaussée de
Rouen.

LE FAUBOURG SAINT-GILLES.

Il est inutile de dire d'où vient le nom de ce faubourg. A part
le sépulcre antique trouvé dans les alentours, et dont parle le
P. Ignace, à part l'écorcherie qui y existait encore vers le milieu du
dix-huitième siècle et quelques détails fournis par Collenot sur le bois
de Saint-Nicholaï ; à part enfin la maison de Bagatelle, construite par
les Van Robais, et dont nous avons parlé autrefois, ce côté de la ville
ne nous offre rien de bien curieux ni dans le passé ni dans le présent.
Nous ne parlerons que de ses rues qui sont assez nombreuses et dont
quelques unes, — celles du bas, — se perdent en ramifications mul-
tiples vers les marais.

Ces rues sont : la Grande-Rue du Faubourg, ou Chaussée de Paris ;
puis à la droite de cette rue principale, la rue de l'Abreuvoir, qui
prend naissance derrière la poste aux chevaux et va sortir sur la
Chaussée de Paris, vers le milieu du faubourg ; la rue du Petit-
Marais, qui commence à côté de la rue de l'Abreuvoir et va au petit
marais de Saint-Gilles et de là au grand ; — on distingue les marais
communaux de ce côté de la ville en *grands* et en *petits marais de*

Saint-Gilles ; — la rue de Bas, qui conduit au grand marais. — Il y avait autrefois, nous a-t-on dit, dans cette rue de Bas, un voyeul appelé *voyeul de Roque*, et dans le voisinage de ce voyeul, des moulins tournant sur cette saignée de la Somme qui se rendait dans la ville par la *Tannerie* ; ces moulins, nous a-t-on dit encore, s'appelaient également *Moulins de Roque*. — Les rues qui suivent dans cette même partie du faubourg sont : la rue de Valvret et la rue de l'Epousée. Un faux souvenir a fait appeler cette rue de Valvret rue du Bouvrech, et on s'est imaginé de dire que ce nom de Bouvrech signifiait Bouvreuil, et qu'il avait été emprunté aux oiseaux des jardins voisins. Cela est faux, et à la grâce de cette étymologie menteuse nous sommes forcé d'opposer la sécheresse des documents positifs. Ce nom de Valvret vient, à n'en pas douter, du val Louwrech, mot que l'on retrouve souvent dans les vieux titres et que Collenot lui-même reproduit en l'écorchant ; ce val Louwrech était probablement situé vers le bas de la rue qui nous occupe, et il devait descendre jusques près d'un bras de la Somme : en effet, le 6 mars 1308, le sénéchal et garde du comté de Ponthieu enjoint à tous les tanneurs de la ville d'Abbeville de venir battre leurs écorces au moulin du roi, situé au val Louwrech, en payant 9 s par muids. Ceux qui les battront ailleurs, est-il dit, seront sujets à la confiscation. Ce qui montre, ajouterons-nous en passant, que, malgré la charte de commune, les bourgeois restaient encore en certains points très dépendants des seigneurs (1). En 1369, on voulut faire payer plus cher aux tanneurs, mais Charles V leur donna des lettres datées de Vincennes, XIX juin, dans lesquelles il défendit qu'on augmentât les droits auxquels ils étaient assujétis. N'y aurait-il pas quelque rapport entre ce moulin du roi situé au val Louwrech et les moulins de la Roque dont nous parlions tout-à-l'heure ? Ce moulin ou ces moulins n'étaient pas les seuls dans ce faubourg, et nous

---

(1) Archives de la couronne. Domaine du comte d'Artois. Carton 41.

n'avons dans nos suppositions que l'embarras du choix ; vers cette
même époque du roi Charles V, nous trouvons mentionnés au même
lieu des moulins dits *du caurroy*. « Les deux moulins du Caurroy et
la pêche hors la porte Saint-Gilles doivent à l'abbaye d'Epagne, par
an, soixante sols parisis. » Ces moulins avaient été donnés par...
du Pont, en l'an 1300 (1). Trois impasses sont dans ce côté du faubourg : l'impasse Collier, entre la Chaussée de Paris et la rue de
l'Abreuvoir ; l'impasse Roucoux, qui prend naissance vers le haut de
la Chaussée de Paris, et qui est récente ; elle tire son nom du principal
propriétaire ; enfin une impasse sans nom qui s'ouvre dans la rue
de l'Epousée et conduit à une ferme et aux prairies.

De l'autre côté de la Chaussée de Paris sont les rues dites : du
Chauffour, d'un ancien four à chaux ; de la Maie, d'un mot picard,
dit-on, — *moël*, — qui signifie pétrin, à cause de la jatte que forme
le terrain dans les champs au bout de cette rue ; du Plantis, à cause
d'une ancienne plantation sans doute ; cette dernière rue court dans
les champs derrière des haies et devient un chemin qui mène au bois
de M. de Vadicourt et au moulin dit vulgairement de *Bellevue*, à cause
de son élévation au-dessus de la vallée ; c'est un chemin d'exploi-
tation.

LE FAUBOURG DU BOIS.

Un chemin qui longe les travaux de défense extérieurs de la ville
et qui s'appelle, je crois, chemin des fortifications ou des demi-lunes,
conduit du faubourg Saint-Gilles au faubourg du Bois. Entre ce
chemin et la route d'Amiens est un Moulin que l'on appelle le moulin

---

(1) Mémoire abrégé de ce que contient le registre et terrier de
l'abbaye d'Epagne de l'année 1492.

Quignon, et près de ce moulin est une sablière ouverte dans un terrain diluvien où l'on a trouvé quelques ossements fossiles.

Le faubourg du Bois, ainsi que la porte de la ville de ce côté, s'appelle ainsi d'un bois autrefois contigu à cette porte, et qui, planté en 606, comme on le voyait dans une lame d'airain attachée à une croix de pierre, dont parle le P. Ignace, fut déraciné tout-à-fait en l'an 1557. (Voir les Notices sur les rues d'Abbeville.)

La principale rue de ce faubourg est, après la route d'Amiens sur laquelle sont situés quelques cabarets : la grande rue du faubourg du Bois, qu'on appelait autrefois rue du Crinquet, parce qu'il fallait y monter une rampe assez raide. *Crinquet* est un mot picard qui veut dire butte. L'ancienne route de Saint-Riquier passait par cette rue ; en delà, dans les champs, se trouvait alors une petite place où l'on allait danser à certains jours ; cette place était plantée d'arbres. Arbres et place furent vendus lorsqu'on fit la route actuelle de Saint-Riquier. Une impasse dite impasse du Crinquet s'ouvre encore dans la grande rue du faubourg. — Les autres rues sont : la rue des Chartreux, appelée ainsi on ne sait pourquoi ; cette rue descend de la Grande-Rue du faubourg à la rue de Haut de Lheure ; la rue de Haut à Lheure, qui ne demande aucune explication ; une rue sans nom qui tourne autour d'une partie des faubourgs et va rejoindre la route de Saint-Riquier ; enfin la rue de Bas à Lheure ; enfin la rue aux Porcs et un sentier longeant le Scardon dans cette partie du faubourg du Bois qu'on appelle quelquefois improprement aujourd'hui la Bouvaque.

INDUSTRIE ET AGRICULTURE.

Il serait convenable maintenant de dire un mot des différentes cultures et des différentes industries qui font vivre les faubourgs.

Ces cultures ont particulièrement pour objet la production des

légumes et du chanvre; les industries sont la corderie, la blanchisserie et la filature du lin.

Rouvroy, les Planches, Sur-Somme et Saint-Gilles cultivent principalement les légumes; le chanvre est cultivé par les habitants de
Mautort et surtout par ceux du faubourg Saint-Gilles.

Nous trouvons dans les archives de la Société d'Emulation, parmi
plusieurs tableaux de statistique agricole expédiés à l'Académie
d'Amiens en 1833, un article de M. Louandre sur cette source de
richesses des alentours d'Abbeville, renseignements précieux et que
nous conserverons précieusement.

« On cultive, dit M. Louandre, une immense quantité de légumes
dans les anciens marais situés sur les rives de la Somme, depuis
Mareuil jusqu'au Petit-Laviers. Ces terres, noires en certaines places,
sablonneuses dans d'autres et toujours légères, doivent être de la
même nature que celles des hortillonnages d'Amiens. Elles sont
extrêmement productives et se vendent près des faubourgs, notamment à Rouvroy, plus de 3,000 fr. le journal (1). Celles qui sont
éloignées valent de 16 à 1800 fr. On loue les premières 100 fr. et les
secondes de 50 à 60 fr.

«Tous ces jardins sont séparés par des fossés de deux à trois pieds de
largeur et bordés de saules dont on coupe les branches tous les trois
ans pour en faire du feu. Ils produisent des raves, des laitues, une
quantité considérable de poireaux et d'oignons, des choux, des carottes, des pois, des fèves, des haricots, de l'oseille, des salsifis, de
la chicorée, un très grand nombre de pommes de terre et de navets ;
ces légumes, à raison de leur bas prix, sont un moyen assuré de
subsistance pour les pauvres. On en transporte dans tous les villages
de l'arrondissement, et, bien qu'on vienne pendant l'été en charger
une] multitude de voitures [pour Grandvilliers, Crèvecœur , Poix.

---

(1) Il y a dans ces jardins des journaux de 40 ares 66 centiares, et
d'autres de 42 ares 91 centiares.

Aumale, Formerie, Hesdin, Béthune, Montreuil, Flixecourt, Amiens, Blangy, Oisemont, le Tréport, Eu, Saint-Valery, Neufchâtel, etc., on en laisse pourrir une partie, surtout les raves, les laitues et les poireaux, faute de débouchés suffisants. Des pépinières de pommiers existent aussi dans ces jardins. Les plus beaux pieds de quatre à cinq ans se vendent de 30 à 40 sous ; ceux d'un an valent 15 sous le cent quand la récolte est abondante, et jusqu'à 50 sous si la plante est rare ou recherchée plus que de coutume. Les artichauts, les choux-fleurs, les asperges et les melons ne sont cultivés que dans une partie des jardins de la ville, ce qui les rend assez rares et assez chers. L'étendue du terrain consacré à la culture des légumes est, d'après le cadastre, de 419 hectares 61 ares 58 centiares, non compris les jardins situés sur le territoire de Petit-Laviers. »

Quelques uns de ces détails, connus aujourd'hui de chacun ou à la portée de tout le monde, acquerront par la suite des temps un intérêt que nous ne pouvons encore leur donner ; c'est de la notoriété incontestable maintenant, ce sera peut-être de l'histoire dans cinquante ou soixante ans. Que la culture se soit transformée alors à nos portes, qu'elle se soit développée ou restreinte, la comparaison de ce qui sera avec ce qui est ajoutera un prix plus haut au relevé que nous empruntons à M. Louandre.

Nous n'ayons rien de particulier à dire sur la culture du chanvre, spéciale chez nous à Mautort et au faubourg Saint-Gilles, mais commune à toute la vallée de la Somme.

Les industries des faubourgs se partagent Rouvroy, Mautort, Menchecourt, Thuyson et la Bouvaque. Rouvroy et Mautort alimentent, par leurs *corderies* établies le long des jardins le commerce de ficelles de notre ville. On n'évalue pas à moins de dix ou douze mille kilogrammes par semaine le poids des ficelles confectionnées dans nos faubourgs en temps régulier de travail. Saint-Gilles en produit un peu aussi, mais en faible quantité. Il y a quelques années, la ficelle se fabriquait encore jusque dans Abbeville même. Plusieurs cordiers avaient leur rouet au bout de la rue Saint-Jean-des-Prés. De 1828 à 1834, six maisons furent supprimées au bout de la rue de la Portelette, par suite de la création du canal de transit ; ces maisons étaient occupées par des maîtres et des ouvriers cordiers ; il n'y a plus de cordiers aujourd'hui que dans les faubourgs.

Les habitants des faubourgs de Menchecourt et de Thuyson ont trouvé pendant quelque temps une ressource dans la verrerie établie dans les anciens bâtiments des Chartreux. Cette verrerie avait été fondée en 1812. Elle occupait quatre-vingts ouvriers ; il est vrai qu'il n'en fallait compter dans ce nombre que trente environ de la ville et des faubourgs ; les cinquante autres étaient étrangers. Une industrie nouvelle et qui exige des ouvriers expérimentés oblige toujours à ces recours hors du pays. Les trente ouvriers d'Abbeville étaient employés à d'autres travaux que la fabrication propre du verre. Cet établissement, monté sur une assez grande échelle, voyons-nons dans le Mémoire de MM. Brion et Paillard sur la cause de la dépopulation d'Abbeville, luttait avec avantage contre les verreries de Normandie quand arriva en 1831 la faillite d'un de ses associés commanditaires. La verrerie fut licitée en 1832 sur la poursuite des syndics et acquise par des verriers rivaux qui la supprimèrent. Depuis, une filature de lin a été établie dans les mêmes bâtiments, et cette filature occupe une partie des habitants des faubourgs de Menchecourt et de Thuyson.

Menchecourt avait en outre autrefois trois moulins à l'usage de la mouture du blé ; il n'en reste qu'un aujourd'hui qui fait du tan.

La dernière des industries que nous avons indiquées, la blanchisserie des toiles, existe à la Bouvaque ; elle n'occupe que peu de monde.

Les faubourgs du Bois et de Saint-Gilles sont surtout agricoles.

En somme, par leurs industries, leurs cultures, leur activité, les faubourgs d'Abbeville sont dans un état de prospérité satisfaisant.

—

RINGOIS

ou

LE CITOYEN D'ABBEVILLE.

RINGOIS

OU

LE CITOYEN D'ABBEVILLE.

Le 27 décembre de l'année 1777, fut représentée pour la première fois sur le théâtre d'Abbeville une tragédie en trois actes et en vers intitulée : RINGOIS *ou* LE CITOYEN D'ABBEVILLE; cette tragédie fut imprimée quelques jours après sans doute avec cette épigraphe :

> Vincit amor patriæ, laudumque
> Immensa cupido (1).
>
> Virg. Æn.

A ABBEVILLE.
Chez DEVÉRITÉ, seul Imprimeur du Roi,
Rue Notre-Dame.
1778.

On connaît le dévouement de notre arrière-compatriote Ringois. Défenseur ardent des franchises communales de sa ville, et fait pri-

---

(1) Le vers de Virgile est coupé en deux sur le titre comme nous l'indiquons ici.

sonnier par les Anglais qui occupaient le Ponthieu, il fut précipité d'une tour de la forteresse de Douvres dans la mer, pour avoir refusé de prêter serment de fidélité à Edouard III.

Ce trait de courage et de loyauté de notre aïeul, le moins connu parce qu'il touche aux temps héroïques de notre cité, le plus illustre s'il était donné à l'histoire de pouvoir toujours mettre en lumière les grandes actions, a fourni le sujet d'un tableau qui eut quelque succès à l'exposition de 1844. Le *Journal d'Abbeville*, du 23 avril, s'exprimait ainsi à l'égard de ce tableau : « L'idée en fut suggérée, dit-on, au peintre par quelques uns de nos concitoyens qui fréquentaient son atelier. Ne serait-il pas convenable qu'une souscription fut ouverte, afin d'élever un monument à celui de nos compatriotes dont s'emparent ainsi à notre honte des étrangers, ou tout au moins que la ville fît l'acquisition du tableau de M. Serrur, ou en commandât une copie, afin de consacrer un souvenir au grand homme dans la principale salle de l'Hôtel-de-Ville ? »

Ce monument qui ne sera jamais dressé dans notre cité, un humble comédien, nommé Delacour, tenta de l'élever dans ses vers,

> Monument de constance et d'intrépidité
> Erigé dans les cœurs par le patriotisme,

ainsi qu'il le dit lui-même dans la tragédie dont nous allons parler.

Cette tragédie est écrite en vers plus que médiocres, dont les meilleurs sont encore ceux que l'auteur lui-même appelle dans son avant-propos, par une expression très heureuse du temps, des vers ressemblants : « J'ai sans doute eu très grand tort, dit-il dans un aveu dont il voulait faire une justification, de tomber dans un défaut qu'à peine on pardonne à M. de Voltaire. » Un méchant plaisant de cette époque où l'on savait être méchant, eût pu répondre : de bons vers ressemblants valent mieux que des vers qui ne ressemblent à rien : nous parlerons tout autrement, d'abord parce que nous ne croyons pas qu'il y ait de bons vers ressemblants, les vers étant faits pour créer la langue, non pour la subir : ensuite, parce que si nous voulons faire le sacrifice de bien des qualités moins exigées en 1777 que de nos jours, nous pouvons trouver encore par ci par là quelque chose d'acceptable comme poésie tragique de passage dans les vers du comédien Delacour. C'était encore le temps d'ailleurs où tout grand seigneur et tout petit abbé avaient chacun en poche la première scène d'une tragédie : les vers du comédien Delacour étaient des vers d'honnête homme d'alors, et l'on sait comment les gens les mieux élevés, qui se piquent de poésie, se tirent d'affaire ordinairement.

Ce qui frappe bien plus que le style, qu'il faut laisser de côté dans la tragédie du sieur Delacour, c'est l'esprit singulier de la révolution qui, déjà répandu dans tous les rangs de la société, perce à chaque vers de la pièce. Ringois n'est pas un bourgeois d'Abbeville, c'est un citoyen ; la femme même de Ringois est une citoyenne ; tous les bourgeois d'Abbeville sont des citoyens. Les bourgeois, c'était le passé qui avait fait son temps ; les citoyens, c'était l'avenir qui allait éclater bientôt. Les bourgeois affranchis du quatorzième siècle n'eussent guères compris, nous le craignons fort, les citoyens de Delacour qui, nous en avons bien peur aussi, n'eussent guères compris davantage les bourgeois affranchis du quatorzième siècle. Les mots de civicide, de patriotisme, de fanatisme, s'entremêlent dans leur bouche d'une façon d'autant plus réjouissante que, par une inconséquence qui tenait sans doute chez Delacour aux traditions d'un théâtre plus ancien, le respect absolu des rois, l'honneur attaché à ce respect sont à chaque instant formulés par lui en axiômes ou en préceptes et fournissent à ses interlocuteurs leurs raisonnements les plus solides :

.... Il faut servir mon Roi...
Je me félicitais de l'offrir à mon Roi ..
Viens, lui dis-je, à mon Roi, viens rendre ton hommage. ...
Mais docile à mon Roi, je l'opprime et je l'aime...
Un austère devoir est sa suprême loi,
Et son Dieu révéré l'intérêt de son Roi...
.... Ce sang est-il à toi ?
Non, il n'est qu'un dépôt. Ce sang est à ton Roi.

Je veux aussi.............................
Signaler, en mourant, mon amour pour mes Rois...

C'est ainsi que le passé et l'avenir, les sentiments les plus opposés, les idées les plus diverses se heurtaient alors dans tous les esprits ; il fallait un grand déchirement pour remettre de l'ordre et de la clarté dans ce chaos en séparant la nuit de l'aurore, ce qui avait fini de ce qui allait commencer ; ce grand déchirement fut la révolution française que l'on voit poindre déjà dans les plus minces opuscules du temps.

Le comédien Delacour, malgré les vers cités plus haut, devait être du mouvement, et, tout honnête homme que nous devions le supposer, nous ne répondrions pas qu'il n'ait porté plus tard le bonnet rouge du Jacobin et chanté la Carmagnole : « On ne connaît rien, dit-il dans son avant-propos, de la vie ni de l'état de Ringois, mon héros. Mais on s'est plu à supposer que c'était un boulanger ; selon d'autres c'était un chapelier ; ceux-ci en font un serrurier ; ceux-là un perruquier. Les uns le couvrent de farine ; les autres de charbon. Ce qui est constant, c'est qu'il fut citoyen d'Abbeville et brave jusqu'à l'opiniâtreté. Regulus eut le même défaut : Fabricius était pauvre comme lui : aussi je ne les estime pas davantage. Je suis cependant bien fâché de n'être pas assez bon généalogiste pour trouver à mon Ringois quelques titres apparents de noblesse (1). Je sens que son extraction

(1) Il en résulterait des documents que nous allons citer que les vœux de Delacour étaient exaucés sans qu'il s'en doutât. Les mémoires de la Société des antiquaires de Picardie, année 1842, nous fournissent un mémoire de M. le comte de Boubers intitulé : *Détails historiques, héraldiques et généalogiques sur Robert de Bouberch et sur la maison du même nom* dans lequel nous trouvons :

répandrait un grand lustre sur sa vertu, et que, si quelques uns de ses aïeux avaient un peu rossé et pillé les habitants du Ponthieu, comme cela était d'usage dans son siècle, il eut été bien plus formidable aux Anglais. » Il est probable du reste que cette tirade ne fut qu'une réponse à quelques jovialités du public, et que tous les métiers qu'elle attribue à Ringois, avaient trait à certaines plaisan-

---

« Hugues de Bouberch fut père de Jean II et de *Rorgon*, nom devenu par altération dans le langage picard, *Ringoué* ou *Ringois*. La chronique de M. Rumet (page 198) constate son identité avec ce Rorgon d'Abbeville, qui sur son refus de prêter serment de foi et hommage à Edouard III comme comte de Ponthieu, fut précipité de la tour de Douvres dans la mer (en 1360.) »

Un peu plus loin M. de Boubers, après avoir raconté à l'aide d'un passage supprimé par Froissart dans le deuxième manuscrit de sa chronique et restauré par MM. Rigollot et de Cayrol, une escarmouche vaillamment soutenue près d'Oisemont par Jean II de Bouberch contre l'armée d'Edouard, trois jours avant la bataille de Crécy ; après avoir rappelé que plus tard ce fut devant ce même Jean de Bouberch que le sénéchal d'Edouard prêta serment de respecter les droits et les priviléges de la commune et des habitants dé la ville d'Abbeville, revient sur le trait propre à Ringois :

« A la même époque, dit-il, Rorgon dit Ringois, frère de Jean, ayant refusé de rendre foi et hommage à Edouard, pour les seigneuries qu'il possédait, fut pris et conduit en Angleterre où il fut précipité dans la mer. Cet attentat, qui coïncide avec l'époque à laquelle Froissart devint continuateur de la chronique de Jean-le-Jeune, n'aurait-il pas été le motif de la suppression d'un fait honorable aux deux frères et désagréable, par cette raison, à Edouard, dont il était devenu le serviteur, comme le remarque Mézerai même. »

Les termes de ce dernier passage indiqueraient que ce n'était pas tout à fait comme défenseur des priviléges et droits de la commune

teries faites sur la pièce le jour ou le lendemain de la représentation. Nous voyons en effet dans l'Histoire d'Abbeville que Ringois était un riche bourgeois, et, bien que pour jouir des priviléges de bourgeoisie on dut alors se faire admettre dans un corps de métier, ainsi que le faisaient quelques fois les gentilshommes eux-mêmes, il n'est pas vraisemblable que Ringois ait pétri lui-même son pain ou couru la ville un plat à barbe à la main. Et quand cela serait ? Nous aurions un Reboul martyr de sa foi ou un Jasmin héroïque. Nous croyons

---

d'Abbeville, mais bien de ses propres droits et priviléges que Rorgon ou Ringois résista au roi d'Angleterre. L'exemple pouvait être bon d'ailleurs, et la protestation de Rorgon, fondée sur les mêmes motifs que la résistance des bourgeois, n'était pas perdue peut-être pour la commune.

« L'infortune de Rogon (sic cette fois) trouvons-nous encore dans le même Mémoire, a été le sujet d'une tragédie jouée sur le théâtre d'Abbeville, où on voyait encore, en 1791, son nom écrit en lettres d'or, au milieu d'une couronne civique, peinte à la voûte de la salle de spectacle. Cette tragédie (œuvre de MM. Douville, Vincent de Fourmon et Linguet) lui suppose des enfants ; mais il n'eut qu'un frère dont l'histoire jointe à la sienne va être le sujet du reproche d'infidélité que mérite Froissart. »

Plusieurs remarques sont ici nécessaires. L'auteur du Mémoire attribue la pièce de Ringois, non au comédien Delacour, mais à MM. Douville, Vincent de Fourmon (lisez de Tournon) et Linguet. Ces messieurs y avaient-ils mis la main effectivement ? ne s'en étaient-ils déclarés que les parrains ? leur patronage avoué abusa-t-il une partie du public ou bien ne fut-elle réellement que l'œuvre d'une collaboration à trois ou à quatre ? se masquèrent-ils derrière le comédien qui devint ainsi l'Homère de ces Rhapsodes ? ou bien les souvenirs du comte de Boubers furent-ils trompés eux-mêmes sur la foi de cette partie du public que surprirent de généreuses protections ? Nous ne savons ;

d'autant mieux reconnaître dans certaines parties de cet avant-propos un appel au lecteur de la malveillance du public que, nous le craignons du moins, il est possible que la représentation de Ringois n'ait pas été très heureuse ; nous dirons en temps et lieu sur quoi nous fondons cette présomption. Delacour cependant n'avait rien négligé pour s'imposer à l'amour-propre et à l'indulgence des spectateurs : il n'est pas un souvenir flatteur pour la ville qu'il n'évoque ; tantôt c'est l'expulsion des Anglais qu'il rappelle comme nous le verrons plus loin, tantôt les avantages remportés par la commune d'Abbeville sur l'arrière-garde de l'armée anglaise :

Si Colart, leur vainqueur, en proscrivant leur tête...

Tantôt le jour où Édouard Ier, roi d'Angleterre, prêta serment en personne, chapeau bas, devant les mayeurs, de conserver tous leurs droits, franchises et priviléges :

nous préférons cependant d'accord en cela avec l'Histoire d'Abbeville que nous avons tout lieu de croire bien renseignée, conserver la pièce à Delacour, et nous rappellerons à ce propos que MM. Douville, de Touruon et Linguet ne furent pas les seuls à qui dans le temps même *Ringois* fut attribué. Devérité, depuis membre de la Convention nationale, en fut supposé l'auteur par quelques uns. Il n'y aurait pas de raison pour s'arrêter en si beau chemin, et *Ringois* serait bientôt l'œuvre de toute la ville ; tous ses compatriotes auraient apporté une pierre au monument, une rime à la tragédie. — Quant aux enfants que, d'après l'auteur du Mémoire, la tragédie suppose à Ringois, nous n'en avons vu trace nulle part, bien que nous ayons relu la pièce avec attention. L'auteur du Mémoire, qui n'avait pas sans doute confronté ses souvenirs avec la tragédie, se sera laissé surprendre par cette circonstance que le héros de la pièce est marié, ce que ne justifie en rien l'histoire, fort incomplète d'ailleurs, de Rorgon. — Quant au reproche d'infidélité qu'il dirige contre l'historien Froissart, nous avons vu à propos de Jean II de Bouberch en quoi il consiste.

Rappelez-vous ce temps où votre faible maître
Voulant pour notre ami se faire reconnaître,
Aux pieds de nos mayeurs contraint de s'abaisser,
Se soumit à nos lois qu'il ne pouvait forcer.

Tous ces efforts furent-ils inutiles? Nous ne savons et ne le pensons pas tout-à-fait. Amenèrent-ils le public à donner satisfaction complète à la vanité de Delacour qui peut-être était exigeante? C'est là la question : et elle est résolue pour nous par le petit commentaire que l'auteur a donné lui-même au dernier vers de la pièce. La rancune que conserva d'ailleurs Delacour de l'accueil fait à Ringois ne fut pas bien forte, car nous trouvons encore dans son avant-propos une flatterie à notre adresse, qui autrement eût fait s'écraser sa plume sur le papier : « Abbeville, félicite-toi, dit-il, un de tes moindres citoyens, si l'on veut, a donné à l'univers l'exemple du patriotisme et du courage. Est-il étonnant que le fer ennemi ait redouté de briser tes portes! »

Delacour, comme tous les gens d'un esprit médiocre, était bien, à son insu, un écho de l'esprit de son temps. Sa préface nous le montre ironique ; ses vers nous le montre *sensible*. « J'ai donné une femme à Ringois, dit-il, et cette femme aime de bonne foi son mari : un amour si singulier a mérité la critique ; mais la femme d'un artisan, comme on *imagine* mon héros, est dispensée du bon ton ; d'ailleurs dans les mœurs de ce temps là, il était libre et décent aux femmes d'aimer leurs maris. » On a remarqué à l'appui de ce que nous avancions plus haut sur la condition de Ringois et les railleries faites à l'auteur par les ennemis de la tragédie bourgeoise, le verbe que nous avons souligné. Quant à la sensibilité de mode endossée par Delacour, elle n'aurait besoin d'autre preuve que le mot *sensible* lui-même, presque aussi fréquemment répété dans la pièce que le mot citoyen.

On jugera mieux du reste et de l'auteur et de l'œuvre par l'analyse que nous allons aborder.

Les personnages sont : Ringois, citoyen d'Abbeville ; Adélaïde sa femme ; Dançons, député d'Abbeville et frère d'Adélaïde(1) ; Warwick, général anglais, favori d'Edouard ; un officier et des gardes. Au premier acte nous sommes dans une des salles du château de Douvres. Ringois est prisonnier. Dans une escarmouche près du Crotoi où il a eu le dessous, il s'est offert en ôtage à Warwick, pour sauver la vie et la liberté de ses soldats. C'est ainsi, s'était-il écrié, en remettant son épée :

C'est ainsi qu'on se rend citoyen d'Abbeville.

Ringois n'est plus redoutable aux Anglais, mais cela ne suffit pas à Edouard. Sollicité par la prière, sollicité par la menace, Ringois doit trahir son pays ou se résoudre à mourir ; Warwick, un capitaine sentimental, celui-là même à qui il s'est rendu, s'est pris d'amitié pour le prisonnier, dont il est devenu le geôlier, singulière amitié qui consiste à torturer les gens ! il est vrai que c'est quelquefois la bonne. Warwick explique à Adélaïde la raison de ses rigueurs contre Ringois :

Un refus peut le perdre et je veux le sauver ;
Je l'accable de maux, mais pour le conserver.
Mieux il nous combattit, plus il nous est utile :
Nous sûmes le connaître aux remparts d'Abbeville,
Quand le fier Chatillon, heureux par ses exploits,
Secoua notre joug et détruisit nos lois.

---

(1) Nous ne savons pourquoi il a plu à Delacour de changer le nom de Dantels en ce nom Dançons. Nous trouvons dans Froissart, le passage suivant, cité dans l'histoire d'Abbeville à propos de l'embuscade dans laquelle tomba Chatillon quelques années plus tard : « *A cette empreinte fut là occis un moult vaillant bougeois d'Abbeville qui s'appelait Laurent Dantels dont ce fut mult grand dommage.* » or c'est le même passage qu'invoque Delacour dans son avant-propos pour établir la réalité historique de son personnage.

Ne serait-il pas singulier que ce vers :

> Je l'accable de maux, mais pour le conserver,

récité sur le théâtre d'Abbeville, le 27 décembre 1777, fut revenu en 1793, à la mémoire du conventionnel Dumont, lorsqu'il faisait jeter dans les prisons les gens qu'il voulait soustraire à la guillotine ? André Dumont avait pu être un spectateur du 27 décembre, et l'on sait comme certains souvenirs se gravent dans l'extrême jeunesse. Si notre supposition était vraie, ce serait certainement le premier titre de gloire du pauvre comédien tragique, d'avoir inspiré au représentant du peuple ses artifices d'humanité.

Ringois cependant repousse les avances des Anglais ; il reste sourd aux séductions de Warwick :

> Je t'ai promis ma tête, eh bien ! je te la laisse ;
> Venge-toi, si tu veux, de ma fausse promesse ;
> Parjure ou civicide, en un danger pareil
> Ce n'est que de mon cœur que j'ai reçu conseil.

Adélaïde, prisonnière comme Ringois, implore de Warwick la faveur de partager le cachot de son époux ; Warwick ne lui permet qu'une entrevue, mais à la condition qu'elle usera de tout son pouvoir pour fléchir l'inflexibilité du citoyen d'Abbeville, et lui faire reconnaître l'autorité d'Edouard. Adélaïde s'indigne d'abord :

> Eh quoi donc! vous voulez que traître à sa patrie...

Une discussion philosophique s'engage entre elle et Warwick.

> La patrie est partout où l'on a le bonheur,

dit le guerrier du quatorzième siècle élevé à l'école de Dorat. A quoi Adélaïde répond par une tirade de naturalisme sentimental dans l'esprit de 1777.

> Non, le ciel, le climat, le sol qui nous vit naître,
> Sympathise toujours, seigneur, avec notre être ;
> Je ne décide point par quels puissants ressorts
> La Nature entre nous mit des liens si forts,
> Sentiments qu'on chérit, sans en faire une étude,
> Qu'on nourrit par besoin et non par habitude ;

L'absence même en vain semble les affaiblir ;
Au nom de la patrie on se sent tressaillir.
Ah ! pour elle mon sang coulerait avec aise ;
Mais celui d'un époux...

WARWICK.

Vous êtes bien française !

Adélaïde se résout enfin à tenter d'apprivoiser en faveur des Anglais la vertu farouche de Ringois. Warwick, sermonné par cette Jeanne Phlipon picarde, se refuse à croire à la sincérité de sa conversion :

Votre vertu, madame, affermirait la sienne,

dit-il. Adélaïde ne parvient à le rassurer que par ce vers dont la rime est grosse déjà d'une révolution :

Non, non, je suis épouse autant que citoyenne.

Adélaïde eut représenté indifféremment, dans les fêtes de la révolution, la fidélité conjugale ou la déesse de la Liberté.

Warwick, suspendu entre ses scrupules de sujet dévoué à son roi et ses scrupules de chevalier dévoué aux dames, cède enfin. Il verra Edouard ; il exposera la faveur dont il jouit auprès de lui pour réunir Ringois et Adélaïde ; il se réfugie d'ailleurs dans sa conscience contre la crainte du danger que cette demande imprudente peut lui faire courir :

J'expose mon crédit par trop de complaisance,
Mais je sers la vertu ; voilà ma récompense.

La commune d'Abbeville cependant a mis en campagne un ambassadeur et l'a chargé d'obtenir, à tout prix, du roi d'Angleterre la vie de Ringois ; les Anglais fixeront eux-mêmes la rançon. Dans le cas où ils ne laisseraient au citoyen d'Abbeville que le choix de l'obéissance ou de la mort Ringois devra se soumettre et vivre :

. . . . C'est ainsi que le veut sa patrie :
Qu'il conserve loin d'elle une tête chérie.

Abbeville, en effet, a reçu de si grands services de Ringois, qu'il n'est pas de sacrifices qu'elle ne soit prête à s'imposer pour lui : au besoin elle le releverait de sa fidélité sublime en face de la mort pour lui épargner la glorieuse ignominie du supplice. Par un de ces anachronismes consacrés dans les habitudes des poètes épiques et tragiques, c'est Ringois qui, selon notre historien dramaturge, a préparé dirigé et mené à fin contre les Anglais, l'insurrection des 28 et 29 avril 1367, ces immortelles journées de nos pères, nos Vêpres Siciliennes à nous, Vêpres qui, malheureusement pour la vérité, ne sonnèrent qu'après la mort de Ringois. Ringois usurpe ainsi le rôle à jamais mémorable dans nos annales de Firmin de Touvoyon, de Pierre Langaneur et de Laurent Dannène, trinité guerrière de notre gloire communale ! noms illustres que nous aurions dû graver depuis longtemps sur nos monuments comme dans nos souvenirs ! Firmin de Touvoyon seul a laissé le sien au pont de la chaussée Marcadé sous lequel passe la rivière de Sotine. Celui de Laurent Dannène n'eut-il pu trouver place aux environs de la porte du Bois, où l'action commença entre les Anglais et dont le corps de garde enlevé de force fut remis à la défense de deux cents bourgeois sous ses ordres ? Celui de Pierre Langaneur eut-il mal figuré près de l'ancien château de Ponthieu, où pénétrèrent à la suite des Anglais, cinq cents bourgeois qui l'avaient pris pour chef (1) ? En attendant la réparation de ces oublis, et, puisque nous avons restitué aux auteurs même de ces actes la part qui leur est due, on nous permettra d'attribuer à Ringois ce qui ne lui appartient point, en racontant l'expulsion des Anglais sur la foi notre tragédie. Malgré le mérite contestable des vers et bien que le récit ne brille guères par l'exactitude des faits, l'importance de l'événement nous fait une petite bonne fortune de ce récit :

---

(1) *Histoire d'Abbeville,* tom. I, livre III, chap. I.

Abbeville à Ringois a dû sa liberté ;
Peut-elle trop payer son intrépidité ?
C'est lui dont l'éloquence excita notre zèle ;
« Quoi ! dit-il, à Valois Abbeville infidèle,
» Sous le joug des Anglais voit ses lauriers flétris !
» Citoyens, armez-vous, et méritez les lys :
» Charles reconnaîtra vos signalés services ;
» Vous serez les objets de ses bontés propices ;
» Ses bienfaits montreront à la postérité
» De quel prix est pour lui votre fidélité.
» Au vaillant Chatillon allons ouvrir nos portes ;
» Des Français nos amis recevons les cohortes ;
» Et voyons qui de nous en ce jour de bonheur
» Saura par plus d'exploits mériter plus d'honneur. »
Chatillon se présente avec sa noble élite,
A ses pieds aussitôt Ringois se précipite ;
« Recevez, lui dit-il, et mon bras et ma foi ;
» Amis, suivez-moi tous et servons notre roi. »
On reçoit Chatillon ; on court, on vole aux armes ;
Dans le quartier anglais on porte les alarmes ;
Leur désordre les livre à nos coups imprévus,
Fugitifs et tremblants, sans effort abattus,
Leurs drapeaux enlevés signalent notre gloire ;
Et leurs chefs prisonniers couronnent la victoire.
Auteur de nos succès qui pourrait aujourd'hui
Quand il fit tout pour nous, ne rien faire pour lui ?

Abbeville donc par la bouche de son ambassadeur réclame la
la liberté de Ringois :

Ce n'est que de son sang qu'Abbeville est avare,
Dans ses murs la valeur n'est pas trésor si rare.

Mais Edouard est inflexible ; il faut que Ringois lui prête serment de fidélité, ou, pour parler comme le comédien Delacour, mette
au service de l'Angleterre sa tête et son bras.

Au second acte nous sommes dans une prison du château de Douvres. Ringois est seul ; il songe à Adélaïde qui partage son sort dans un cachot séparé. Les peines, les soupirs, les larmes de sa femme, peines dont il n'a pas la confidence, soupirs qu'il ne peut entendre, larmes qu'il ne peut voir couler, mais qu'il devine, rendent pour lui la captivité plus dure ; il menace les Anglais du fond des oubliettes : Tremblez, leur crie-t-il,

> Mon bras, votre fléau, s'armera du tonnerre.

Il ensanglantera, il dévastera leur pays ; lui, bourgeois d'Abbeville parlant au nom de sa commune, il anéantira leurs lois, leurs peuples, leurs cités. Puis faisant un retour sur lui-même et contemplant les murs de sa prison, il tire un poignard de son sein et déclame sur le suicide les immanquables vers où la philosophie du temps transporte à la royauté les bénéfices du sentiment religieux sacrifié :

> Moi vivre dans les fers!... Il me reste un poignard ;
> Que ce fer conservé, mon unique ressource,
> De mon sang inutile épuise enfin la source...
> Arrête, forcené, ce sang est-il à toi ?
> Non, il n'est qu'un dépôt ; ce sang est à ton roi.

Warwick entre dans la prison de Ringois et tente de le gagner au parti d'Edouard avec des mots qui eussent paru bien singuliers au temps où vivait le Regulus philosophe de Delacour :

> Connais-tu ton erreur ; et du patriotisme
> Enfin abjures-tu l'insensé fanatisme ?

Ringois est inflexible ; en vain Warwick lui explique-t-il par un raisonnement subtil, que sa vie ayant été donnée en gage auprès du Crotoi à lui Warwick, il ne peut plus, lui Ringois, en disposer :

> Heureux que ma vertu laisse un exemple utile,
> Je mourrai triomphant et digne d'Abbeville,

répond héroïquement Ringois. En vain Warwick lui représente-t-il encore les larmes, le désespoir d'Adélaïde.

— 53 —

Ah! tu connais mon cœur, il n'est que trop sensible,

réplique Ringois en s'attendrissant, mais il n'en persiste pas moins
dans son inébranlable résolution. Si tout à l'heure, dans un moment
de faiblesse, Adélaïde a pu dire :

Non, non, je suis épouse autant que citoyenne,

lui, dans une invocation à l'amour de la patrie, s'écrie comme pour
répondre à ce vers :

Si je suis son époux, Abbeville est ma mère.

Aux sollicitations de Warwick succèdent les sollicitations de Dançons,
le député d'Abbeville. Comme Warwick, mais par d'autres motifs,
Dançons s'efforce d'assouplir la vertu de Ringois. C'est Abbeville
même qui dégage son héros de la fidélité qu'il lui doit, qui le
supplie de vivre sur une terre étrangère. Ringois se révolte contre
cette générosité de sa ville qu'il prend pour nn outrage :

.... Ose-tu me parler de la sorte ?
Par ta bouche coupable Abbeville m'exhorte
A vivre indignement, soumis à ses tyrans !
Elle méconnaît donc le cœur de ses enfants !

Dançons ne demande plus alors ; il ordonne de toute l'autorité de la
mission qu'il a reçue :

Si d'Abbeville encor tu chéris le pouvoir,
Vis, reconnais sa voix qui t'en fait un devoir.

Abbeville, s'écrie Ringois, ne peut m'imposer cette humiliation :

Abbeville pourrait m'ordonner l'infamie !
Non, non, tu la sers mal et mon ignominie
Couvrirait à ses yeux mes services passés
Par ma lâche faiblesse à jamais effacés.
Pour me faire obéir à la voix qui m'appelle,
Ordonne moi, Dançons, des vertus dignes d'elle.

DANÇONS *l'embrassant.*

O mon ami!

RINGOIS.

Va, pars, dis à nos citoyens
Que sur leurs sentiments j'avais formé les miens.

Adélaïde, vaincue à son tour par l'approche du supplice de son époux, vient se jeter dans ses bras et cherche à ébranler sa résolution par des larmes :

Ah ! de mes sentiments si ta fierté murmure,
Si tu suis la vertu, moi je suis la Nature.
Avant que par ta mort on brise nos liens
Périssent tes bourreaux et tous nos Citoyens.

Un si grand blasphème, loin de faire oublier à Ringois ce qu'il doit à sa conscience, l'affermit dans ses devoirs. Adélaïde est poussée à bout :

Choisis donc, malheureux, d'Abbeville ou de moi.
Ah ! mes droits seront-ils les moins chers à ta foi ?

s'écrie-t-elle ; mais rien ne fait : un officier vient prendre Ringois pour le conduire devant le tribunal du roi, et Adélaïde, rendue à ses vertus de citoyenne par l'exemple de son époux, veut le suivre pour mourir avec lui.

Au troisième acte, Adélaïde erre seule dans une des salles du château ; des remords la poursuivent ; elle a pu tenter un instant par ses conseils de déshonorer Ringois ; elle se croit en but au dédain, au mépris de son époux. Dançons revient du tribunal où il a vu Ringois dicter lui-même son arrêt de mort par sa fermeté ; Dançons n'a pas osé supporter ce spectacle :

Un cœur sensible hélas ! peut mépriser sa peine ;
L'infortune d'autrui l'emporte sur la sienne.

Adélaïde a retrouvé toute la fierté d'une romaine de Corneille, l'enthousiasme d'une chrétienne marchant au martyre :

Non, s'il eut pu se rendre, il eut fallu pleurer ;
L'honneur est un trésor qu'on ne peut réparer.
Il l'eut perdu, Dançons, j'en eusse été la cause :
Je sais ce qu'à mon tour mon repentir m'impose ;

Mon cœur, digne de lui, s'instruit à ses leçons ;
Je redeviens sa femme et le sang des Dançons ;
Qu'on me mène avec lui, qu'on me mène au supplice ;
De sa fidélité je veux être complice ;
Dans ses grands sentiments, oui je veux l'affermir ;
Lui demander pardon, l'embrasser et mourir.

Ringois condamné rentre alors juste à point escorté de l'officier qui dans les tragédies représente la force armée. L'officier commence par mettre fort poliment à la porte le député d'Abbeville :

Vous qu'un soin inutile amena de la France ,
Que rien ne mette obstacle à votre prompt départ ;
Hâtez-vous : c'est ainsi que l'ordonne Edouard.

A quoi Dançons, au nom de sa commune, répond par une déclaration de guerre aux Anglais :

Vers le champ de Crécy, lorsque notre commune,
A force de valeur corrigeant la fortune ,
Emmena dans nos murs quatre-vingts prisonniers,
Tous distingués chez vous par leurs exploits guerriers,
Si Colart leur vainqueur, en proscrivant leur tête,
Eut ainsi mésusé des droits de sa conquête,
Qu'eussiez-vous fait alors, cruels, pour les venger ?
Eh bien : pareil motif saura nous engager.
Nous prenons en horreur et vous et votre terre :
Ma bouche vous déclare une immortelle guerre :
Sortant pour vous punir d'un paisible repos,
Abbeville en son sein formera des héros.
Adieu, tristes objets d'une indigne furie :
Votre mort généreuse illustre la patrie ;
Sa tendresse n'a pu vous sauver du danger ;
Ses enfants belliqueux vont au moins vous venger.

Cette forfanterie de menace s'est trouvée justifiée, comme on le sait, quelques années plus tard, lorsque les bourgeois d'Abbeville chassèrent eux-mêmes les Anglais de leurs murs; il est vrai que Delacour s'était retiré le droit de prophétiser ainsi, en attribuant prématurément cet exploit à Ringois lui-même. Il nous suffit de relever au milieu de ces exagérations tragiques tout ce qui peut être, vrai ou faux, honorable ou flatteur pour notre ville.

L'officier anglais, après avoir pour plus grande sûreté donné une escorte au député d'Abbeville pour le faire embarquer, accorde à Ringois quelques instants de réflexion et de tête-à-tête avec Adélaïde. Les deux époux, restés seuls, font à qui mieux mieux de l'héroïsme civique comme s'ils étaient en plein quatre-vingt-treize, *avec la royauté au sommet*, comme l'on dit de notre temps. Grâce au ciel, s'écrie Ringois dans un de ces vers ressemblants dont a parlé notre auteur :

> Grâce au ciel, ton courage a passé mon espoir !
> Mais ce supplice vain n'est pas en ton pouvoir :
> Non, cesse d'y prétendre, il serait inutile ;
> Le mien suffit : il est la gloire d'Abbeville.

Adélaïde insiste :

> Pourquoi me refuser d'en partager la gloire ?
> Je veux aussi, je veux illustrer ma mémoire,
> Signaler en mourant mon amour pour mes rois,
> Et mettre les Dançons à côté des Ringois.

Ringois lui conseille de se soustraire au moins aux regards insolents d'un peuple avide d'exécutions, et il lui remet le poignard que nous avons vu entrer en scène par une invocation. Il sort, et, un instant après, Adélaïde apprend que son époux n'est plus : lui-même s'est ravi aux dernières bontés d'Edouard ; au moment où le roi, désirant en secret se montrer généreux, lui proposait pour la dernière fois la faveur ou la mort, Ringois, nouveau Decius, s'est précipité dans les flots. Adélaïde se frappe du poignard sous les yeux de Warwick qui arrive trop tard pour l'arrêter.

> O vous, que seul ici j'ai trouvé généreux,

dit-elle en expirant,

Warwick, après leur mort joignez deux malheureux ;
C'est un léger bienfait ; que les mêmes abîmes
Dans un vaste tombeau renferment vos victimes.
Abbeville, à mon sort tu donneras des pleurs.
J'en jouis ; ils sont chers... je m'affaiblis..., je meurs.

La pièce finit là, et la toile tombe déroulant sur le dernier tableau de la pièce le nom même de Ringois aux yeux des spectateurs ; car, c'est un souvenir qui doit trouver sa place ici, la toile d'alors peinte par notre compatriote Choquet, à qui toutes les gloires abbevilloises étaient chères comme le prouve le tableau de la bibliothèque communale où il les a rassemblées, représentait deux muses, Thalie et Melpomène, et plus haut, dans un encadrement de lys ou plutôt en compagnie des armes d'Abbeville, le nom de Ringois ; c'est à quoi le héros même de la pièce fait allusion lorsqu'en parlant de la gloire future de son nom, il dit :

On le verra fidèle, accompagné des lys,
Instruisant les Français à servir leur pays (1).

Le mot fidèle, dans l'intention de Delacour, avait trait sans doute encore, — l'allusion semble être relevée dans l'AVANT-PROPOS, — à notre devise *Fidelis*. Ne serait-il pas possible que cette toile même de notre théâtre ou peut-être le peintre Choquet ait donné à l'auteur la première idée du CITOYEN D'ABBEVILLE ? Singulier et puéril rapprochement ! c'est un étranger qui peint le dévouement de Ringois ; c'est

---

(1) Nous avons vu dans la note généologique sur Rorgon que ce nom de Ringois était, d'après le Mémoire de la Société des antiquaires de Picardie, écrit en lettres d'or à la voûte même de la salle. Nous citerons à l'appui de la tradition qui nous le fait mettre sur la toile le témoignage de Delacour qui dit en propres termes dant son AVANT-PROPOS en rappelant ces deux vers : *Voyez le tableau qui sert de rideau d'avant-scène au théâtre d'Abbeville.*

un comédien forain qui met ce dévouement en tragédie ; mais chaque fois ce sont nos concitoyens qui fournissent le sujet pour l'atelier comme pour les coulisses. Mérite médiocre, mais qui prouve au moins de la mémoire et la préoccupation toujours présente des illustrations de nos annales. Quoiqu'il en soit, Delacour eut-il à se féliciter du choix de son sujet ? les encouragements et les conseils des compatriotes de Ringois lui portèrent-ils bonheur ? les spectateurs n'eurent-ils pas plutôt l'indélicatesse de prendre à la première représentation, la dernière aussi probablement alors, Melpomène pour Thalie ? Il est temps maintenant que nous expliquions nos présomptions à cet égard : ces présomptions rasent la certitude, car nous avons pour les appuyer l'aveu même quoique un peu bref et obscur de Delacour. Il est évident que l'auteur de Ringois avait compté sur un immense succès : les deux derniers vers de sa pièce, un peu hasardés en cas d'échec, le prouvent surabondamment :

> Abbeville, à ma mort tu donneras des pleurs,
> J'en jouis ; ils sont chers... je m'affaiblis... je meurs.

Rien de mieux si ta toile était tombée au milieu des sanglots, mais il paraît qu'il en fût tout autrement. Delacour, en citant le premier de ces deux vers dans son avant-propos, le fait suivre tout simplement de cette réflexion laconique : « Ce vers est faux. J'ai mal vu ; j'en demande excuse. » Et il se garde bien de rappeler ces mots : « j'en jouis... ils sont chers... » qui sans doute lui eussent fait trop crève-cœur à tracer. Plus tard cependant, assez longtemps après, dans les premières années de l'Empire, le succès vint rechercher sa pièce. Soit que le souvenir en fut resté chez quelques uns de nos compatriotes qui en redemandèrent une nouvelle représentation, soit que Delacour lui-même ou quelques uns de ses camarades, en repassant par Abbeville, aient eu l'idée de la remonter, elle fut jouée de nouveau sur notre théâtre devant un public très nombreux et très bienveillant qui répara largement, dit-on, les duretés du public de 1777. Le vers inscrit sur la toile du peintre Choquet :

> Emollit mores nec sinit esse ferox

qui avait menti la première fois, se trouva dire cette fois la vérité; l'affluence fut si grande à cette seconde représentation que la nouvelle courut dans quelques journaux du temps qu'une pièce patriotique ayant attiré au théâtre d'Abbeville un foule trop nombreuse, le poids des spectateurs avait fait crouler la salle. Il est inutile d'ajouter que la police impériale ne s'émut pas le moins du monde de cette nouvelle, mais il n'en fut pas de même de quelques uns de nos concitoyens qui, absents alors de la ville, s'imaginèrent trouver à leur retour leurs pères, leurs mères et leurs frères écrasés. C'eût été une trop belle vengeance pour Delacour. Un épistolier exagéré et mal compris, en écrivant que la salle s'était écroulée sous les applaudissements, avait sans doute causé tout le mal : c'était déjà bien assez.

Dans tous les cas et quoiqu'il en soit des péripéties de l'œuvre, on sait maintenant quel est le monument que tenta d'élever à notre héros Ringois le comédien Delacour, monument que nous avons soumis au procédé de la *réduction*. Nous lui avons rendu le seul service qui fut en notre pouvoir, le seul aussi qui peut le sauver encore : le monument de Delacour en effet n'est pas, on l'a pu voir, de ceux qui ont le droit d'invoquer l'*ære perennius*, mais de ceux que l'on fait durer par les multiplications réduites du plâtre. Quant à Delacour, nous ignorons ce qu'il est devenu et quelle fut en dehors de *Ringois* sa fortune littéraire.

PROMENADE

DANS LES RUES D'ABBEVILLE.

Per vias et plateas.

Les anciens.

Initiées à la vie politique par le grand mouvement
communal du XIIe siècle, les villes du nord de la France
semblent conserver dans les temps modernes un culte
plus vif pour leur passé, une curiosité plus grande pour
leur histoire.

Cela s'explique : ces villes sont riches en souvenirs;
elles ont de vieilles familles bourgeoises qui leur sont
attachées et qui tirent leur notoriété ou leur noblesse
de l'exercice d'anciennes magistratures urbaines ; elles
ont des monuments municipaux, des échevinages, des
beffrois, des remparts, des veilleurs, des traditions de
toutes sortes ; enfin elles ont dans leurs archives les
Acta diurnalia de leur passé. — Et d'âge en âge, —

9

pour rassembler ces souvenirs, pour rattacher encore ces familles à la ville, pour sauver la pierre qui tombe du monument, pour recueillir la tradition qui s'efface, pour fouiller dans la poudre des bibliothèques et des archives, — une école d'érudits locaux, collectionneurs de curiosités, de cloches et de pignons sur rue, se perpétue sur place. Ces collectionneurs forment une sorte d'*Académie des Inscriptions* modeste et renfermée dans la banlieue, qui prend pour devise le *Laudabunt alii claram Rhodon* ou le *Celebrare domestica facta*.

Ces souvenirs, ces monuments, ces vieilles familles, ces archives nous les avons à Abbeville ; cette école d'érudits paisibles nous l'avons aussi : elle ne s'est point interrompue depuis l'avocat Wagnart et Nicolas Rumet jusqu'à nos jours.

Chacun de ces érudits a trouvé son lot dans la récolte du passé : celui-ci s'est occupé des églises, celui-là du blason ; un autre, devinant l'intérêt qu'acquièrent en vieillissant les événements qui passent inaperçus des contemporains, recueillait au jour le jour des souvenirs insignifiants alors, mais que leur date rend déjà précieux pour nous.

Nous, le dernier venu, qui aimons à nous promener et à nous souvenir, nous nous sommes modestement mis à la suite de ces modestes érudits, et, le plus souvent, nous n'avons fait que répéter, rassembler et compléter les indications conservées par eux. Nous avons pris aussi la devise : *Laudabunt alii* ; et, moitié furetant, moitié flânant, nous avons fait cet opuscule, aidé que nous avons été par de vieux livres, des manuscrits poudreux et des communications obligeantes. — Nous devons donc un souvenir aux vieux livres, une mention aux manuscrits et un remerciement à ceux de nos concitoyens qui ont bien voulu venir à notre secours.

Acquittons-nous tout d'abord envers les morts et remercions en première ligne le P. Ignace, cet honnête Carme d'une si naïve et si aimable bonne foi, notre patron en érudition religieuse et dont les bonnes qualités ont disparu peut-être sans compensation suffisante dans notre travail.

Après lui remercions Collenot, le patient et crédule bibliomane qui bouquinait à quatre-vingts ans comme Caton apprenait le grec, et dont l'indigeste compilation a été une des sources où nous avons puisé quelquefois avec avantage ; remercions les auteurs inconnus des précieux manuscrits que possède M. Siffait, annalistes d'instinct qui de leurs mains illétrées consignaient presque jour par jour pour leur satisfaction propre les faits qui se passaient sous leurs yeux ; remercions M. Laurent Traullé dont les notes inédites nous ont été confiées en partie par M. Alexandre Leclerc, son neveu ; remercions afin M. Delignières de Bommy, dont M. de Saint-Amand nous a communiqué les curieux dessins.

Nous ne pouvons nous acquitter envers les morts que par des épitaphes ; plus heureux avec les vivants, nous remercierons publiquement ceux de nos concitoyens envers qui nous nous sommes déjà acquitté de vive voix :

Notre premier, notre principal devoir eut été de nommer en tête de cet avertissement M. Louandre. Bien mieux que l'exemple des morts que nous avons cités, mieux que les renseignements qu'ils nous fournissaient, sa mémoire et ses conseils nous ont encouragé et soutenu dans nos recherches, enrichies à chaque instant et facilitées par lui. Nous devons encore remercier M. Macqueron dont les documents nous ont été parfois d'un grand secours. D'autres personnes enfin, qui, venant d'elles-mêmes au-devant de nos demandes, ont par leurs renseignements verbaux ou écrits rendu l'exécution de notre tâche moins pénible, n'ont pas de moindres droits à notre gratitude.

On le voit par ce qui précède et par l'indication même de nos autorités et de nos sources, ce livre n'est qu'une collection de notes à peu près comme une ville elle-même est une collection de rues, de places, de maisons et de jardins. Ici les rues sont larges et droites, là étroites et tortueuses ; ici les places ne sont que des *squares* sans issue, là elles rayonnent en carrefours ; ici les maisons ne présentent qu'un pignon étranglé, là elles s'allongent en froc étendu ; ici les jardins ne reçoivent qu'un maigre rayon de soleil à travers les

toits qui leur disputent la lumière , là ils s'épanouissent
en verdure et n'ont d'ombre que l'ombre de leurs
arbres. C'est dire assez que dans leur diversité disparate
ces notes n'ont d'autre lien le plus souvent que le
hasard qui les a jetées à côté les unes des autres dans
notre mémoire en les attachant à telle rue, à telle place,
à telle maison. Nous n'avons pas voulu faire un livre
d'histoire mais un recueil de souvenirs. De même qu'il
y a une littérature de touristes qui mêle les impressions
du passé aux impressions du présent dans le récit de
voyages lointains, de même on conçoit qu'il puisse y
avoir une littérature de flâneurs sans prétention qui
mêle, dans le voyage quotidien que nous faisons sur
le pavé de nos villes, les observations présentes aux
observations passées.

L'affection qui se lie aux lieux où l'on est né, aux
premières impressions de la vie ; le retour involontaire
de l'esprit vers les choses du passé, si simples et si peu
importantes que soient ces choses, voilà les sentiments
qui ont inspiré ce travail ; quelques causeries sur le
vieux temps l'ont fait naître. Le cadre en est restreint
à l'horizon étroit de nos remparts, et notre ambition
littéraire ou érudite est aussi modeste que notre tâche.
A défaut de style et de découvertes, nos concitoyens y
trouveront du moins un effort et de la patience, et,
par-dessus tout, l'amour de notre chère ville picarde.

—

TABLE [*].

(*) Nous avons distribué cette table par chapitres afin de jeter par
cette division un peu de clarté dans la compacte uniformité des
pages de ce volume et rendre plus saisissable au lecteur le fil qui nous
a dirigé dans notre travail. Cette table n'est donc à proprement parler
qu'un sommaire destiné à rendre plus apparent le plan de l'ouvrage.

PROMENADE

DANS LES RUES D'ABBEVILLE.

Le célèbre agronome anglais Arthur Young, après avoir parcouru les différentes parties de la France, s'arrêta dans notre ville et porta sur elle le jugement suivant:

« On dit qu'Abbeville contient 22,000 âmes. Cette ville est mal bâtie; plusieurs de ses maisons sont de bois et ont un plus grand air d'antiquité qu'aucune de celles que j'aie encore vues : il y a long-temps que ces sortes de maisons sont démolies en Angleterre (1). »

Le reproche du voyageur anglais renfermait à son insçu une flatterie à notre adresse. La vétusté des maisons d'une ville établit

_____

(1) Voyages en France pendant les années 1787, 88, 89 et 90.

l'ancienneté de sa bourgeoisie tout aussi bien que des chartes ou des registres de paroisse (1). Hélas! ces vieilles maisons de bois dont se plaignait Young disparaissent chaque jour; tous les ans le marteau en jette quelques unes par terre à la glorification de nos édiles, gens fort amoureux d'alignements, mais pour qui l'archéologie est un grimoire de savants à médailles et le pittoresque une hérésie de barbouilleurs de toiles. De ces vieux témoins du passé aux poutres grimaçantes, aux curieux losanges, les derniers se défendent encore, arc-boutés les uns contre les autres, dans quelques rues étroites; de celles-là même il ne restera bientôt plus rien, et le jugement d'Arthur Young nous reportera aux temps fabuleux du moyen âge. Ne nous lamentons pas trop cependant: lorsque les choses ont fait leur temps, il faut qu'elles tombent, et ce n'est peut-être que demi-mal. Nul de nous ne se plaindrait certes de rencontrer des trottoirs proprement balayés dans les rues étroites de la Poissonnerie et de la Boucherie, de l'asphalte au lieu du galet gras qui donne à notre marche l'aspect d'un pélerinage à reculons, du gaz au lieu des réverbères douteux qui, en bien des endroits, nous laissent encore en péril de heurter un boule-dogue ou un ivrogne. Nous serions mal venus du reste à soulever des chicanes sur ce point. Bien des améliorations ont été apportées à la voie publique depuis les premières années de ce siècle: le pavé de la ville a été en partie renouvelé; l'écoulement des eaux a été facilité; deux ruisseaux parallèles, faciles à nettoyer, ont remplacé l'infecte mare

---

(1) Les pignons sur rue indiquaient, dit-on, la demeure des anciens *communiers*, des véritables bourgeois dont les ancêtres avaient juré la charte des libertés et coutumes locales. Ainsi s'explique l'expression avoir pignon sur rue; c'était un titre de noblesse. Les pignons sur rue étaient nombreux à Abbeville.

qui stagnait au milieu des rues ; l'établissement des trottoirs a
été encouragé, et nous les voyons, quoique lentement, s'étendre
le long des maisons et se rejoindre peu à peu. Les habitants
ont cherché de leur côté à donner à la ville un aspect plus gai:
souvent de misérables façades ont disparu pour faire place à
des constructions qui témoignent d'un progrès notable dans l'aisance et dans les habitudes ; des devantures modernes ont rajeu-
ni à propos des habitations décrépites, car nous voulons bien
avouer que tout n'est pas à regretter dans les pignons sur rue.
Nous devons malheureusement signaler le défaut de projet stable
qui s'opposera encore longtemps à ce qu'Abbeville acquierre la
véritable beauté des villes modernes, la régularité ; le peu de
largeur d'un grand nombre de rues ne permet pas d'espérer
que cet alignement s'obtienne de sitôt. Le dirons-nous? il existe
un vieux plan d'Abbeville gravé en perspective. — Ce plan fort
rare porte pour signature R. Cordier et pour date 1654; la copie
également gravée qu'en a fait faire M. L.-J. Traullé ne se trouve plus
aujourd'hui que dans quelques maisons. — Eh bien ! il nous a semblé,
sur l'inspection de ce plan, que les rues de cette ville *mal bâtie* ne
différaient guère alors, dans leur étroitesse et leur sinuosité, de celles
d'aujourd'hui. Petite question sans doute, mais non point en dehors de
notre sujet, puisque dans notre courte promenade nous nous arrêterons plutôt au passé qu'au présent. Ce plan, pris de la Justice, peut
nous donner une idée de l'aspect général qu'offrait alors Abbeville
vue de cette hauteur. Ce qui frappait d'abord, c'était la prodigieuse
quantité de tours et de clochers qui déchiraient les airs de leurs pointes
et de leurs angles. Nous n'en comptons pas moins de vingt-et-un sur
notre plan ; c'étaient d'abord, en commençant par la droite, la petite
église de Saint-Paul qui existe encore ; puis, le couvent des Jacobins
qui depuis fut reporté dans la rue de ce nom, le couvent des Sœurs
blanches, l'église de Saint-Jean-des-Prés, le couvent des Sœurs grises ;
la petite église Saint-Vulfran, l'église Notre-Dame du Châtel, tous mis
hors de religion, églises et couvents, et dont bien peu de traces se
retrouvent maintenant sur les lieux ; puis la collégiale de Saint-

Vulfran, dominant de toute sa hauteur toutes ces flèches ornées de croix et de coqs ; puis l'église Saint-George, dont le souvenir s'est si bien conservé dans la paroisse Saint-Vulfran, que tous les ans la fête du saint écuyer s'y célèbre encore religieusement et culinairement ; puis, au plus loin de nous, l'église Saint-Gilles qui de notre point d'observation semblait se confondre avec la tour crénelée sous laquelle s'ouvrait alors la porte de la ville ; puis enfin, en ramenant nos regards devant nous, l'église du Saint-Sépulcre, le couvent des Ursulines, le couvent des Minimes, le prieuré de Saint-Pierre, la petite église Saint-Etienne, le couvent des Carmes ; puis le toit pointu de l'Hôtel-de-Ville qui n'affectait pas alors la forme d'une cloche, l'église Saint-André, l'église Sainte-Catherine, le couvent des Capucins, l'église Saint-Jacques, tous aussi, pour la plupart, églises et couvents, sécularisés, morcelés et méconnaissables. La configuration de la ville était à peu de chose près du reste la même qu'aujourd'hui. Bien des changements cependant ont été apportés aux travaux de défense et aux remparts ; presque toutes les tours ont été abattues ; il ne reste plus que des traces enfouies sous terre du château que Charles-le-Téméraire avait fait construire sur la Somme, à la sortie de ce fleuve des murs. La Somme, nous le voyons encore sur notre plan, était barrée un peu plus loin vers la porte d'Hocquet par des pilotis enchaînés ; les vaisseaux à voiles la remontaient alors beaucoup plus haut qu'aujourd'hui dans la ville ; deux des quatre vaisseaux figurés par le graveur se trouvent engagés jusqu'à la hauteur de la grande rue Notre-Dame ; contrairement aux deux autres qui sont encore en marche, leurs voiles sont pliées et tout annonce qu'ils sont arrivés au lieu de leur station. Le terrain de l'ancien champ-de-foire, où ne s'élevaient pas encore les beaux marronniers que nous y avons connus avant l'établissement de la halle-aux-toiles, était alors le port de la ville, et nous trouvons indiqués sur les deux faces de cet angle baigné par deux bras de la Somme des escaliers destinés sans doute à faciliter le chargement et le déchargement des navires. — De la porte d'Hocquet au pont des Prés la ville était ceinte de murs. De ces murs la dernière trace aujourd'hui est cette tour en ruines que nous voyons derrière la promenade actuelle, à l'endroit où la rivière de Maillefeu coulait encore il y a quelques années. De la porte Saint-Gilles à la porte Marcadé, si notre plan est fidèle, des canons étaient placés sur leurs affûts, derrière les remparts, et ces remparts s'élevaient un peu plus haut que les terrassements qui les appuyaient. Vers le milieu du dix-septième siècle, au temps du père Ignace qui les nomme, seize corps de garde principaux y étaient établis « où on fait bonne garde, toutes les nuits, dit-il, tant en paix comme en guerre, comme aussi au Bourdois sur le grand marché. » Surprendre notre ville à cette époque sans lui donner l'éveil n'eut pas été facile, car nous voyons encore dans le père Ignace qu'à toutes les portes il y avait aussi trois corps de garde » avec leurs barrières, et trois ponts levis fort bien gardés: l'un à l'entrée du côté de la ville, gardé par les suisses; l'autre à la sortie du côté des champs, gardé par les soldats de la milice; et un autre au milieu des deux, gardé par les bourgeois, avec un bel ordre, et bonne intelligence. » Que dirions-nous, nous autres gardes nationaux de 1847 qui avons lâchement abandonné notre poste du Bourdois, s'il nous fallait occuper comme nos pères seize corps de garde sur les remparts, sans compter ceux des portes?

Nous ne quitterons pas nos murailles sans rappeler que c'est à un roi d'Angleterre que nous devons leur conservation. L'an 1689, ordre fut donné au mayeur par une lettre de cachet de faire raser toutes les fortifications. Le mayeur garda la lettre trois semaines sans la communiquer ; il n'en vint pas moins un ingénieur qui fit commencer les travaux de démolition. Le corps de ville étonné s'assembla et dressa des remontrances que Foucques, le mayeur d'alors, et quelques autres habitants notables furent chargés d'aller présenter au roi. La députation se rendit d'abord à Saint-Germain, où était le roi Jacques, pour lui demander sa protection (1). Ce prince les recon-

---

(1) Il était passé cette année là même à Abbeville le 5 janvier et y avait été reçu avec honneur.

nut et il les accompagna à l'audience qu'ils obtinrent du roi. Grâce à l'appui qu'il leur prêta, l'ordre fut révoqué ; on répara même les ouvrages détruits et on en fit de nouveaux (1).

Si maintenant nous examinons les environs de la ville mentionnés par le burin dans le cadre restreint que nous avons sous les yeux, nous trouvons en première ligne l'église de Notre Dame de la Chapelle dont le cimetière, considérablement agrandi, est devenu le cimetière de la ville depuis la suppression du cimetière de la Porte du Bois. La fête de cette ancienne paroisse est la Nativité de la Vierge; des indulgences y étaient attachées pour tous les samedis de l'année et l'on y allait en pélerinage pour avoir des enfants (2). — Plus loin nous voyons le couvent des Chartreux dont les bâtiments encore subsistants sont oc-cupés aujourd'hui par les filatures de MM. Frichot et Gavelle. Là était et est encore aujourd'hui le faubourg de Thuison dont l'étymologie est fort incertaine: on a cru la retrouver dans le vieux mot Tuoison (tue oison) qui, selon Roquefort, signifie action d'égorger des ani-maux; on a cru aussi pouvoir l'attribuer à Thuyscon, le grand Dieu des Germains, commun peut-être aux Gaulois comme la plupart des Dieux germains. Cette dernière explication aurait pour appui ce qu'avance le père Ignace qu'un autel était consacré aux faux Dieux où est aujour-d'hui l'église de la Chapelle. Nous émettons ces doutes pour ce qu'ils valent. Au commencement de l'année 1789, plus de vingt maisons de ce faubourg furent incendiées; les Chartreux logèrent alors et nour-

---

(1) Ms. de M. Siffait.

(2) Dernièrement, en feuilletant la Collection des Rues d'Abbeville qui appartient à M. de Saint-Amand, je suis tombé sur les ruines de l'ancienne église de la Chapelle; ces ruines, qui existaient encore en 1792, étaient considérables et attestaient l'importance de cet édifice dont il ne reste plus guères que le clocher et une porte en ogive du côté du presbytère.

rirent pendant plusieurs mois les victimes de cet accident. — Un peu plus loin, encore en avançant dans les prés, *s'élève*, si l'on peut dire cela de quelques assises de briques disposées en guérite, la chapelle de Saint-Milfort (1). Cette chapelle n'a point perdu sa réputation miraculeuse, et l'on y vient encore de plusieurs départements voisins pour la guérison des enfants épileptiques ou rachitiques. Le moyen thérapeutique employé dans ces cures, outre les vœux et les prières, est l'application à nu des enfants sur une pierre froide. Le

(1) Saint-Milfort est un saint peu connu, dont l'histoire est très problématique. Venait-il de l'Ecosse ou de l'Hibernie, de l'Espagne ou de la Lusitanie? Les autorités se partagent; on lui accorde cependant plus volontiers les deux premières contrées pour patrie. Fût-il ou ne fût-il pas évêque? On ne sait ; ce qu'il y a de certain, c'est qu'il n'occupa jamais le siége de Lyon comme on l'a prétendu, car dans le catalogue des prélats de cette ville on ne trouve aucun saint de son nom. Deux versions ont eu cours sur la fin tragique qui le mit avant son heure au rang des bienheureux. Les uns ont dit qu'ayant loué pour quelque temps ses services à un fermier de la Bouvaque, il ne put si bien voiler l'extrême piété qui éclatait dans toutes ses actions que la femme de ce dernier ne reconnût en lui les caractères d'un envoyé du Seigneur ; elle se prit alors pour l'humble valet d'une vénération telle que le fermier crut y voir les marques de relations coupables ; il trancha, selon la coutume du temps, la tête au saint, et enterra ignominieusement son corps sur la place. L'innocence de Milfort ne tarda pas à se manifester par de fréquents miracles, et on sanctifia le lieu du meurtre par la chapelle qu'on y éleva ; d'autres, sans nier les circonstances qui ont amené sa mort, ont soutenu que Milfort ne fut pas décapité à la Bouvaque, mais dans un lieu voisin, — Thuison peut-être, — et que là ayant, à l'exemple de plusieurs autres saints, ramassé sa tête où la vue n'était pas encore éteinte, il la porta

moyen réussit parfaitement, dit-on, et ceux des enfants qui ne meuren,
pas dans les huit jours qui suivent acquièrent une santé à toute
épreuve.

Près de cette chapelle était un bois nommé le bois de Saint-Ribaud
dont la réputation était fort galante; les pélerinages à ce bois changeaient de culte et d'objet; ce n'était pas le seul au reste qui fût de
la sorte fréquenté; l'allégorie du bois de Cythère avait quitté le pays
des fables dans nos environs. Saint-Ribaud, que nous avons vainement cherché dans les martyrologes et les calendriers, était sans doute
une sorte de transformation chrétienne de la Vénus des païens.
L'hypocrisie est le vice de notre âge et date de loin. Les Dieux de
l'antiquité eux-mêmes ont été forcés de prendre les déguisements
les plus antipathiques à leur nature pour perpétuer leur autorité
jusqu'à nos jours.

A notre droite s'étendait le faubourg de Menchecourt. La Vicomté
de Fleuron qui appartenait au chapitre de Saint-Vulfran comprenait
une partie de ce faubourg. Le vicomte, pendant la franche fête de la
Pentecôte, était tenu d'assister le prévôt du chapitre *en habit honneste*,
et le prévôt devait le nourrir pendant la durée de la fête et lui donner
un chapeau de roses et une paire de gants. Ces obligations ainsi rela-
tées n'inspirent pas, ce nous semble, une haute idée de la Vicomté
de Fleuron.

---

jusqu'au lieu où il voulait qu'on lui consacrât une sépulture et une
chapelle. Quoiqu'il en soit donc, Saint-Milfort fut bien enterré à la
Bouvaque, mais par suite des guerres ou d'évènements que l'on
ne connaît pas, son corps disparut, et un mayeur d'Abbeville, nommé
Maupin, ayant fait ensuite reconstruire la Chapelle décrépite, re-
chercha vainement sous les ruines les précieuses reliques qu'elles
n'avaient pas su garder. L'histoire posthume des rois et des saints
est pleine de ces tribulations.

Au-delà de la porte Marcadé, à droite et plus en arrière, la petite église de Saint-Jean de Rouvroi est la dernière croix plantée de ce côté sur notre plan. Cette église fut construite en 1578. Un mot en passant sur l'étymologie de Rouvroi. — Nous imitons un peu ces rouliers qui font le tour de la ville pour se soustraire à l'octroi et s'arrê- tent longuement dans les cabarets de la banlieue. — Rouvroi, nom commun à plusieurs lieux de France, dérive dit-on de *rouvre*, en latin *robur*, espèce de chêne, qui sans doute abondait sur l'emplace- ment de ce faubourg. Il ne faut pas oublier du reste que c'est à peu de distance que se rencontre le pont de Rome. Les souvenirs anciens sont fréquents dans ce voisinage du camp des monts de Caubert, et ce nom de Rouvroi remonte peut-être à l'époque de l'occupation romaine. Une fête qui ne manquait pas d'une certaine grâce arcadienne s'est conservée longtemps à Rouvroi : on l'appelait la fête à bouquets. Un chariot disposé en amphithéâtre était amené sur la rue: il était rempli de paniers de fleurs et des ménétriers y jou- aient leurs airs les plus gais; les jeunes gens du faubourg s'appro- chaient alors avec leurs maîtresses et, toujours au son du violon, leur distribuaient des fleurs et des rubans qu'elles attachaient autour d'elles en bandoulière. Les violons d'aller de plus belle alors, et l'on se mettait en danse. Lorsque les habitants d'un faubourg ou de la banlieue donnaient des fêtes à bouquets, le maître de la cérémonie, avant d'ouvrir la danse, montait sur le plus haut du chariot, et debout, le chapeau bas, criait par trois fois, « *eule mekène de monsieu le mayeu est-elle lò? qu'alle approche!* » la servante de Monsieur le Mayeur est-elle là? qu'elle approche! » Il nous a été impossible de remonter a la source de ces paroles sacramentelles. Y avait-il là une satire contre le mayeur? Une Agnès Sorel sortie du faubourg de Rouvroi a-t-elle dans ces temps reculés partagé chez nous l'autorité municipale? Nous ne savons. Au reste, comme dans les fêtes de l'antiquité et du chris- tianisme, dans toutes les fêtes populaires qui se perdent dans la nuit des temps, il y a des mystères.

La faubourg de Rouvroi est coupé par trois bras de la Somme : le premier, le plus faible, longe les travaux de défense de la ville : on

12

l'appelle le fossé Neuf et on le traverse sur le pont Bachelier ; le
second passe sous le pont de Saint-Jean, près de l'église ; c'est la rivière
du Doigt : nous dirons dans le cours de notre travail comment il
faillit devenir le bras navigable du fleuve et amener le commerce de
la ville à Rouvroi ; le troisième mêle les souvenirs profanes aux souvenirs sacrés : il coule sous le pont de Rome et s'appelle la rivière aux
Nonnains. Le pont a pour parrains les soldats de César ; la rivière a
pour marraines les religieuses du Paraclet ou couvent d'Epagne, qui
avaient des terres et exerçaient certains droits sur ces bords. Ces
trois bras, si nous les remontons, nous conduiront, les deux derniers
par les marais de Malicorne et le premier un peu en de-çà, jusqu'au
faubourg des Planches. Ce faubourg s'appelait ainsi des planches ou petits ponts sur lesquels on traversait les fossés et les
rivières qui le sillonnaient à l'époque où la route qui mène de
ce côté en Normandie se détachait encore à Rouvroi de celle de Dieppe
et passait sur les monts de Caubert. Il a gagné beaucoup à la création
de la route royale de Rouen, qui lui a donné de beaux ponts de pierre,
et à la canalisation de la Somme, qui a desséché ses jardins. — Il y a, dit
Collenot (1) un endroit dans le faubourg des Planches nommé le
Chellier. Ce nom, selon moi, — c'est Collenot qui parle, — vient du
mot celtique Cerlier, qui signifie une ville, un bourg ou un village
situé entre deux eaux, environné de marais. Cette partie du faubourg
est réellement située entre les eaux et environnée de marais. — Nous

---

(1) Dans le Ms. qui appartient à la *Société d'Emulation.* — Etablis-
sons une première fois pour toutes nos réserves vis-à-vis de Collenot.
Nous n'invoquerons jamais son témoignage qu'avec circonspection
et nous engageons nos lecteurs à accepter ses renseignements
comme nous les donnerons. Le bon Collenot se fiait souvent un peu
trop à sa mémoire de septuagénaire, ce qui n'est pas un crime chez
un vieillard dépositaire de souvenirs précieux, mais ce qui ne peut
suffire à constituer une autorité.

ne nous sommes pas enquis de la circonscription du Chellier, et nous n'en parlons ici que pour préparer des tortures aux Collenot qui viendront après-nous.

Le même Collenot donne plus loin différentes étymologies du nom de Caubert. Nous renvoyons à son Ms. les gens qui seraient curieux de savoir pourquoi Caubert s'écrivait aux 12ᵉ et 13ᵉ siècles Kauberg, leur laissant du reste toute liberté de se décider entre CALX *Chaux*, et CALX *Talon*, fief de hautbert ou berceau de craie.

Revenons à nos clochers : au bout du faubourg des Planches, la chapelle de Sainte-Marguerite, oubliée sur notre plan, mérite une mention. Cette chapelle, située au pied des monts de Caubert, et sur laquelle le père Ignace n'a rien écrit, fut fondée par les seigneurs de Mareuil, on ne sait à quelle époque, mais à coup sûr fort anciennement, car elle se trouvait citée dans deux cartulaires autrefois déposés aux archives de l'évêché d'Amiens et portant la date de 1301. Elle y était reprise comme léproserie ; ce qui donna lieu à un procès entre les religieuses de l'hôpital de Rue, le seigneur de Mareuil (messire Pierre de Villepaux) et le titulaire de Sainte-Marguerite. L'hôpital de Rue s'était emparé des biens de cette chapelle, consistant en terres labourables, prés et aires, à la faveur des lettres patentes par lui obtenues, portant réunion à son domaine de plusieurs maladreries et notamment de celle de Villers-sur-Mareuil. Il revendiquait la chapelle Sainte-Marguerite comme une dépendance de la maladrerie de Villers. Nous ignorons quelle fut l'issue de cette contestation qui n'est plus pour nous que d'un intérêt fort médiocre ; ce qu'il y a de certain, c'est que les jardins qui entourent cette chapelle appartiennent encore à l'hôpital de Rue. Les femmes allaient à cette chapelle pour obtenir des couches heureuses. Ainsi elles trouvaient à quelques pas de la ville, à l'église de la Chapelle le moyen d'avoir des enfants, à la chapelle Sainte-Marguerie le moyen de les amener à bon terme, à Saint-Milfort le moyen de leur assurer la force et la santé. Il y a quelques années, un ermite, dont la réputation de sainteté était grande parmi le peuple, desservait encore la chapelle Sainte-Marguerite et y chantait les vêpres. Elle est fermée maintenant.

Plus loin, et à Mareuil même, la chapelle de Saint-Cristophe que le graveur, notre guide, n'a eu garde de négliger, était fort courue des fidèles ; on y allait en pélerinage, un peu mondainement il est vrai, et comme on va maintenant à Mouflières ; on y mangeait les premières prunes, et dans ce temps de simples mœurs et de distractions naïves, ce n'était pas là un des moindres attraits de la dévotion au saint du pays. — La chapelle de Saint-Christophe est fort ancienne, comme le prouve son architecture romane.

Le château de Mareuil, qui appartient aujourd'hui à M. Aliamet, pourrait avoir comme de plus important ses chroniques particulières où la politique et la galanterie se prêteraient la main comme de coutume (1). Vers la fin du seizième siècle, une dame de Mareuil, Antoinette de Pons, marquise de Guercheville ou de Guerville, épouse en premières noces de Henri de Silly, comte de la Rochepot et seigneur de Mareuil-Caubert, se rendit fameuse par deux mérites, dont l'un devait faire honte à l'autre : elle inventa ou mit en vogue les tournures à grossir les hanches, dont la mode prit naissance sous le règne de Henri III, et ne permit pas à Henri IV de vérifier les avantages qu'elle en tirait. On peut, quant au premier mérite, consulter d'Aubigné dans son Baron de Fœneste, à l'article Inventaire de la bibliothèque de M. Guillaume : *N*° **33**, dit-il, *Priviléges des gros culs reliés en vache, par madame de la Rochepot, dame d'honneur de la reine* ; quant au second, voici à peu près comment s'exprime Collenot lui-même que nous citons de confiance : on connaît la belle résistance de la dame de Mareuil aux cajoleries de Henri IV et les honneurs dont ce roi récompensa sa vertu, vertu qu'elle porta à un tel point que mariée en secondes noces à

---

(1) Il y a encore dans le jardin attenant à ce château des souterrains très profonds et qui servirent probablement autrefois d'oubliettes ou de lieu de depôt en temps de guerre. Ces souterrains, au nombre de trois, sont superposés et communiquent entre eux par des escaliers voûtés.

Charles Duplessis de Liancourt, elle refusa toujours de porter le nom de son mari, prétendant rejeter toute communauté avec Gabrielle, sa belle-sœur, laquelle, quoique maîtresse de Henri IV, n'en avait pas moins le duc de Bellegarde et compagnie (1). — La marquise de Guercheville joue encore un grand rôle dans l'histoire des amours du grand Alcandre (attribuée à Anne de Rohan-Soubise) sous le nom de la dame Scilindre. Dame d'honneur de la reine, comme nous l'avons vu par l'extrait de d'Aubigné, elle exerça sa charge longtemps et en remplit les fonctions au couronnement de Marie de Médicis, à Saint-Denis, le 13 mai 1610. De tout ce qui précède il résulte pour nous que la dame de Mareuil devait être très sèche de toutes façons et d'une habileté très impertinente, et que nous lui eussions de beaucoup préféré Gabrielle, qui n'inventa jamais de tournures et qui avait le duc de Bellegarde.

A Mareuil s'arrêtent en dehors de nos murs les rares indications de R. Cordier que nous ayons pu compléter. Nous avons fait avec lui le tour de la ville aux trois quarts ; nous jetterons, s'il y a lieu, un coup d'œil sur les faubourg de Saint-Gilles et du Bois lorsque les rues de la ville nous y conduiront.

Maintenant, si nous mettons le pied sous les portes, et si nous voulons suivre avec un peu d'ordre nos souvenirs, nous nous sentons fort embarrassé. Par où commencer, et quel fil choisir dans ce réseau de rues entre-croisées qui se disputent nos pas et nos yeux ? La difficulté est de nous créer un point de repère ; tranchons-la en poussant nos excursions en tous sens du parvis de la collégiale de Saint-Vulfran. Là

(1) Henri IV, pour soustraire Gabrielle à la surveillance incommode de son père, l'avait mariée à Damerval de Liancourt, gentilhomme picard ; mais, nous apprend Sully, il sut empêcher la consommation du mariage qui fut ensuite dissous pour la cause invoquée d'ordinaire en pareil cas, bien que Damerval eût eu quatorze enfants d'une première femme.

nous sommes à peu près au centre du vieil Abbeville, car très vraisemblablement Abbeville, comme tant d'autres villes d'importance et
de renom, a pris naissance dans une île. La poupe de cette île allongée
en forme de nef est vers le pont des Prés, à *l'Ile d'Elbe* (1), et sa proue
au pont Neuf. Rapprochement puérile, la plupart des rues d'Abbeville,
comme celles de Paris, descendent vers le fleuve, et, si un quai s'étendait
de la Pointe au pont de la Portelette, toutes ces rues qui servent
d'écoulement par le marché à celles du quartier Saint-Gilles et du
quartier du Saint-Sépulcre, les rues de Lille, de l'Hôtel-Dieu, de
Saint-Vulfran, la grande rue Notre-Dame, la rue de la Pointe qui
reçoit directement les rues parallèles des Grandes-Ecoles et des Saintes-
Maries, la rue Ledien qui reçoit une partie de celles du quartier
Saint-Jacques, et la petite rue aux Mulets qui rattache la chaussée-
Marcadé au Port, aboutiraient directement au principal bras de la
Somme et rendraient ainsi cette particularité plus remarquable. Ce
serait une œuvre à désirer peut-être que l'établissement d'une grande
voie qui, reliant ainsi toutes ces rues entre elles, rendrait une vie

(1) Un mot sur cette dénomination donnée aux jardins situés entre le
pont des Prés et le pont de la Portelette, au-delà du rempart, dans l'angle
des deux bras de la Somme, et dont l'origine pourrait se perdre un jour.
Lorsque vint la première restauration, André Dumont, alors sous-
préfet d'Abbeville, se retira dans un pavillon qu'il avait dans l'un de
ces jardins ; de là, par un rapprochement entre l'Empereur exilé et
lui, le nom d'île d'*Elbe* ; ajoutons, pour rendre le rapprochement plus
complet, qu'au retour de l'Empereur, André Dumont opéra aussi son
débarquement de Cannes et rentra momentanément dans ses pouvoirs.
— L'île d'Elbe s'appelait autrefois et s'appelle encore peut-être maintenant dans la topographie officielle île Beurier, du nom d'une ancienne famille de constructeurs de bateaux qui y avait ses ateliers ;
c'est ainsi qu'elle est désignée sur un plan assez vieux de la Collection de M. de Saint-Amand.

nouvelle à des quartiers un peu trop abandonnés maintenant. A part l'utilité que cette voie pourrait avoir, elle donnerait certainement à ce côté de la ville un aspect de gaîté qui lui manque. Les rivières qui traversent les villes sont des embellissements tout trouvés que l'on ne met pas assez à profit. Quelques plantations d'arbres compléteraient la décoration, et notre port, que les promeneurs dédaignent trop, deviendrait un rendez-vous de flânerie et de causerie fort agréable.

Notons en passant, avant d'en finir avec l'aspect général de la ville, que la population s'est portée de préférence sur la rive droite de la Somme et que, tandis que le vieux quartier des Cordeliers, des Sœurs Blanches et de Saint-Paul restait, à peu de chose près, ce qu'il était il y a deux cents ans, les quartiers opposés se sont, sinon augmentés et peuplés, du moins considérablement enrichis. Il y a eu même sur la rive droite déplacement des intérêts et des affaires, et le quartier Saint-Vulfran, autrefois le plus mouvant, le plus occupé, le plus central en quelque sorte, ne vient plus maintenant qu'en ligne secondaire après ceux qui suivent le marché.

Oublions un instant le portail de Saint-Vulfran, qui sauva l'édifice entier, comme nous le dirons plus loin à l'époque ou le marteau jetait bas la plupart des monuments religieux (1). Remarquons seulement que des deux petites tourelles qui couronnent les deux grandes tours de l'église une seule, à l'époque où fut gravé

(1) Voyez, pour le nombre et la dédicace des chapelles de Saint-Vulfran et l'origine des richesses de sa fabrique, l'Hist. eccl. d'Abb. du P. Ignace. Une seule de ces chapelles mérite une mention particulière, celle de Saint-Nicolas, érigée en paroisse, et qui avait pour curé l'un des chanoines du chapitre. Suivant le P. Ignace, qui n'ose cependant l'affirmer, le roi Louis XII, comte de Ponthieu, après avoir posé lui-même la première pierre de l'église, aurait chargé le cardinal Georges d'Amboise de la surveillance des travaux. » Ses armes, dit-il, — celles du cardinal, — sont au

notre plan, était coiffée de son toit en éteignoir et surmontée d'une girouette. Est-il inutile de rappeler aussi que, selon toute probabilité, l'inclinaison si dangereuse de la tour Saint-Firmin, qui entraînera un jour ou l'autre la ruine d'une partie de l'édifice, ne fut déterminée primitivement ni par les détonnations du canon que les chanoines du chapitre s'avisèrent de faire tirer sur les tours, ni par la nature du terrain et l'affaissement des pilotis, ainsi que d'autres ont essayé de l'avancer. Aucune de ces explications n'est vraie ; voici la seule bonne. Dans des temps très-reculés, l'apôtre Saint-Firmin, aujourd'hui patron de la cathédrale d'Amiens et dès lors très vénéré dans cette partie de la Gaule que nous habitons, avait chez nous un temple auquel il tenait

---

frontispice du grand portail de Saint-Vulfran, à costé de celles du roi Louis XII, et de l'autre costé de celles d'Abbeville... L'église de Saint-Vulfran, dit-il plus loin, est bastie de pierres artistement unies et ralliées d'un bel ordre. Les pilliers du dedans sont fort hauts et la voûte fort élevée, où sont les armoiries de plusieurs princes, comtes et seigneurs de marque, qui ont donné de leurs biens pour le bastiment de l'église. Elle a un frontispice le plus curieusement élabouré qu'aucun qui soit en la province, y ayant trois grandes portes ornées de plusieurs représentations, figures et images des saints de la grandeur humaine, au-dessus des quelles se voyent deux grosses tours carrées, avec leurs galleries et balustres, élevées en l'air de la hauteur de 33 toises ou environ. » Dans une description d'Abbeville de 1643, dont une copie manuscrite est chez M. Macqueron, il est dit que ces tours ont chacune quarante toises. Nous ne voulons pas ôter aux archéologues futurs, si tant est que la hauteur exacte de Saint-Vulfran ne soit pas connue, le plaisir de vider un jour ce débat sur les ruines de l'édifice. En 1793, l'église de Saint-Vulfran fut transformée en temple de l'Eternel et dans une fête républicaine. — le 10 décembre. — la déesse Raison y fut installée dans le chœur, sur le principal autel.

beaucoup. On ne l'avait pas encore habitué aux cathédrales, et sa vie n'avait pas été mise en bas-reliefs coloriés avec des légendes en vers gothiques. Il faisait donc tranquillement ses délices de sa petite église bâtie dans une petite île de la Somme, et y recevait avec amour les vœux de ses fidèles, lorsqu'un beau jour, soit par suite de la dureté des temps, des ravages de la guerre, des mauvais coups de vent qui viennent de la mer du Nord, soit tout simplement par suite de l'insouci et de l'ingratitude de ses paroissiens, le pauvre Saint se trouva sans domicile : son église qui, la veille, ne baignait ses pieds dans l'eau qu'avec précaution, y plongeait maintenant toute entière. Grande fut la désolation du Saint. Il errait toutes les nuits dans le cimetière voisin comme une âme en peine, redemandant son église aux croix de bois et aux saules pleureurs ; les gémissements que l'on entendait à toute heure sortir des ruines rendirent les gens de ce temps-là fort superstitieux. Enfin les habitants de la ville s'étant rassemblés, délibérèrent sur les moyens de faire taire les plaintes qui troublaient leur sommeil, et la construction d'une nouvelle église fut résolue. Bientôt des maçons vinrent qui retirèrent les pierres de l'eau, puis qui en taillèrent d'autres, puis qui gâchèrent du mortier, puis qui élevèrent assise sur assise. Bientôt aussi des charpentiers vinrent qui apportèrent des troncs d'arbres, puis qui les équarrirent, puis qui les scièrent, puis qui en firent des poutres, des arcs-boutants et des panneaux de boiserie. L'ouvrage marchait vite et l'église s'élevait comme par miracle. Saint-Firmin était dans la joie et pressait lui-même les ouvriers en leur donnant du cœur au travail ; jamais, pendant tout le temps que les maçons manièrent la truelle et les charpentiers la bisaiguë, une goutte d'eau ne tomba du ciel dans l'île de la Somme ; jamais le soleil n'obligea les ouvriers à s'essuyer le front et n'amollit leurs bras ; c'était une bénédiction. Les entrepreneurs gagnèrent de grosses sommes, et il fut évident pour tous que la faveur céleste était attachée à l'édification du pieux monument. Le jour de la consécration arriva. Saint-Firmin s'était placé d'avance sur l'autel, et il attendait avec une impatience tempérée à grand'peine par la soumission chrétienne les paroles sacramentelles qui devaient l'instituer maître du lieu. L'évêque entra, et après lui tous les hauts dignitaires de son clergé, et le curé nommé à la nouvelle cure, et tous les habitants de la paroisse. Saint-Firmin se réjouit des honneurs qu'on allait lui rendre et un petit mouvement d'orgueil lui fit commettre une faute prévue sans doute de toute éternité, car elle fut immédiatement punie. La cérémonie était à peine commencée que le Saint s'élança hors de l'église en poussant un de ces cris que les bienheureux seuls peuvent pousser et que les anges seuls entendent ; l'église venait d'être dédiée à Saint-Vulfran. Saint-Firmin recommença à se désoler et à errer de plus belle ; il emprunta à Jérémie sa harpe et ses lamentations et il abusa si bien des cordes et des versets hébraïques que le saint prophète fut le premier qui réclama dans le ciel une loi sur la propriété littéraire. Vers ce temps-là de grands ravages des éléments ne laissèrent ni paix ni trêve aux habitants de la basse Picardie dans la vallée qui s'étend depuis Amiens jusqu'à la Manche. Tantôt la Somme débordait et emportait dans son cours les clôtures riveraines ; tantôt la mer montait si haut que toutes les campagnes en étaient inondées et que tout y mourait. La tempête, les orages, la grêle et le feu étaient devenus des accidents quotidiens. Saint-Firmin tenait rancune à ses paroissiens et à son successeur, et il cherchait ainsi à faire repentir les uns tout en punissant l'usurpation de l'autre. Il fit tant et tant que la Somme petit à petit dégrada la base de l'église nouvelle et roula bien loin dans la baie toutes les pierres qui avaient appartenu à la première. Saint-Firmin n'avait aucun scrupule d'agir ainsi, car il reprenait son bien, et jamais, depuis la chûte de Satan, les théories communistes n'avaient plus mis le ciel en révolution. En conséquence, un beau jour l'église disparut comme celle qui l'avait précédée, si bien qu'il fallut en 1488 en reconstruire une troisième, celle que nous voyons aujourd'hui. Mais dans l'intervalle la colère de Saint-Firmin s'était un peu calmée ; sa vengeance satisfaite lui avait laissé quelques remords, et on lui avait élevé à Montreuil-sur-Mer une collégiale qui, bien qu'un peu sombre, suffisait à son ambition. Les clercs ne s'en rassemblèrent pas moins pour délibérer sur les moyens de conjurer des malheurs semblables à ceux qui avaient amené la ruine de l'église.

Un ermite fort vieux et fort savant s'étant avancé, déclara que c'était la colère de Saint-Firmin qui avait fait tout le mal, et sa conclusion fut qu'il fallait rendre au martyr son église. Grand fut l'embarras des clercs : d'un côté, si l'on dépossédait Saint-Vulfran, il y avait à craindre de terribles représailles de sa part ; danger non moins menaçant et déjà éprouvé de l'autre si l'on ne se rendait aux droits de Saint-Firmin. Enfin un théologien très fort et rompu à tous les secrets de la dialectique émit l'avis suivant : c'était de conserver à Saint-Vulfran le patronage de l'église future en en détachant une tour au profit de Saint-Firmin. L'avis rallia toutes les opinions, et les clercs s'imaginèrent avoir scellé dans la pierre un traité de paix éternelle entre les deux Saints, — traité comme tous les traités. — L'église s'éleva et avec elle la tour de Saint-Firmin ; mais les travaux ne marchaient plus comme la dernière fois ; tantôt les nuages crevaient au ciel et délayaient le mortier, tantôt de grandes bourrasques emportaient les échafaudages, tantôt enfin le soleil faisait pleuvoir des gouttes de feu si brûlantes sur les travailleurs qu'ils étaient obligés de mettre habit bas et de dormir de longues heures vers midi ; ou bien encore la Somme prenait un malin plaisir à entraîner jusqu'au de là de Port et de Noyelles les charpentes déjà ajustées, si bien qu'il fallait perdre beaucoup de temps pour les retrouver, les rapporter et les remettre bout à bout. Les lenteurs qu'entraînèrent tous ces mauvais vouloir des éléments furent telles que l'église ne se termina jamais. Mais le plus grand mal était encore à venir. Lorsque Saint-Vulfran fut entré en possession de son église et Saint-Firmin de sa tour (1), une mésintelligence sourde ne tarda pas a se révéler entre eux. Saint-Firmin devint plus que jamais jaloux de son grand voisin qui avait deux tours et de grosses cloches dont il

(1) La première messe fut chantée à Saint-Vulfran dans la chapelle de Saint-Yves, le jour de la Toussaint 1524.

l'étourdissait jour et nuit. Peu à peu il tendit à détacher du corps de l'édifice la partie qui lui en appartient, et de grandes fissures se déclarèrent dans la maçonnerie ; Saint-Firmin arguait de ce principe de droit que nul n'est tenu à rester dans l'indivision, mais Saint-Vulfran, qu'une première expérience avait rendu rusé, avait inspiré de telle sorte le conducteur des travaux, que la tour de son rival se trouvait la plus voisine de la rivière. Aussi Saint-Firmin se vit-il fort empêché lorsque, après avoir séparé sa tour de l'église, il reconnut qu'elle penchait au-dessus de l'eau et qu'il serait la première victime de la rupture du traité. C'est à cette ruse de Saint-Vulfran et à cette crainte de Saint-Firmin que nous devons de voir subsister encore la tour de l'église, malgré leurs déchirements intérieurs.

-Ajoutons plus sérieusement qu'il a tenu à peu de chose peut-être qu'Abbeville ne devînt le siége d'un évêché et la collégiale de Saint-Vulfran une cathédrale, ce qui eut ôté à Saint-Firmin l'avantage dont il se glorifie à Amiens. L'an 1773, rapportent les Ms. de M. Siffait qui cependant ne font aucunement allusion à l'histoire que nous venons de raconter, il fut fortement question de créer un évêché à Abbeville ; cet évêché aurait embrassé toutes les dépendances de l'archidiaconé de Ponthieu, et les revenus de l'abbaye de Saint-Riquier lui auraient été attribués. Ce projet n'intéressait pas seulement le Saint mais la ville ; aussi se tint-il le onze mars à l'échevinage une assemblée extraordinaire des officiers municipaux et des anciens mayeurs aux fins de délibérer sur la proposition ou plutôt de l'appuyer, ce qu'ils firent, mais inutilement, car l'année se passa sans que le roi eût voulu l'approuver. C'était la seconde fois que ce projet manquait sous l'épiscopat de monseigneur Louis-François-Gabriel de la Motte Dorléans. Messieurs de l'Hôtel-de-ville ne se tinrent pas pour battus cependant, car deux ans plus tard, en 1775, M. de Machault, évêque d'Amiens, étant venu à Abbeville vers la fin de juillet, il lui présentèrent une requête au roi qu'ils avaient dressée aux fins d'obtenir l'érection d'Abbeville en évêché. M. de Machault approuva de cœur en apparence cette requête qui appauvrissait son diocèse et la signa ; elle fut aussitôt envoyée au roi qui, dit-on, fit droit en septembre ; elle fut ensuite expédiée à Rome d'où savons si elle est jamais revenue, le service des bureaux ne se faisant pas mieux à Rome qu'en France, — à cette époque. Voilà par quelles péripéties a passé l'évêché d'Abbeville et pourquoi de nos jours encore la cathédrale de Saint-Firmin gouverne la collégiale de Saint-Vulfran.

Toutes les rues que nous allons parcourir, les principales du moins, existent sur notre plan, car nous ne connaissons de rues créées à Abbeville depuis ce temps que la rue percée il y a peu d'années dans le quartier Saint-Jacques sous la dénomination de rue Ledien (1). Des rues indiquées sur notre plan quelques unes ont changé de nom depuis ; quelques unes sans doute en avaient alors déjà changé, car nous ne pouvons retrouver une rue des Gantiers que nous avons vue mentionnée quelque part et dont rien n'a pu nous éclairer la situation. Nombre d'autres, les rues de Famechon, à Gobes, au Sac, aux Chiens, à le Cauch, des Jeux de Paume, de Paris, du Tourniquet, des Espagnols, de la Fonderie n'ont guères laissé plus de traces, soit qu'elles aient disparu, soit que, par suite du droit d'empiétement, ce droit de conquête des rues, elles se confondent aujourd'hui avec leurs voisines. N'y a-t-il pas quelque inconvénient à remplacer ainsi, sans nécessité, par des noms nouveaux ou l'extension qu'on donne à des noms anciens des noms de rues et de places qui souvent rappellent des souvenirs bien près de disparaître ou offrent une sorte d'intérêt topographique dans le passé ? A quoi bon, par exemple, avoir substitué au nom de la rue des Cordeliers le nom de la rue de la Portelette, au nom de la Fausse-Porte celui de rue des Lingers ? Certes nous ne blâmons pas le sentiment qui a fait baptiser du nom

---

(1) Cette rue même existait de temps immémorial dans sa plus grande partie entre la chaussée Marcadé et la rue Saint-Jacques, sous le nom de rue Mourette, qu'elle tenait d'une ancienne famille du pays.

de notre poète Millevoye l'ancienne rue de l'Arquet. Nous aimerions
mieux cependant voir perpétuer parmi nous le souvenir des hommes
illustres du pays par quelque monument autre qu'une plaque de
tôle appliquée sur un coin de mur qui peut avoir aussi sa valeur
historique. Une statue, un simple buste érigé sur une place, une
inscription même, gravée sur la maison où l'homme est né ou sur
celle où il est mort, satisferaient, nous le croyons, tout le monde,
beaucoup mieux que ces travestissements de rue qui tendent à nous
faire faire ville neuve, et qui ont le tort de nous séparer chaque jour
davantage d'antécédents qui doivent nous être chers aussi.

Cette chicane émise, moins comme un reproche que comme un
doute, commençons notre exploration *intrà muros.* Nous n'avons
guères fait jusqu'ici que galoper dans l'air, ne nous reposant tout
au plus que dans les faubourgs ou sur les tours et les clochers les
plus élevés ; il est bien temps de quitter notre vol d'hyppogriffe pour
notre terrestre allure et la longue vue qui nous a fait saisir l'ensemble
de la ville et des environs pour la lorgnette qui nous en fera saisir
les détails.

En face de nous s'étend en se bifurquant comme une perspective
de théâtre le marché aux herbes ou petit marché, séparé du quai du
Guindal par un îlot de maisons. L'ancien hôtel Barbafust, dont la
tournure coquette et la couleur réjouissante rappellent celles des décorations en détrempe, sert de fond à la toile. Le petit marché, ainsi
nommé, il est inutile de le dire, par opposition au marché au Bled,
servait encore il y a quelques mois aux étalages en plein vent des
marchandes de légumes avant la construction des échoppes de bois
qui leur ont été assignées le long du quai voisin. Ce quai, port de la
ville jusqu'à l'établissement de celui du pont neuf, emprunta sa
désignation du cabestan *Windas ou Guindal* (de guinder, élever) à
l'aide duquel on débarquait les marchandises. Il y avait autrefois
dans le Guindal une fontaine dont la source était sous le lit même
de la rivière et que la bonté de son eau avait mise en réputation
dans le quartier environnant. Le voisinage de la fontaine le Comte,
dont nous parlerons plus loin, ne pourrait-il pas justifier cette réputa-

tion par une origine commune ou quelques relations souterraines en dépit de la rivière qui sépare les deux sœurs. Les poètes ne soutiennent-ils pas que les eaux d'Alphée passent sous celles de la mer sans en prendre l'amertume, tellement que l'on ne les distingue plus en Sicile de celles d'Aréthuse, sa maîtresse. Il est vrai que nous sommes ici en pays catholique où ces sortes de miracles ne sauraient plus s'admettre. Près de cette fontaine était une croix de fer et de grès dont nous avons trouvé l'histoire et l'itinéraire dans les Ms. de M. Siffait. Cette croix avait été plantée à une époque que nous ignorons entre le Pont-aux-Poissons et la rue du Moulin du Roi, devant la petite rue de la Poissonnerie ; on l'avait dressée à cette place en expiation d'un outrage fait à deux moines de Saint-Pierre qui allaient à matines au chœur de l'église collégiale de Saint-Vulfran, selon leur coutume et leur droit. — Ce fut par suite de cet outrage, ajoutent naïvement les Ms. que les dits moines cessèrent de se rendre au chœur à la grande joie du chapitre. — Les domestiques sans place venaient se poster sur les degrés de cette croix et y attendre qu'on les louât, d'où lui vint le nom de Croix-aux-Varlets. En 1750, MM. de ville, comme on disait alors, ayant reconnu qu'elle embarrassait le marché d'alentour, la firent enlever et placer dans le Guindal où nous l'avons vue plus haut. Elle demeura là jusqu'en 1776 où elle tomba dans la fontaine et blessa un homme ; il faut que sa chute ait fait alors quelque impression, car les Ms. où nous prenons ces renseignements s'arrêtent complaisamment sur tous les détails de l'accident : C'était le 21 juin, à neuf heures du matin ; l'homme blessé s'appelait Cochon ; le désastre était du à l'imprudence d'un matin qui avait accroché sa gribanne à la croix avec des cordages ; etc. — Rien ne nous indique que cette croix ait jamais été relevée.

C'était sur l'emplacement de l'îlot de maisons que nous indiquions plus haut comme séparant le petit marché du Guindal qu'était avant 1573 la halle aux draps écrus. Ces halles étaient fort anciennes comme on le peut voir par l'extrait suivant de du Cange : — « En 1210, Guillaume comte de Ponthieu donne pour le salut de son ame et de l'ame d'Alix, sa femme, aux chanoines de Saint-Maurice de Chablais, à prendre tous les ans sur la halle d'Abbeville 13 liv. parisis que les fermiers seront tenus de faire parvenir au mois de juillet aux foires de la ville de Troyes pour acheter vingt aunes de drap écarlate à l'aune de Provins, pour faire les capuchons rouges que les chanoines portaient en commémoration du martyre du Saint et de ses compagnons (1).

Plus près de nous était il y a deux ans encore un autre pâté de maisons situé aussi entre le petit marché et le Guindal et démoli par l'administration municipale ; les maisons gothiques dont il se composait accusaient une origine reculée; l'une d'elles datait certainement du quinzième siècle ; elles étaient ornées extérieurement de mascarons et de rinceaux dont quelques uns ont trouvé asile au musée et leurs fenêtres étaient en ogives trefflées ; elles viennent de rendre un peu d'air et de lumière au parvis de Saint-Vulfran. La petite rue des Changes qui se trouvait derrière elles a été naturellement supprimée par sa confusion avec la place ; elle se nommait ainsi des changeurs qui y tenait leurs comptoirs. C'était bien par son obscurité et son étroitesse une rue propre à la friperie et à l'usure.

Maintenant si, tournant le dos à l'église, nous prenons sur notre droite, nous trouvons le pont-aux-Poissons ou pont-aux-brouettes, — Pont-aux-Poissons parce qu'il fut longtemps le siége de la vicomté du Pont-aux-Poissons, reste à savoir seulement si le pont n'a pas précédé la vicomté, — Pont-aux-Brouettes parce qu'il servait de rendez-vous aux *brouliers*, manœuvres qui faisaient surtout usage de brouettes. Au commencement du dix-huitième siècle les revenus de la vicomté du Pont-aux-Poissons appartenaient à Jeanne d'Albert de Luynes, comtesse de Verrue, qui en jouit à titre d'apanagiste jusqu'à sa mort arrivée en 1736. Veuve de bonne heure, — son mari fut tué à la bataille d'Hochstet en 1704, — la comtesse de Verrue se fit une réputation par son esprit, par son goût pour les curiosités et par

---

(1) Du Cange, Hist. Ms. des Comtes de Ponthieu, p. 208.

ses soupers. Victor Amédée II, duc de Savoie et premier roi de Sardaigne, vit la comtesse et l'aima. Bientôt favorite du prince, elle gouverna la cour et l'Etat. Tout le dix-huitième siècle est plein de ces Pompadours au petit pied, spirituelles quelquefois, philosophes toujours, et à qui les poètes donnaient des certificats de beauté et de génie en madrigaux ; Stanislas Lecksinski avait la marquise de Boufflers, et Voltaire, cet autre roi, la marquise du Chatelet. Pendant les orages du règne de Victor Amédée, madame de Verrue vint s'établir à Paris. Riche et philosophe, elle voulut avoir une bibliothèque, un cabinet de tableaux et une cour de beaux esprits. Elle dépensait tous les ans cent mille francs en curiosités. Son goût extrême pour les plaisirs, qui ne vieillit pas avec l'âge, l'avait fait surnommer *la Dame de Volupté* ; et elle composa pour elle-même cette épitaphe :

> Ci gît dans une paix profonde
> Cette Dame de Volupté
> Qui, pour plus grande sûreté,
> Fit son paradis dans ce monde.

Sa fille avait épousé le prince de Carignan.

Cette vicomté du Pont-aux-Poissons, dite anciennement *de Ponthieu et du Roi*, était comprise entre les quatre anciennes portes de la ville (1). La Poissonnerie et le Rivage faisaient, on le comprend, à double titre partie de cette vicomté. Les maisons de la Poissonnerie sont très anciennes, comme il est facile de s'en assurer par leur inspection seule, et les rues témoignent par leur étroitesse de leur antiquité. Une assez jolie maison gothique sculptée et en bois se trouve encore dans la rue de la Haranguerie (2). Ce fut au mois de

---

(1) Ces portes étaient la porte Comtesse, ou Fausse Porte, la porte au Sel, à l'écu de Brabant, la porte du pont aux Bouchers, et la porte du pont de Talance.

(2) De la Haranguerie, non pas parce qu'on y haranguait comme

juin 1769 que fut rétabli à neuf le mur qui ferme la cour de la halle aux poissons, on y éleva une cloche pour avertir ceux qui achètent le poisson en gros quand il vient d'arriver. Auparavant une femme avait coutume d'aller par la rue de la Poissonnerie en criant : A la vente, à la vente (1). Il se faisait autrefois dans la Poissonnerie un très grand commerce de poissons. En 1541, soixante hommes et femmes étaient chargés *d'empacquer* les harengs qui arrivaient par bateaux. On voit que si sous certains rapports notre ville a gagné, elle a évidemment perdu sous d'autres. Le Rivage participait à l'aisance que répandaient ces ventes considérables, et il n'était pas rare encore, il y a quelques années, de rencontrer chez les vieilles familles de matelots et de pêcheurs des dentelles fort belles qui avaient servi aux costumes d'apparat ou de mariage de leurs aïeules ; une grande activité régnait dans ce quartier : les bateaux qui servaient à la navigation de la Somme et à la pêche s'y construisaient (2) ; les fêtes s'y célébraient en grande pompe et en beaux costumes ; la

------

l'orthographe pourrait le faire supposer, mais parce qu'on y vendait des harengs. — Abbeville, dans le 11e siècle jusqu'au delà du 15e, dit Collenot, s'intéressait à la pêche du hareng : il existe une rue en cette ville nommée de la Haranguerie.... Des familles se sont fait honneur de prendre des harengs pour leurs armes et leur cachet.

(1) Ms. de F. Boytel, garçon chaudronnier à Abbeville, 2 vol. in-4°, tom. 2. p. 337 (73 du supplément, chez M. Delignières de Bommy, audit Abbeville, en 1800).

(2) Bien que l'activité et l'aisance aient disparu depuis longtemps du Rivage, il y a encore vers le Marché aux Chevaux des ateliers de construction pour les bateaux ; en 1804, lorsque dans la plupart des ports de la Manche on travaillait à la construction des vaisseaux plats, canonnières et péniches destinés à tenter un abordage en Angleterre, deux péniches furent faites à Abbeville sous la direction de M. Cospin de la Cardonnette. La construction de ces péniches eut lieu sur le

population était morale et religieuse. Le jour de la Nativité, on portait un cierge à Notre-Dame de Liesse à Francières, et le jour du pélerinage de Bray, qui était occasion à réjouissances, on élisait un roi et une reine. Les charpentiers formaient un corps à part dans le Rivage. Un vieil usage voulait que les fils des maîtres, lorsqu'ils se mariaient, fussent tenus de payer aux compagnons du métier un plat de viande *bien étoffé*, deux *quennes* de vin et douze pains, le tout de la valeur de vingt sols.

Nulle part en aucun autre lieu de la ville nous ne trouvons plus d'impasses que dans le Rivage. Ces impasses étaient primitivement des ruelles qui allaient de la rivière au Lillier à travers les jardins sans murs ou simplement clos de haies ; plus tard les propriétaires voisins empiétèrent sur ces petites rues et supprimèrent les droits de passage par la force des briques et du mortier ; aujourd'hui ce ne sont plus que de misérables *Squares* où végètent de misérables familles. Les impasses du Rivage sont : avant la rue des Trois-Fillettes, l'impasse Baude, ainsi nommée du nom d'un ancien receveur de la marine ou préposé à l'inscription maritime qui y demeurait ; au-delà de la rue des Trois-Fillettes, l'impasse d'Enfer ou d'Anfer, dont l'orthographe est aussi douteuse que l'étymologie; l'impasse Saint-Sauve, l'impasse Sainte-Marie, ainsi baptisées peut-être à cause de quelques statuettes de Saints placées au-dessus des portes ou dans la muraille des maisons, comme on en voit encore quelques unes dans les vieux quartiers; l'impasse de la Relevante, l'impasse Saint-Christophe, dont les noms s'abritent aussi dans l'obscurité des temps ; l'impasse Morel, plus récente que les autres, et ainsi nommée du nom du propriétaire de toutes les maisons qui la garnissent ; l'impasse du Voyeul, — de Voyeul, petite voie ; — l'impasse Malassis, dont le nom devrait avoir une signification qui nous échappe et applicable en plu-

Marché aux Chevaux, près du pont des Prés. — Ms. de M. Macqueron.

sieurs endroits, car une autre impasse ouverte dans la rue du Moulin du Roi et aboutissant à la rivière portait la même désignation ; l'impasse de la Citadelle, dont aucune trace de château ne justifie l'appellation guerrière ; et enfin l'impasse Jérémie (sud), ainsi nommée par opposition à l'impasse Jérémie (nord) que nous retrouverons dans la grande rue de la Pointe. Rien n'explique non plus le patronage de ces impasses par le Saint Prophête, si ce n'est peut-être, surtout pour la première, les gémissements des ivrognes, les lamentations des femmes battues et les cris des enfants que l'on entend fréquemment dans le quartier que nous parcourons. Le Rivage aboutit au Marché aux Chevaux et communique vers le haut avec la rue du Lillier par la rue de l'Harmonie comme vers le bas par la rue des Trois-Fillettes, les deux seules rues qui aient survécu à leurs sœurs tombées en impasses.

Au risque de gâter son étymologie friande, nous devons dire que la rue des Trois-Fillettes est ainsi nommée parce qu'une maison de cette rue devait chaque année au chapitre de Saint-Vulfran *trois fillettes* de vin, c'est-à-dire trois feuillettes. L'histoire défleure bien des romans. Quant à la rue de l'Harmonie, elle tire son nom d'une loge de Francs-Maçons qui s'intitulait Loge de la Parfaite-Harmonie. Les Francs-Maçons se réunissaient dans une maison du Marché au Chevaux, voisine de cette rue, et qui sert aujourd'hui de salle d'Asile.

Le Marché aux Chevaux s'est appelé autrefois place des Prés ; il est inutile d'expliquer d'où lui venait ce nom. — Nous n'avons rien à dire du pont qui lui donne issue vers la Portelette, si ce n'est que, bâti d'abord en bois, il ne fut reconstruit en grès et en briques qu'en 1552.

Puisque nous avons parlé de la rue du Lillier qui est parallèle au Rivage, il serait à propos avant de nous éloigner d'ajouter quelques mots sur elle et sur les divers bras de rivière qui découpaient en îlots ce côté de la ville.

La rue du Lillier ou le Lillier, comme on le dit communément, signifie la rue de l'Islet ou de la petite Ile. Elle s'appelait rue de la Pêcherie-d'Eau-Douce dans sa première partie depuis le pont d'Amour jusqu'à l'encoignure de la rue du Pont a Plicourt, et rue du Lillier dans tout le reste de son étendue. Elle était enfermée, autant que l'absence de documents précis peut nous le laisser deviner, entre la rivière des Pêcheurs d'eau douce et la rivière des Herbillons. Suivant une vieille femme du quartier que nous avons consultée et qui a pour elle l'autorité des souvenirs transmis sur les lieux, la rivière des Pêcheurs d'eau douce entrait dans la ville vers la place du Préor et se jetait dans la Somme en suivant la direction de la rue de l'Harmonie (1) ; les Ms. de M. Siffait désignent cette rivière sous le nom de petite rivière des Tanneurs : « L'an 1748, disent-ils, le canal de la petite rivière des Tanneurs qui est à découvert depuis la fin de la rue d'Aplincourt (2) et passe le long de la rue du Lillier contre le bout des jardins de la Tannerie et va se répandre à la Somme assez près du pont des Prés ayant paru pouvoir donner l'infection à la ville par le peu d'eau qui y coule, au mois de juillet, MM. de Ville firent travailler à la détourner en sorte que de la rue d'Aplincourt ce canal traverse la rue du Lillier, entre dans un jardin, puis en sort à commencer à trente-quatre pas dans la rue de l'Enfer, puis passe le long de ladite rue, traverse la rue du Rivage et se répand dans la rivière de Somme, ledit canal étant partout couvert ; ensuite on combla de terre l'ancien canal jusque vers le bout de la rue du Lillier, et les palis des jardins furent avancés et alignés. » — L'aqueduc qui subsiste indique bien encore aujourd'hui la direction de cette rivière.

La rivière des Herbillons, si elle n'était pas même un bras de la rivière des Pêcheurs d'eau douce, entrait dans la ville à peu près au même endroit et coulait derrière les jardins de la Tannerie, dans la

---

(1) La rue de l'Harmonie a-t-elle été primitivement le lit d'un ruisseau ? s'est-elle appelée rue de l'Enfer ? Les Ms. de M. Siffait font naître ces doutes sans les éclaircir.

(2) Quelle est cette rue d'Aplincourt? Probablement celle que nous appelons rue du Prayel.

direction de la rue actuelle du Lillier ; elle faisait mouvoir le moulin Clapet, supprimé en 1500. Le nom de ce moulin, dit Collenot, se trouve cité dans de vieux cartulaires ; » On passait pour y arriver, — nous laissons parler Collenot lui-même, — sur un petit pont de bois où souloient, dit un manuscrit, les magniers (meuniers) cajoler bachelettes, d'où il a été nommé le pont d'Amour qu'il a retenu jusqu'à ce jour : cette rivière des Herbillons se déchargeoit (avant le nouveau canal) par dessous les étiaux ou on vendoit les pichons. » Le pont d'Amour recevait aussi la rivière de la Plume ou de Cache-Cornaille, dont nous parlerons plus loin à l'occasion de la rue de la Tannerie. Le pont de bois devint plus tard un pont de pierres, et sa voûte, qui subsiste encore, est dit-on fort belle et très bien conservée. Un mot avant d'en finir avec lui : le nom païen dont il fut baptisé lui vient-il, comme le prétend Collenot, des meuniers, ces galants aïeux du Pierrot de la comédie Italienne ? Nous ne savons ; mais nous pourrions retrouver dans certaines dénominations du pays, dans certaines façons de parler de nombreuses traces analogues de l'invention poétique de nos pères : *la Montagne-Verte, le Dimanche de la Violette*, cent autres appellations du même genre, ont pour nous une grâce et un charme qu'un peu de prévention clochetière aiguise encore.

De l'ancienne rue de l'Islet, qui nous a entraîné le long de ces rivières dont les traces et les souvenirs disparaissent, nous n'avons rien à dire ; il n'en est pas de même de la rue de la Pêcherie-d'Eau-Douce : « En creusant les fondements d'une nouvelle maison, on trouva dans cette rue, dit Collenot que nous abrégeons, les restes d'un monument que je soupçonne avec grande raison avoir été un Taurobole. Cet édifice était construit au bord de la rivière dite des Herbillons. — On bâtissait ces sortes de temples au bord des rivières pour entraîner toute impureté. — Sur les ruines de ce temple on avait construit un moulin, » — celui dont nous avons parlé tout à l'heure. — « Les fouilles firent découvrir deux vases en terre cuite en forme de de petites lampes sépulcrales ; l'une, la mieux conservée fut donné à un curieux de Montreuil, l'autre, plus mutilée, à M. Traullé, juge. On avait engagé le constructeur à conserver les pierres et grès extraits du vieux monument où se trouvaient gravés divers attributs constatant l'existence d'un temple épuratoire. Insouci ou détournement, tout fut dispersé et perdu. Il ne reste plus que deux de ces pierres visiblement placées à la seconde assise de la muraille, en face de la rivière et de la cour de l'Hospice des malades. » — Collenot avait joint à ces notes deux dessins que nous n'avons pu retrouver. — Expliquons maintenant ce que c'était qu'un Taurobole et ce qu'était par conséquent celui de la rivière des Herbillons. Le Taurobole était à proprement parler un sacrifice en l'honneur de Cerès et des grands dieux. Une fosse profonde était creusée dans laquelle on descendait le prêtre revêtu d'une robe de soie blanche, la tête couronnée et ceinte de bandelettes. Au-dessus de cette fosse était un plancher percé de plusieurs trous sur lequel on égorgeait le taureau, le sang se répandait par ce crible sur le prêtre qui devait se retourner de tout côté afin d'en être tout couvert. On se prosternait alors devant lui ; ses habits ensanglantés étaient conservés avec un respect religieux ; les organes générateurs de la victime étaient pieusement gardés dans un lieu particulier. Le Taurobole était donc une expiation, un baptême de sang ; on renouvelait ce sacrifice tous les vingt ans ; les femmes recevaient la régénération comme les hommes, etc... Le bon Collenot s'évertue à justifier l'existence de notre Taurobole par le *Britannia* du géographe Samson et l'occupation romaine de Quentovic (1), — Quend en Marquenterre. —

---

(1) Dans un autre endroit de son Ms. il revient encore sur ce Taurobole et établit que le souvenir s'en est conservé longtemps dans le pays, ainsi que le prouve un acte de 1591. » Bail par Jacques Boucher seigneur d'Ailly procureur du roi à Jacques Langoubart d'une maison rue de la Tannerie vis-à-vis la rivière Cache-Cornaille par derrière à la rivière qui fait mouldre le moulin Clapart passant au bas du vieux temple. »

Nous engageons nos lecteurs à le croire sur parole.

La Poissonnerie, si nous revenons sur nos pas, nous mène tout droit à la rue du Moulin du Roi qui lui fait face. Cette rue fut ainsi nommée de l'ancien moulin banal des comtes tombé dans le domaine du roi (1). Elle possède quelques maisons devant lesquelles on peut s'arrêter. La maison en bois qui porte le n° 6 est assez joliment sculptée ; un peu plus loin la maison en briques et en pierres qui porte le n° 5 et qui date du règne de Louis XIII, étale dans sa décoration extérieure la magnificence un peu lourde du temps ; enfin le Grenier au sel, où demeure M. Goret (n° 17), a été la maison de Nicolas Samson, notre géographe qui, dit-on, y est né. On lit dans l'histoire ecclésiastique d'Abbeville du père Ignace qu'en travaillant à une grande maison située près du Moulin du Roi et qui appartenait au père de Nicolas Samson, — celle dont nous venons de parler, — on avait trouvé à six ou sept pieds de profondeur les traces d'un four et d'un ancien pavé, ce qui confirme, dit notre ancien annaliste, l'opinion de ceux qui ont pensé que le premier sol d'Abbeville était presque aussi bas que la fontaine Lecomte.

Un peu plus loin et de l'autre côté du moulin du roi et de la petite rivière du Scardon que nous traversons en ce moment sur un pont sans désignation spéciale, était la fontaine Lecomte. Cette belle fontaine, dont l'eau s'écoulait par une rigole dans le canal Marchand, a disparu l'année dernière, une simple pompe la remplace. Située dans un bassin voûté avec puisoir à ciel ouvert où conduisaient deux escaliers de dix marches, établis l'un à droite, l'autre à gauche, elle n'avait probablement pas changé de forme depuis plusieurs siècles.

---

(1) Le moulin du Comte, aujourd'hui le moulin du Roi, et le moulin de la Baboë, aujourd'hui le moulin Gaffé, furent établis en 1195 ou 1197, en vertu d'un accord entre Guillaume III, comte de Ponthieu, et le prieur de Saint-Pierre, afin d'utiliser l'eau de la rivière du Scardon au-dessous du moulin de la Bouvaque, sans nuire à ce dernier.

La maison en bois et à étage à ressaut qui touchait à la fontaine a été également démolie. Elle était remarquable en ce qu'elle présentait sur son poteau cornier les armes des rois de France et des ducs de Bourgogne, et sur deux autres montants celles du comté de Ponthieu et de sa capitale. La tradition rapporte qu'elle était habitée par un comte, mais les seigneurs avaient de plus somptueux logis, et tout porte à croire que c'était plutôt la demeure de quelque vicomte, le siége de sa juridiction royale ou seigneuriale.

Près de la fontaine le Comte, à la place peut-être où sont encore aujourd'hui les bains chauds (1), étaient des étuves célèbres et si célèbres qu'elles en firent scandale. Ajoutons tout simplement que les mœurs qui y régnaient rappelaient un peu trop l'épigramme de Martial à sa femme Cléopâtre. L'érudition a cela de commode, a dit un homme d'esprit, qu'elle permet de tout indiquer sans être compris plus qu'il ne faut.

A la suite de la rue du Moulin du Roi vient la rue des Grandes-Ecoles, dont le nom s'explique par lui-même ; nous serions plus embarrassé pour expliquer celui de rue Tayon qu'elle portait autrefois. Peu de souvenirs se rattachent du reste à cette rue. C'est dans la maison où demeurent maintenant les sœurs garde-malades, n° 12, que le célèbre antiquaire Fauvel, ancien consul de France à Athènes, a passé les premières années de sa vie, et longtemps les dessins qu'enfant il y avait tracés purent se voir sur les murs (2). La rue des

---

(1) Ces bains furent livrés au public le 10 juin de l'année 1810.

(2) M. Fauvel, dont parlent si honorablement lord Byron dans les notes de *Childe Harold* et M. de Chateaubriand dans son *Itinéraire*, mourut le 12 mars 1838, à Smyrne. Voici comment M. de Chateaubriand résume les services qu'il avait reçus de lui : « M. Fauvel me faisait remarquer çà et là des morceaux de sculpture qui servaient de bornes, de murs ou de pavés : il me disait combien ces fragments

Grandes-Ecoles a donné naissance à Charles Macret, l'un de nos plus habiles graveurs.

---

avaient de pieds, de pouces et de lignes ; à quel genre d'édifice ils appartenaient ; ce qu'il en fallait présumer d'après Pausanias ; quelles opinions avaient eues à ce sujet l'abbé Barthélemy, Spon, Wheler, Chandler ; en quoi ces opinions lui semblaient (à lui M. Fauvel) justes ou mal fondées... » Et plus loin encore : « J'achevais ma revue des ruines d'Athènes ; je les avais examinées par ordre et avec l'intelligence et l'habitude que dix années de résidence et de travail donnaient à M. Fauvel. Il m'avait épargné tout le temps que l'on perd à tâtonner, à douter, à chercher, quand on arrive dans un monde nouveau. J'avais obtenu des idées claires sur les monuments, le ciel, le soleil, les perspectives, la terre, la mer, les rivières, les bois, les montagnes de l'Attique. Je pouvais à présent corriger mes tableaux, et donner à ma peinture de ces lieux célèbres les couleurs locales. » M. Fauvel s'était rendu recommandable par ses importantes découvertes en archéologie, et plus encore, peut-être, par les services signalés qu'il avait rendus aux voyageurs et aux artistes qui visitaient l'Attique. Lorsque la révolution de la Grèce éclata, M. Fauvel, qui habitait Athènes depuis quarante ans se retira à Smyrne. « Forcé, de quitter sa paisible retraite, dit le journal des voyages de Leuven (février 1828), il a laissé derrière lui une collection d'objets d'art qu'il avait passé sa vie à rassembler et qui ont sans doute été détruits par l'insouciance des Grecs ou la barbarie des Turcs. Son esprit et son imagination errent sans cesse autour de sa chère Athènes. Il s'efforce d'en sauver les moindres souvenirs ; et, à l'âge de quatre-vingt-cinq ans, il s'occupe avec assiduité à terminer un modèle en cire de l'Acropole, de la ville et de ses environs qui sera unique pour le fini de l'exécution et l'exactitude parfaite des détails.... » Lorsqu'il mourut, les journaux français et étrangers retentirent de ses éloges et le monde savant

La rue Vérone, que nous avons oubliée à notre droite, à la fin de la rue du Moulin du Roi, et qui s'ouvre vers la place Sainte-

---

s'émut. « M. Fauvel, dit le journal de Smyrne du 17 mars 1838, cité par le journal des Débats du 9 avril suivant. M. Fauvel, ancien consul de France à Athènes, a terminé sa carrière le 12 mars 1838, à Smyrne, à l'âge de quatre-vingt-cinq ans. Ses obsèques, qui ont eu lieu le lendemain, ont offert toute la pompe que comportait le rang du défunt, et son convoi a été suivi par les nombreux amis que lui avaient attirés pendant son séjour à Smyrne l'aménité de son caractère et ses remarquables vertus privées. M. Fauvel était chevalier de la légion d'honneur et membre correspondant de l'Académie des inscriptions et belles lettres. Pendant un séjour de quarante années en Grèce, il s'était constamment occupé de l'étude des vestiges monumentaires de ce pays et il avait recueilli de nombreux matériaux sur tout ce que cette ancienne patrie des arts offrait encore de remarquable. Malheureusement pour la science, M. Fauvel n'a jamais rien publié ; doué d'une extrême bonté de caractère, il se laissait souvent aller à confier à des voyageurs des notes dont il ne gardait pas copie, ce qui, joint à la perte de quelques Ms. lors des troubles politiques qui ont bouleversé la péninsule, l'a mis dans l'impossibilité de donner de la publicité aux résultats de ses longues études en archéologie. Ce numismate possédait un cabinet composé de quelques médailles et d'un grand nombre de plâtres, représentant les monuments de la Grèce, qu'il avait l'habitude de mouler lui-même. Dans les derniers jours de son existence, il avait manifesté le désir de vendre ces objets, car son inépuisable bonté le mettait toujours dans le cas de ne jamais connaître le superflu. Ces divers objets vont être mis sans doute à la disposition du gouvernement. » Nous ne savons si le gouvernement a recueilli l'héritage de M. Fauvel, mais la mémoire du savant, précieuse pour tout le monde, restera un titre de gloire pour ses compa-

Catherine, cache pour nous dans son nom une énigme que nous n'avons pu déchiffrer(1). — Nous n'avons pas été plus heureux avec l'impasse de la Vallée, qui lui faisait face du côté du canal Marchand, et qui est depuis quelques années fermée par un mur.

Parallèlement à la rue des Grandes-Ecoles court la rue des Saintes-Maries, autrefois rue des Wets, nom qu'elle perdit lorsque les sœurs de la Visitation de Sainte-Marie vinrent établir leur couvent sur des terrains qui s'étendaient jusqu'à elle. Ce n'est pas ici le lieu de parler du couvent de la Visitation dont les bâtiments étaient situés dans la rue des Rapporteurs ; il nous serait assez difficile d'expliquer comment ce nom des Saintes-Maries ne s'est pas appliqué à cette dernière de préférence à la rue des Wets. Les caprices de l'usage que nous sommes forcé d'invoquer ont été de tout temps une ressource précieuse pour les archéographes. Collenot nous fournit à sa manière l'étymologie de la rue des Wets : dans les anciens comptes cartulaires, dit-il, on trouve rue de S West, ce qui signifie rue du Sud-Ouest dans l'orthographe des 13ᵉ et 14ᵉ siècles ; l'ignorance des copistes et le temps auront fait de la rue de S West la rue des Wets.

Si nous revenons sur nos pas comme nous l'avons fait après notre excursion dans le Rivage, nous trouverons à notre gauche, dans la rue du Moulin du Roi, la Boucherie, autrefois dite le Maschacre (2), dont

---

triotes. — Le buste de M. Fauvel, offert à la ville par M. Alexandre Traullé, a été déposé à la bibliothèque publique. Ce buste de M. Fauvel est le seul qui existe; un dessin fait d'après lui par M. Alexandre Leclerc a été, nous le croyons, donné à la bibliothèque royale.

(1) Nous avons ici un autre oubli à réparer : la rue du Moulin du Roi s'appelait autrefois rue de la Tarterie, à cause des tartes qu'on y faisait ; elle est encore pleine aujourd'hui de boutiques de pâtisseries et de sucreries.

(2) Le Maschacre, ce nom n'a pas besoin de commentaires; c'est le lieu où l'on tue.

les rues étroites, rue du Limaçon (1), rue de la Boucherie (2), Petite Halle de la Boucherie, — autrefois rue au Beurre (3), — le disputent d'antiquité à celles de la Poissonnerie, nous arriverons enfin à la place du Marché au Blé.

Là s'élevait autrefois l'église Saint-Georges avant sa translation dans un des angles de la place au coin du Bourdois. Pendant long-temps après la démolition de cette première église Saint-Georges, le milieu de la place fut occupé par une grande croix en pierre autour de laquelle s'étaient groupées de petites boutiques de marchands que l'on désignait sous le nom de *maisonnettes*. Ces boutiques, au nombre de six, étaient occupées par des merciers ; construites en 1558, elles ne furent démolies qu'en 1794. Une tradition voulait que sous la croix qui leur servait d'appui un souterrain existât qui s'étendait fort loin ; nous ne savons si, lorsqu'elle fut à son tour renversée, des fouilles furent faites pour vérifier le bruit en créance, mais nous

---

(1) Ainsi nommée peut-être à cause de l'humidité gluante de son pavé et de ses maisons.

(2) Une partie de la rue de la Boucherie, du côté du marché, s'appelait autrefois rue de la Viéserie ou de la Chavaterie — Savaterie. — Les fripiers qui peuplaient cette rue portaient à Notre-Dame de Lheure un cierge le dernier jour d'août pour la peste. — Plus tard ce nom de la Viéserie fut attribué vulgairement à la rue de l'Hôtel-Dieu où sont encore aujourd'hui plusieurs boutiques de fripiers et de brocanteurs.

(3) On vendait autrefois dans la Halle de la Boucherie la viande à la main et non au poids. — Les jours de marché, les marchands d'œufs et de beurre s'y établissaient, d'où lui vint le nom populaire de rue au Beurre. C'était dans cette rue, sur le derrière d'une maison de la rue des Lingers, qui lui avait appartenu autrefois, que demeurait dans une gêne courageuse notre vieux bibliomane Collenot.

doutons qu'elles aient amené de bien curieuses découvertes. Cette croix, marquée sur le plan de R. Cordier, disparut avec les *maisonnettes*. Une particularité digne de remarque, c'est que l'évêque d'Amiens, monseigneur Jean de Cherchemont, ne consentit à abandonner à la commune l'emplacement de l'église Saint-Georges qu'à la condition expresse que jamais l'échafaud n'y serait dressé, louable scrupule que l'on ne respecta guères. Le chevalier de la Barre y fut exécuté, comme chacun sait, et l'évêque d'alors ne protesta pas. Ce n'est point ici le lieu de revenir sur cette affaire célèbre ; disons seulement que rien n'a manqué au chevalier, ni le bruit qui accompagne les grands procès, ni les adversaires acharnés, ni les défenseurs passionnés, ni mêmes les complaintes, ces *novissima verba* que chante le peuple autour des échafauds comme en chantaient les anciens autour des morts illustres. Voici un couplet d'une complainte fort pâle du reste qui fut composée l'année même de la mort du chevalier :

> Jeunesse infâme et libertine
> Soit impudique et débauchée
> Qui par une vie tout indigne
> Courez la nuit de tous côtés,
> Contemplez ici, contemplez
> Nos maux insignes.
> Hélas trop souvent les impies
> Périssent ainsi.

Ce fut encore sur la place du Marché que fut rompu vif et brûlé Charles-François-Joseph Leroy, seigneur de Valines, dont l'histoire est connue ; il eut, comme le chevalier de la Barre, les honneurs d'une complainte non moins pauvre et où nous ne trouvons rien à glaner. Les Ms. de M. Siffait nous donnent à propos de son exécution une idée de ce que pouvait coûter alors un supplice de qualité.

Pour l'échafaud. . . . . 228 fr.

Pour quatre crochets pour le feu. 30

Pour les bourreaux. 395

Pour les cordes. 16

Pour les écriteaux. . . . . » » » »

Pour six archers de la ville à chacun 26 francs. 156

Façon de la question. 25

Au geôlier pour la dépense faite par le dit sieur de

    Valines. 700

Pour les archers du dehors. . . . . » » » »

Pour le bois du chantier et les fagots. 132

Pour la torche. 5

Aux huissiers à chacun 6 francs et pour avoir mis les

    affiches. 13

Pour le greffier criminel. 700

Pour le voyage de Paris. 3,000

Total, abstraction faite des chiffres laissés en blanc. . . . . 5,420 fr.

Rappelons bien vite que pendant la révolution pas une tête ne tomba dans nos murs ; les courageuses supercheries du représentant André Dumont ne contribuèrent pas peu à préserver notre ville des taches de sang qui en souillaient tant d'autres. Le premier emploi de la guillotine ne fut fait à Abbeville que le 14 mars 1812. « Ce jour-là, sur les deux heures après midi, dit le Ms. de M. Macqueron qui donne quelques détails sur cette tardive apparition de l'instrument de mort, s'est faite à Abbeville la première exécution par la guillotine sur la place du marché au Blé. Le coupable était un incendiaire natif du département de la Seine-Inférieure ; etc. »

Autre remarque : le pavé que nous foulons recouvre les os de nos pères. Quand l'église Saint-Georges fut changée de place, le maire et les échevins fondèrent à perpétuité une messe pour le repos de l'ame de ceux qui étaient ensevelis sur la place. Qu'est devenue la messe ? Mais qu'est devenue l'église et que sont devenus ceux qui dormaient sous nos pieds (1) ? Qu'ont-ils pensé de leurs descendants, du train des affaires et des évènements du monde qui leur survit, lorsque par hasard le bruit du couteau les a réveillés, lorsque des gouttes de sang nouveau sont venues rendre un peu de chaleur à leurs restes refroidis depuis si longtemps, ou simplement lorsque le tumulte et les danses des réjouissances publiques ont fait sonner le pavé sur leurs têtes? Le souvenir de la vie est-il aussi mélancolique pour eux que l'est pour nous la perspective de la tombe où ils nous précèdent? Hélas ! pauvre Yorick ! Shakespeare reste muet comme Pascal devant ces énigmes et chaque jour nous passons avec indifférence sur les grès qui nous en interceptent le mot. Chaque jour et à chaque pas ; car ce n'est pas la seule fois que nous foulerons nous-mêmes dans notre promenade des cendres aujourd'hui sans mémoire. La place Sainte-Catherine s'est nivelée et pavée sur le cimetière de l'église de ce nom ; les placés du Saint-Sépulcre et de Saint-Jacques ont rejeté de leur sol les croix qui perpétuent le deuil ; l'arbre de la liberté a remué sur la place Saint-Pierre les os des morts, et, à l'heure qu'il est, des hussards se chauffent au soleil dans le cimetière Saint-Gilles qui faisait face à leur caserne il y a quelques années encore.

Ce fut en 1367 que Jean de Cherchemont, évêque d'Amiens, sur les supplications d'Edouard III, roi d'Angleterre et comte de Ponthieu, et des mayeurs et échevins de la ville d'Abbeville, accorda l'autori-

---

(1) Une des conditions sous lesquelles la démolition de l'ancienne église fut permise était « que les ossements des inhumez en icelle seroient recherchez et assemblez, pour être portez en procession, et avec honneur remis au cimetière bénit de la nouvelle église. Hist. Eccl. d'Abb. » Nous croyons que la condition fut accomplie ; il est probable cependant que la funèbre extraction ne fut pas si religieusement exécutée que quelques uns des os deshérités des dalles sacrées n'aient été oubliés sur la place.

sation de démolir l'église de Saint-Georges qui depuis trois cents ans était au milieu du grand Marché et de la rebâtir au lieu où elle se trouvait avant la révolution. Cette nouvelle église fut douze ans à construire ; elle était située dans l'encoignure du marché, entre le Bourdois et le pâté de maisons qui a une de ses faces sur la rue Saint-Gilles. Une rue nommée rue Lucquet et trois grandes maisons avaient été supprimées pour lui faire place. L'église Saint-Georges fut dédiée trois fois : la première en 1380, la seconde en 1469 et la troisième en 1583 après la construction du chœur. La fête de la dédicace se célébrait tous les ans le 10 juillet, avec octave. L'an 1536, la population augmentant toujours dans la paroisse, les marguilliers décidèrent la construction d'un chœur pour agrandir l'église ; ce chœur, commencé la même année, ne fut achevé qu'en 1554, et ses vitres qu'en 1581. Une note de la Collection des Vues d'Abbeville de M. de Saint-Amand nous apprend qu'on l'admirait sur toutes les autres parties de l'édifice. « Il était voûté en pierre, fort haut, et avait de l'élégance, mais la nef n'y répondait pas... une fort belle grille de fer, fort haute, fermait ce chœur sur le devant. » C'était sans doute devant cette grille qu'était le tombeau du savant bibliographe Gabriel Naudé, l'un de ces hardis sceptiques de la famille de Montaigne et de Bayle qui attaquèrent avec le plus de colère les préjugés traditionnels du moyen age.

Il y avait dans l'église Saint-Georges, — nous copions presque littéralement Collenot, — une grande tombe de six à sept pieds de longueur sur cinq de largeur. Autant que je puis m'en souvenir, elle était placée dans la nef, au bas du premier degré du chœur. Là le clergé chantait tous les dimanches après Vêpres le Gaude Maria, l'Inviolata et le De Profundis. Ces chants étaient une fondation de l'ami et de l'exécuteur testamentaire de Naudé. — ... Gabriel Naudé mourut à Abbeville, à l'hôtel du Géant, près de la porte au Sel, le 29 juillet 1653. Il fut le surlendemain, dit un Ms. du temps, enterré à Saint-Georges. Son convoi était précédé du commandant des troupes ; le doyen des médecins portant chaperon et chausse de deuil marchait ensuite entre le premier président et le mayeur en charge ; le poêle funéraire était soutenu par les quatre plus jeunes médecins de la ville ;

des torches brûlaient autour du cercueil ; les apothicaires et les chirurgiens fermaient la marche. — L'épitaphe suivante avait été gravée sur la tombe.

D. O. M.

Gabrieli Naudeo Lutetiæ Parisiorum in sancti Mederici parochia honestis parentibus quartas nonas Februarii anno MDC nato, medico patavino ac romano regio academico, humoristu perpetuo abstrenuo, canonico Verdunensi, priori Artigue, apud Lemovicenses integerrimo, philologo eximio, poetæ a natura formato, cultori musarum celeberrimo, Henrici Memmii senatus parisiensis infulati primum, deinde eminentissimorum principum sanctæ romanæ ecclesiæ cardinalium Joannis Francisci Abalneo, Antonii Barberini summi pontificis Urbani VIII ex fratre nepotis, et Julii Mazarini regum Christianorum Ludovici XIII et Lud. XIV arcanorum consiliorum arbitri, tandem Christinæ Suecorum Vandalorum et Gothorum reginæ bibliothecario, vera religione, pietate, morum integritate et animi candore vere conspicuo, vindici veritatis fortissimo, fidelissimo omnibus litteratis amico, scriptori variorum librorum utroque idiomate eruditissimo, reduci ex Suessia Abbatisvilla apud Morinos violenti febre correpto post suscepta Ecclesiæ sacramenta die XXIX Julii anno Incarnationis MDCLIII inter suorum manus christiane et pie mortuo frater Ludovicus Jacob a sancto Carolo Cabilonensi ordinis Carmelitarum amico singulari amicus singularis posuit (1).

Le tombeau de Gabriel Naudé, déjà fort endommagé avant la révolution, nous apprend Collenot, disparut avec l'église. — Ainsi la révolution française, qui chez nous épargnait les vivants, ne respectait pas les morts.

- - - - - - - - - - - - - -

(1) Cette épitaphe est ici publiée pour la première fois ; nous renvoyons ceux de nos lecteurs à qui elle pourrait paraître obscure à l'excellente notice de M. Labitte : GABRIEL NAUDÉ.

Chacun sait que le 9 mai 1691 le clocher de Saint-Georges fut brûlé dans une fête publique. Voici à quelle occasion et comment :

La ville de Mons en Hainaut venait de tomber au pouvoir des Français ; un Te Deum avait été chanté le matin à Saint-Vulfran en réjouissance de cet évènement ; le soir un feu de joie fut allumé au milieu du marché. Pour rendre le spectacle plus amusant on avait placé un amas d'artifices et de matières combustibles au haut de l'arbre qui s'élevait au centre du bûcher. Ces artifices, lorsque le feu les atteignit, éclatèrent avec fracas et des brandons enflammés furent lancés par l'explosion jusque dans le clocher de l'église. Le lendemain, sur les sept heures du matin, on vit des tourbillons de fumée sortir par les auvents du clocher ; on s'empressa d'y porter des secours ; il était trop tard. Le clocher fut bientôt entièrement embrasé ; le feu gagna jusqu'à la nef et en consuma la charpente ; la chaire et les boiseries de deux chapelles furent également réduites en cendres. Le dommage de cet incendie fut estimé à cent cinquante mille écus. — Le clocher de l'église Saint-Georges était entièrement couvert en plomb ; on y comptait vingt-quatre cloches, y compris celles du carillon. Plusieurs de ces cloches furent liquéfiées par la chaleur du feu. — On ferma le chœur avec des voiles de gribannes pour le mettre à l'abri des injures de l'air, et l'on continua d'y chanter l'office divin comme de coutume. Le peuple se rangeait dans les bas-côtés de l'église qui n'avaient souffert aucun dommage ; on procéda quelques mois après à la reconstruction de la charpente de la nef et du clocher (1).

L'église Saint-Georges était une des plus jolies de la ville, et la vue prise de la rue de Locques, que nous en a gardée la Collection de M. de Saint-Amand, fait véritablement regretter sa perte. Pendant la révolution, lorsqu'il fut question de démolir la plupart des monuments consacrés au culte, il fallut opter entre les deux églises voisines de

---

(1) Ms. de M. Macqueron.

Saint-Vulfran et de Saint-Georges ; on se décida, quoique avec peine, à conserver la première et seulement en considération de son portail.

C'était à l'église Saint-Georges, si nous remontons plus haut et autant que nous pouvons en juger par la citation suivante, que se rendaient les princes et princesses des Ballades lors des fêtes du Puy d'amour qui se célébraient à Abbeville à la Pentecôte et au jour de l'an.

Vers la fin du quatorzième siècle, les chanoines de Saint-Vulfran condamnèrent à mort le bourreau d'Abbeville, convaincu de plusieurs vols et qui était venu en l'église Saint-Georges « lau (là où) estoient les prinches et princhesses des Ballades et trouva en le dite église une femme.... et d'un coustel qu'il avait sacquié de se manche li coppa se bourse qui pesoit bien.... Le jour de la Pentecouste derrain passé (dernièrement passé), lorsque li prinches et princhesses d'amour passèrent pour aller à l'église Saint-Georges, il coppa à la femme Michel le morgant (la boucle) de se corroie qui estoit d'argent. »

Deux réflexions assez vulgaires peuvent naître des circonstances de cette condamnation : la première, c'est que les coupeurs de bourse sont fort anciens ; la seconde, c'est que le bourreau, cette machine de drame dont on a tant abusé au théâtre il y a quelques années, était bel et bien une terrible réalité dans les villes du moyen âge ; chacune d'elles avait le sien dont elle savait au besoin faire large emploi.

En 1692, — les souvenirs changent de date sans cependant changer de lieu, — il y avait une imprimerie près du grand portail de l'église Saint-Georges ; il sortit des presses du sieur Musnier, à qui elle appartenait, un almanach dont voici le titre et qui prouve que les almanachs prophétiques encore à la mode aujourd'hui étaient en vogue déjà à cette époque :

Almanach perpétuel pour l'année 1692, rédigé par Michel Lemoine, mathématicien, spéculateur ès éphémérides célestes, natif d'Abbeville en Picardie et où on peut trouver :

(Suit une table de matières bizarre).

A Abbeville, chez Musnier, imprimeur près du grand portail de l'église Saint-Georges. (Livret in-12 d'environ 60 pages. 1692.)

L'auteur de cet almanach s'exprime dans son Avis au lecteur avec une emphase de charlatan qui dut alors donner une haute idée de ses capacités, et les attaques qu'il dirige contre quelques uns de ses confrères en prophétie montrent que dès ce temps aussi, à part la rivalité de métier chez les gens qui spéculaient sur l'avenir, la concurrence s'était glissée dans la librairie et envenimait les questions commerciales.

« Après une application de plus de trente années à l'étude des mathématiques, ayant formé le dessein de rendre utile au public le peu de connaissances que j'ai acquis dans cette science, j'ai cru que pour obtenir quelque crédit au-dessus du commun des astrologues je devais donner au public quelques ouvrages dont le travail me fasse distinguer de ceux qui prédisent au hasard le temps à venir sans aucun calcul ni connaissance des mathématiques....... Les plus ignorants trouveront dans cet ouvrage de quoi les relever de l'erreur où le vulgaire a demeuré jusqu'aujourd'hui que les astrologues font des pronostics sans avoir des principes certains sur lesquels ils établissent leurs prédictions, d'où il leur sera facile d'inférer que le plus souvent si ils voyent le temps arriver au contraire que leur almanach leur marque c'est qu'ils ne sont de vrais auteurs (ainsi que ceux de Rouen faits par des imprimeurs ignorants).... »

Après les prédictions obligées sur la pluie et le beau temps et sur les événements heureux ou malheureux, voici comment le sieur Lemoine établit l'influence des éclipses et des astres sur le corps humain :

« Le Soleil gouverne le cerveau, la moëlle, les nerfs et généralement tous les membres....

» Saturne l'oreille droite et la vessie.

» Venus l'épine du dos; les fesses et parties inférieures du ventre...

» Quand le Soleil s'éclipse aux premiers degrés d'un signe cela présage stérilité et au milieu corruption. Si c'est aux signes humains comme les Gémeaux, la Vierge, le Sagittaire, le Verseau, signifient mortalité sur les hommes.

» Si c'est aux signes brutaux comme le Mouton, le Taureau, le

Lion etc, signifient mortalité sur les bestiaux.

» De même que si la Lune s'éclipse aux premiers degrés de quelque signe c'est présage de sécheresse, au milieu épidémie, peste, à la fin avortement des femmes et mortalité de petits enfants. »

Ce Michel Lemoine n'y allait pas de main morte. Si toutes les prédictions des astrologues se réalisaient, Dieu aurait déjà été forcé de renouveler plusieurs fois la face du globe par des créations nouvelles, et les races antédiluviennes ne seraient pas seules un sujet de rêveries pour les savants. L'astrologue qui se jeta dans un puits en contemplant les astres, était un astrologue de bonne foi qui voulait échapper aux maux qu'il prévoyait. Abbeville peut donc compter parmi ses célébrités un rival de Nostradamus. Cela valait bien la peine d'extraire cette page du vieil almanach dont un seul exemplaire connu existait encore il y a peu d'années dans le cabinet de M. Traullé. Aucune notice, que nous sachions, n'avait encore été écrite sur cet astrologue mathématicien. La gloire de l'exhumation, — telle quelle, — nous appartient en propre.

La paroisse de Saint-Georges était ou fut longtemps la plus riche de la ville et la plus lettrée, mais aussi la plus turbulente et la plus factieuse, peut-être parcequ'elle se sentait la plus forte et exerçait le plus fréquemment le pouvoir. Le dimanche 29 juin 1749 y vit naître une querelle qui mit bien des vanités en émoi et dans laquelle la sénéchaussée de Ponthieu et le parlement intervinrent. Cette querelle est curieuse en ce qu'elle montre combien les questions de préséance entre les différents corps de la bourgeoisie étaient encore vives au milieu du dix-huitième siècle. Les sieurs Claude Meurice, marchand mercier, et Pierre Philippe de Ribeaucourt, maître orfèvre, venaient d'être nommés marguilliers ; chacun d'eux s'étant empressé de se rendre au banc de l'œuvre, Claude Meurice, plus leste ou plus avisé, y arriva à temps pour s'emparer de la première place, et force fut à Philippe de Ribeaucourt de se contenter de la seconde. Le lendemain des assignations furent lancées par ledit sieur de Ribeaucourt contre ledit sieur Meurice ; la cause fut plaidée, et une sentence de la sénéchaussée de Ponthieu, en date du 22 août 1749, décida que les maîtres orfèvres et les marchands merciers occuperaient le même rang. Cette sentence était si sage qu'elle ne trancha rien du tout. Les marchands merciers prirent fait et cause pour le sieur Meurice et formèrent appel au parlement par requête du 26 février 1750 ; la communauté des orfèvres de son côté soutint les prétentions du sieur de Ribeaucourt ; enfin un arrêt du parlement du 29 juillet 1750 rendit au sieur Meurice, en sa qualité de marchand mercier, le pas dans le banc disputé, ainsi qu'aux assemblées, processions et toutes autres cérémonies avec défense de l'y troubler sous peine de cinq cents livres d'amende et de toutes pertes, dépens, dommages et intérêts. — Il paraît du reste que les merciers étaient non seulement jaloux de leurs prérogatives honorifiques, mais aussi de leurs privilèges de monopoleurs et non moins batailleurs sur un point que sur l'autre ; nous voyons en effet dans le Ms. de M. Siffait, à qui nous avons emprunté les détails de plus haut, que, le 17 novembre de la même année, le roi lui-même fut obligé de mettre la paix entre eux et les maîtres chaudronniers de la ville. Les merciers avaient voulu empêcher ces derniers de vendre aucune chose qu'ils n'eussent fabriquée de leurs mains ; ils les avaient en conséquence assignés à comparaître par devant MM. de l'Hôtel-de-Ville. Les chaudronniers déclinèrent cette juridiction et obtinrent du roi que la cause serait portée devant lui ; les merciers furent contraints de se soumettre ; dès mémoires furent rédigés de part et d'autre, mais les chaudronniers ayant prouvé avoir eu de tout temps le droit d'acheter au-dehors des batteries de cuisine pour les revendre en gros et en détail sans y avoir touché en rien, un édit — du 17 novembre, — leur confirma ce droit. Cette affaire coûta deux mille livres à la communauté des chaudronniers.

Il semble que c'était à l'église Saint-Georges que se donnaient rendez-vous toutes les prétentions des diverses corporations. On sait que M. Michel Gaffé, écuyer, seigneur de la prévôté et du camp Saint-Pierre, chevalier de l'Ordre royal et militaire de Saint-Louis et lieutenant de la maréchaussée de Picardie, déposant le 23 avril du bâtonnage de Saint-Georges, sa paroisse, fit venir à Abbeville les brigades d'archers de sa dépendance à dessein de s'en faire accompagner à la procession et même de leur donner à porter l'image de Saint-Georges (1); on sait quel mécontentement cette prétention souleva chez les matelots en possession de porter cette image et qui soutinrent que leur Saint n'étant pas criminel ne devait pas être porté par des archers ; on sait enfin la lutte sanglante qui termina ce conflit, mais, ce qu'on ne sait peut-être pas, c'est que cette affaire fit trancher un point controversé des attributions du mayeur et du lieutenant de la maréchaussée et que, par décision de monseigneur d'Aligre, alors intendant de Picardie, il fut réglé que le dernier ne pouvait placer ses cavaliers ni faire avancer ses troupes dans la ville sans la permission du mayeur. Cette décision, ajoute le Ms. de M. Siffait, est au trésor de la ville.

La paroisse Saint-Georges a donné à la ville, entre autres personnages que nous devons à juste titre citer et outre ceux que nous aurons occasion de nommer en parlant des rues qui relevaient d'elle, Pierre Duval, géographe du roi et neveu de Nicolas Sanson, le graveur

---

(1) Cette statue de Saint-Georges, qui passait pour un chef-d'œuvre d'orfèvrerie et dont un anglais avait offert quarante mille francs, fut envoyée à Paris en 1793 et fondue peu après. — Hist. d'Abb. — La grille, la chaire et les orgues de Saint-Georges, plus heureuses que le Saint, ont échappé à la Révolution et sont aujourd'hui à Saint Vulfran. La chaire est fort joliment travaillée ; la grille avait été donnée dans la première moitié du dix-huitième siècle à l'église Saint-Georges par Pierre Foucques. Une dalle placée devant cette grille, dans l'église de Saint-Vulfran, il y a quelques années encore constatait par une inscription l'origine et la translation de cette grille. Lorsqu'on redalla la nef, on jeta la pierre de côté et on eut la négligence de ne point conserver, en la remplaçant, les souvenirs qu'elle rappelait.

Robert Cordier, auteur du plan figuré d'Abbeville que nous avons consulté pour notre travail.

A côté de l'église Saint-Georges, à laquelle nous sommes forcément ramené, s'élevait le Petit Echevinage, vulgairement dit le Bourdois.

Cet édifice, reconstruit en 1780 tel qu'il existe encore aujourd'hui, servait primitivement aux assemblées municipales. C'était là probablement qu'était le beffroi de la ville, car nous voyons « qu'en 1290 Guillaume III, comte de Ponthieu, permit pour la commodité des habitants aux mayeurs et échevins de transférer leur beffroi, qui était à côté de l'ancienne église de Saint-Georges, auprès de l'église de Saint-André, au lieu où est à présent la grosse tour carrée du clocher de l'Echevinage qui fut commencé cette année, et y fut commis un homme pour y faire le guet jusqu'à ce que la tourelle de la haute tour du clocher de Saint-Vulfran fut bâtie. » Depuis longtemps avant la révolution, le Bourdois n'était plus guères occupé par MM. du Présidial et de l'Hôtel-de-Ville que lorsqu'on allumait des feux de joie sur le marché, les jours de fêtes publiques, et par MM. les officiers de justice, les jours d'exécution. Suivant le P. Ignace, le nom de Bourdois viendrait de Bourg d'Or, désignation première de l'édifice, et ce ne serait que par corruption de langage que l'on aurait dit plus tard Bourdoir ou Bourdois ; il est plus probable qu'il vient du mot Bourdoire lui-même, qui signifie un lieu où l'on joûtait, — bouhourdis, joûte, tournois. — On voit que souvent les usages vieillissent et ne changent pas : c'est toujours sur cette même place que l'on se réjouit officiellement ; c'est encore devant le Bourdois que se donnent tous les ans les joûtes burlesques appelées jeux d'Anguille, de Perroquet, etc. Mais si les usages persistent, les solennités changent de forme. Nous n'avons aujourd'hui que des distractions toutes profanes ; nos aïeux, plus dévots, gardaient toujours à côté des choses les plus mondaines une place pour les choses sacrées ; aux joies bruyantes succédaient sur leurs places les recueillements silencieux. — Pendant la franche fête de Saint-Vulfran, qui commençait le mercredi d'après la fête de la Pentecôte à None et finissait le lundi suivant au lever du soleil, le prévot du chapitre, qui exerçait l'autorité du mayeur, avait, entre autres priviléges, celui de faire construire sur le marché une chapelle ornée de tapisseries et de tableaux avec un grand autel sur lequel on portait solennellement la châsse du glorieux archevêque. L'office divin était célébré dans cette chapelle par les chanoines ; les bourgeois y venaient faire leurs prières et la châsse y était gardée jour et nuit et en armes par les hommes liges et féodaux de Saint-Vulfran. Ce grand reposoir, dont le P. Ignace nous a conservé le souvenir et qui était comme le camp d'où le prévot du chapitre gouvernait la ville, fut encore élevé en l'année 1643, trois ans avant la publication de l'Histoire Ecclésiastique d'Abbeville.

La rue Saint-Gilles, qui fait face aux ruelles de la Boucherie qui, on se le rappelle, nous ont amené sur la place du Marché au Blé, changeait encore dans le dernier siècle trois fois de nom depuis cette place jusqu'à la porte de la ville : elle s'appelait rue du Marché au Fromage de sa naissance aux encoignures des rues de Locques et des Jacobins, rue de la Porte au Sel de ces deux rues à l'étroit de Saint-Gilles dont nous préciserons la place plus loin, et enfin rue Saint-Gilles de cet Etroit jusqu'à l'ancienne porte de la ville qui a été démolie dernièrement.

La rue du Marché au Fromage tirait son nom des denrées que l'on y étalait les jours de marché. Aucun autre souvenir que nous sachions ne se rattache à elle.

A gauche et à droite, à l'endroit où elle finissait, et perpendiculairement à son axe, s'ouvrent les rues de Locques et des Jacobins. — Nous n'avons pu remonter au baptême de la première. Servait-elle autrefois de marché aux loques ? C'est là une supposition gratuite que rien ne justifie, d'autant qu'elle s'écrivait autrefois rue de Laucques ; je crois l'avoir trouvée une fois désignée sous le nom de rue de Locre, mais c'était là évidemment une incorrection. La maison qui porte le n° 33 et dont la cour allongée, ouverte par deux portes à ses extrémités, servait dernièrement encore de passage pour les piétons qui venaient de la rue des Minimes, était anciennement l'hôtel Lever (1). Le seul titre actuel de la rue de Locques à l'intérêt des curieux et des savants, mais c'en est là un que nous serions coupable d'oublier, est la belle collection d'oiseaux de M. Baillon. — La rue de Locques a été élargie, il y a une dizaine d'années, à son entrée vers la rue Saint-Gilles, par suite d'acquisitions faites par la ville aux mois de juin, novembre et septembre de 1837.

La rue des Jacobins s'appelait autrefois rue l'Oison dans sa première partie, depuis la rue Saint-Gilles jusqu'au couvent des Jacobins, et rue du Vert-Soufflet dans la seconde, depuis ce couvent jusqu'au pont d'Amour. — Rue l'Oison, nous ne savons pourquoi ; rue du Vert-Soufflet, d'un soufflet taillé dans la pierre sur la façade d'une maison et peint en vert. Le soufflet existe encore aujourd'hui, mais il est peint en blanc. — Le nom des Jacobins vint plus tard à ces deux rues du couvent de l'ordre de Saint-Dominique, situé vers leur point de jonction dans l'angle qui fait face à la rue Saint-Gilles ; encore ne leur fut-il donné officiellement que bien longtemps après la destruction de cette maison religieuse. La première pierre du couvent des Jacobins avait été posée le 13 juin 1664 sur un ancien cimetière appelé le Nouvel Atre et acquis de la collégiale de Saint-Vulfran par le sieur Vaillant, mayeur en charge cette année.

Les R R. P P. Jacobins d'Abbeville enseignaient la philosophie aux jeunes gens qui se destinaient à la prêtrise, mais, en 1750, ayant été accusés de tolérance à l'égard des jansénistes, une interdiction fut lancée contre eux dès le mois de janvier de cette année par l'évêque d'Amiens ; défense leur fut faite de confesser et de prêcher même dans leur église, et, bien que cette interdiction eût été levée quelque temps après, jamais depuis ce droit d'enseigner ne leur fut

-----

(1) La famille Lever était la plus ancienne famille municipale de la ville ; son dernier représentant, M. le marquis Lever, connu pour son zèle pour les sciences historiques, est mort il y a peu d'années en Normandie.

rendu ou du moins on ne voit pas qu'ils l'aient exercé (1). Quelques années avant cette esclandre, en 1743, une thèse de philosophie avait été soutenue avec grande pompe dans l'église de ce couvent par Me Choquart, clerc du diocèse d'Amiens. Comme les thèses de nos docteurs ne se passent plus maintenant avec cet éclat, du moins extérieur, nous croyons curieux de rapporter les cérémonies qui accompagnèrent celle-ci. On pouvait dire dans ce temps-là de fort mauvaises choses en fort mauvais latin, mais, aux yeux des auditeurs qui ne comprenaient pas, la défense d'une thèse devait offrir un imposant spectacle et la science paraître une magnifique supériorité de l'intelligence. De nos jours on a supprimé les cérémonies... et le latin. Je ne sais si nos candidats y gagnent. Mgr l'évêque d'Amiens, à qui la thèse était dédiée, avait écrit quelques jours auparavant à chacun des chefs du chapitre de Saint-Vulfran, du Présidial et de l'Hôtel-de-Ville, une lettre par laquelle il les prévenait qu'il ne pourrait assister à cette thèse et les invitait malgré son absence à vouloir bien s'y trouver avec leurs compagnies. En conséquence de cette invitation, les corps assistèrent à cette thèse le jour fixé, sur les trois heures de l'après-midi. Chaque corps en entrant fut reçu par le prieur des Jacobins à la porte de l'église. Le sanctuaire était caché par des tapisseries contre lesquelles était placée la chaire du soutenant. Au pied de cette chaire, à gauche, s'élevait un gradin sur lequel on voyait le fauteuil destiné à Mgr l'évêque. Au-dessus de ce fauteuil, qui resta vide pendant la cérémonie, se déployait la thèse en satin montée sur des batons dorés. Messieurs du chapitre, tous en surplis et en aumusses, se placèrent à droite du soutenant, messieurs du présidial à gauche, vis-à-vis des chanoines, et le corps de ville en face. Après la séance, le prieur reconduisit les corps jusqu'à la porte extérieure du couvent. Je ne sais si ledit Me Choquart justifia par la défense de sa thèse tout ce bel étalage : je le veux croire, et désire

---

(1) Ms. de M. Siffait.

que cette précieuse description le fasse vaniteusement tressaillir sous son bonnet de docteur dans sa chaire d'outre-tombe.

En 1607, si nous avons bonne mémoire, M. de Rambures et M. le prince d'Epinoy s'étant battus en duel, ce dernier fut tué et son cœur fut rapporté aux Jacobins d'Abbeville.

De 1793 à 1795, furent démolis l'église et une partie des bâtiments des Jacobins ; ils occupaient l'emplacement de plusieurs maisons dont les principales, (n° 32 et 34,) sont occupées aujourd'hui par M. Gustave Douville et madame Jules Douville. Le jardin des Jacobins fut divisé en trois parties : les deux premières furent attribuées aux deux maisons ci-dessus désignées, et la dernière à une maison située dans la rue de la Pêcherie-d'Eau-Douce et qui porte le n° 19.

C'est dans la maison de madame Jules Douville, dans les bâtiments mêmes qui restaient du couvent, que M. Charles Labitte, dont il est inutile de faire l'éloge parmi nous, a passé les premières années de sa vie.

Deux impasses sont dans la rue des Jacobins : l'impasse des Jacobins et l'impasse des Basses-Chambres. L'impasse des Jacobins a son étymologie écrite dans sa position voisine du couvent. Les religieux avaient une sortie sur cette impasse. L'impasse des Basses-Chambres cache plus de mystères dans son nom ; on pourrait, quoi qu'il en soit, lui trouver une origine probable : le moyen-âge, qui n'était pas prude cependant, appelait basses-chambres les lieux d'aisances. La prévoyance municipale s'était-elle étendue alors jusqu'à offrir aux habitants quelques-uns de ces établissements qui rendent inutile la défense que l'on affiche presque toujours en vain le long des murs solitaires ? ou bien les vagabonds profitant de l'obscurité de l'impasse la transformaient-ils de leur autorité privée en basses-chambres ? Nous ne savons, et laissons à d'autres ce point à débattre en l'honneur du vieil Echevinage. L'impasse des Basses-Chambres était autrefois une rue qui sortait dans la rue du Pont Aplicourt ; on pense que là était, fort anciennement, le canal d'une des petites rivières qui se jetaient dans la Somme au pont d'Amour ; un égoût qui prend naissance dans l'impasse même donnerait du poids à cette opinion.

Des notes que nous a confiées M. F. Traullé, notes prises, suivant une indication au crayon, sur un plan ancien de la ville, établiraient qu'une rue nommée du Moulin Clapet (1), dont la position n'est pas

---

(1) Cette rue du moulin Clapet nous est un prétexte commode de réparer un oubli. — Les notes de M. Traullé, sur lesquelles il nous a été impossible du reste d'asseoir aucune certitude à cet égard, tendraient à établir que le moulin Clapet, dont il est fait mention dans un titre de 1558 qu'elles rapportent, et le moulin *à le Caux*, cité dans un autre titre de 1478, n'étaient qu'un seul et même moulin ; d'où l'on pourrait conclure, selon nous, que la rue du moulin Clapet n'était autre que la rue à le Caux ou à le Cauch dont nous avons déclaré plus haut n'avoir pu découvrir la position ; or des présomptions que nous ne pouvons malheureusement appuyer d'aucun document certain nous porteraient à croire que cette rue à le Cauch est aujourd'hui l'impasse de$_{\epsilon}$ la Poissonnerie dont nous avons oublié de parler en temps et lieu. Resterait cependant à expliquer comment ce moulin unique, situé, comme nous l'avons vu, dans la rue de la Pêcherie d'Eau Douce, eût pu donner son nom à une rue située beaucoup plus bas, au-dessous du pont d'Amour ; nous avons établi d'ailleurs, et Collenot l'affirme positivement, que le moulin Clapet était mû par la rivière des Herbillons ; le titre de 1558 cité dans les notes qui nous occupent semblerait apporter une nouvelle preuve à l'appui de cette affirmation ; or le titre de 1478 distingue non moins positivement la rivière des Herbillons de *la rivière qui va au moulin à le Caux* ; distinction qui rend complètement insoutenable la conclusion tirée dans ces notes de la comparaison des deux titres, à savoir que le moulin Clapet n'était qu'un nom plus récent du moulin à le Caux. Voici, du reste, pour les lecteurs qui tiennent avec raison à juger par eux-mêmes, un extrait textuel de ces notes à propos de ces deux titres :

précisée du reste, aurait existé près de la rue des Jacobins ; il résulterait aussi de ces notes qu'une autre rue qu'elles ne nomment pas
aurait joint la rue du Vert-Soufflet à la rue de la Tannerie, antérieurement sans doute à l'établissement des Jacobins dont le jardin,

---

» 1478. De Riquier Delewarde au lieu de Jean Cateux pour
une maison tenement et islet ou souloit demeurer Boniface Cateux
et ou demeure à présent le dit Riquier seant en le ville en le rue des
pesqueurs de douce eau accostant d'un côté à le rivière des *Herbillons*,
d'autre côté *à le rivière qui va au moulin à le Caux*, abouté par derrière
au tenement de plaisance, par devant au froc. »

« 1558. Paroit un moulin Clapet, compte de Saint-Georges. Ce
moulin étoit situé derrière la rue de la Pécherie de douce eau près
la maison de madame Collart qui aboutissait à la fontaine des *Herbillons*.
..... Le même compte parle d'une maison située dans la rue de la
Pécherie de douce eau appartenant à ..... Delewarde qui aboute
au moulin Clapet. »

L'auteur des notes se fonde pour justifier son opinion sur ce que
la famille Delewarde a possédé dans les années 1478 et 1558 la
maison qui aboutissait en 1478 au moulin à le Caux, et en 1558 au
moulin Clapet. On se perd dans ces détails de la topographie ancienne
de cette partie de la ville. Les rivières qui la découpaient en nombreuses tranches comme les fossés d'égoût d'un marais n'ont pas été
un des moindres embarras de notre travail. Quelle était par exemple
cette rivière *qui allait au moulin à le Caux ?* nous avons indiqué plus
haut, autant qu'il nous a été possible, le cours des rivières de la
Pécherie d'Eau Douce et des Herbillons ; nous aurons encore à parler
de la rivière de la Plume ou de Cache-Cornaille, et ce ne seraient
pas les seules si nous nous en rapportions aux notes dont M. Traullé
nous a fait l'abandon ; le plus sage est de s'abstenir dans
le doute et de n'avancer rien, à défaut de preuves positives, que sur
des présomptions d'un certain poids. Plusieurs de ces rivières d'ail-

comme on l'a pu voir, allait jusqu'à la rue de la Pêcherie d'Eau Douce, ce qui rendrait l'existence de la rue supposée peu vraisemblable. La plupart des rues dont il est fait mention dans ces notes, que nous aurons occasion de citer encore de temps en temps, n'étaient probablement du reste que des *voyeuls*, des sentiers non bâtis et comparables aux petites rues du Rivage qui sont devenues les impasses dont nous avons parlé.

L'école des sœurs de la Providence, établie dans la rue des Jacobins vers sa naissance du côté du pont d'Amour, a appartenu d'abord à la fabrique de Saint-Vulfran ; donnée à la ville à titre gratuit, le 24 décembre 1845, à la condition qu'elle resterait à perpétuité école de filles, elle fut agrandie dernièrement par suite d'une acquisition en date du 8 juillet 1847.

Nous avons laissé la rue Saint-Gilles au bout de la rue du Marché au Fromage ; reprenons-la dans sa partie dite rue de la Porte au Sel.

La rue de la Porte au Sel tirait son nom de l'ancienne porte de la ville ainsi nommée on ne sait pourquoi et située contre l'Ecu de Brabant (1). La rue de la Porte au Sel comptait plusieurs hôtelleries

---

leurs ne portaient-elles pas différents noms et n'en ont-elles pas changé ? Ainsi la rivière que nous voyons quelque part désignée dans ces notes sous le nom de rivière de l'Islet, — du Lilier, — ne serait-elle pas la rivière des Herbillons ? la rivière *qui va au moulin à le Caux* ne pourrait-elle pas être le bras de la rivière de Taillesac qui se jetait dans le canal Marchand ainsi que nous le verrons plus loin ? Nous doutons que l'on parvienne jamais à tirer quelque clarté du cahos confus où nous venons de risquer le pied prudemment ; nous ne nous départirons pas davantage, quant à nous, de la sagesse dont nous faisons profession.

(1) Abbeville, qui ne fut d'abord qu'un *château de refuge*, « situé, dit le P. Ignace, dans l'île qui est entourée des deux principaux bras de la rivière de Somme, qui commence vers l'Hôtel-Dieu, et finit

célèbres : les hôtels de *la Tête-de-Bœuf* et de *l'Ecu de Brabant* que nous trouvons à notre droite sont très anciens : le premier existait déjà en 1485 ; l'*Ecu de Brabant* est une enseigne du moyen.âge. « La cave de *la Tête-de-Bœuf* qui se compose d'une voûte à plein cintre, est une des substructions les plus curieuses de la ville, à cause de sa grandeur et de son élévation. (1) » Près de l'Ecu de Brabant et sous la rue est encore, dit-on, mais on n'a pu nous l'affirmer, la voûte d'un pont sous lequel passait la rivière de Taillesac que nous aurons occasion de retrouver quelquefois encore. « A la porte au Sel, qui estoit anciennement, dit le P. Ignace, entre la maison de l'Ecu de Brabant, et la maison de la grosse Armée, » — Quelle était cette maison de la grosse Armée ? — « est encore en terre sous le pavé de la ruē, une arcade de pierre, de la hauteur d'environ vingt pieds, qui sert maintenant de cave. On croit selon le rapport des experts, que c'étoit l'arche d'une petite rivière, qui servoit de fossé à la ville, venoit du pont des Près et passoit par dessous cette arche, puis s'alloit rendre derrière la porte Comtesse, de là couloit par la Rabette,

auprès du pont de Notre-Dame du Chatel, » fut agrandi trois fois ; « La première, dit encore le P. Ignace, lorsque le château du Refuge fut amplifié depuis le pont de Talance, jusqu'au pont aux Poissons. La seconde, depuis le pont aux Poissons jusqu'à la porte au Sel, à la porte Comtesse, et au pont de Taupoirée. La troisième, depuis la porte au Sel jusqu'à la porte Saint-Gilles ; depuis la porte Comtesse jusqu'à la porte du Bois, depuis le pont de Taupoirée jusqu'à la porte Marcadé. Et du temps du roi Louis XI, depuis le pont de Talance, jusqu'à la porte Doket. » Ces généralités de l'histoire topographique de notre ville eussent mieux trouvé leur place peut-être en tête de notre travail. Il n'est jamais trop tard pour se raviser suivant un vieux proverbe de notre pays : nous nous sommes modestement ravisé dans cette note.

(1) Histoire d'Abbeville, tom 11. Etat physique.

près l'hôpital de Saint-Jacques, et se répandoit dans la rivière qui est au pont de Taupoirée : mais cette petite rivière par succession de temps a été remplie de terre, on y a basti dessus, et n'apparoist plus ; elle s'appeloit la rivière de Taillesac. » Nous avons à nous reprocher de n'avoir pas cherché à vérifier si la voûte dont on nous a parlé n'est pas l'arcade du P. Ignace. Des égoûts indiquent presque partout du reste la direction de cette rivière de Taillesac.

Entre les deux hôtels de *la Tête-de-Bœuf* et de *l'Ecu de Brabant* était l'hôtel du Géant, où nous avons vu que mourut Gabriel Naudé. C'est à l'hôtel du Géant, derrière un panneau de boiserie que démontait un menuisier, que furent retrouvés, vers les premières années de l'Empire, six diamants de la couronne provenant du pillage du garde-meuble et qui avaient été déposés là on ne sait par qui ni comment. Ces diamants, d'abord cédés par le menuisier au prix de quelques journaux de terre, passèrent ensuite entre les mains d'une marchande d'orfévreries nommée madame Cordonnier, qui les renvoya à Louis XVIII par l'entremise de M. Delattre Dumontville. La découverte singulière de ces diamants et leur réintégration au garde-meuble firent autrefois assez de bruit dans notre ville ; nous ne savons si c'est sur cette anecdote que fut construit l'Opéra-Comique intitulé les *Diamants de la Couronne* dont la scène a été placée à Madrid. — Etait-ce dans une maison qui serait devenue plus tard l'hôtel du Géant ou dans une maison qui aurait précédé cet hôtel que furent établies primitivement, — en 1331 ou en 1371, — les Grandes Ecoles ? le point serait à éclaircir. Ce qu'il y a de certain, c'est que les Grandes Ecoles, avant leur translation dans la rue Tayon, et l'hôtel du Géant, jusqu'en 1823 (2), étaient situés sur l'emplacement actuel de la halle aux denrées.

La halle aux denrées, que l'on appelle plus communément la halle

____

(1) L'hôtel du Géant, acheté par la ville le 30 avril 1822, fut démoli l'année suivante.

aux dindons ou la halle aux volailles, a été construite en 1823 sur l'emplacement de l'hôtel du Géant et de plusieurs maisons achetées à cette époque dans la rue du Pont à Plicourt. Elle a eu, entr'autres avantages, celui de rendre moins grand l'encombrement de nos rues si grand encore cependant les jours de marché ; au besoin elle sert de cirque et d'amphithéâtre : nous y avons vu donner des combats d'ours et lancer des aérostats. C'est dans la partie supérieure de cette halle qu'a été placé le musée.

Le musée d'Abbeville fut ouvert pour la première fois le 11 avril 1842, et depuis cette époque il s'est enrichi et s'enrichit encore tous les jours. Ce fut grâce en partie aux soins de la *Société d'Emulation*, en partie à la bonne volonté éclairée de plusieurs membres de l'administration municipale qu'il dut d'être fondé. Une commission administrative tirée du conseil municipal et de la *Société d'Emulation* fut chargée d'en mettre en ordre les divers éléments. Les collections qu'il renferme peuvent toutes se ranger sous ces deux titres : l'*Archéologie et l'Histoire Naturelle*. Les arts n'y sont représentés que par un tableau de Lucrèce d'un beau mérite donné par M. Moisson, ancien religieux, et par un autre grand tableau de médiocre prix où l'on a cru retrouver Louis XIV enfant ; nous regrettons que l'on n'ait pas eu le courage jusqu'ici de faire figurer à côté de ces deux toiles le portrait du comte d'Artois, donné par lui-même à notre ville peu de temps avant la révolution de 1789 ; espérons que les révolutions récentes et futures ne seront pas comme les révolutions passées peureuses, rancunières et inintelligentes. Les objets d'antiquité qui forment la première partie de notre musée se composent de fragments de colonnes, de mosaïques et de pierres de l'époque gallo-romaine et du moyen âge ; de briques, de tuiles et de carreaux de terre rouge et jaune de dates diverses ; de nombreux vases romains ou gallo-romains, de pierres tumulaires romaines ; d'amphores et de poteries ; enfin d'objets divers anciens : gaines d'outils celtiques et de hache en bois de cerf, lampe en terre rouge à reliefs, figurines en terre cuite, en pierre et en ivoire, meules portatives, armes et fragments d'armures romaines ou du moyen âge, clefs en fer et en bronze, sceaux du moyen âge en cuivre et en cire, éperons, monture d'escarcelle, hâches celtiques etc ; de plusieurs bas-reliefs en pierre et en bois : — l'un de ces bas reliefs, trouvé dans une ancienne maison du Pont aux Brouettes de 1473, représente l'histoire de Samson ; un autre trouvé à Pont-Remy représente d'un côté le crucifiement de notre Seigneur, et, de l'autre, l'assomption de la Vierge ; mais celui qu'il faut citer surtout et dont le hasard fit faire la rencontre à M. Delegorgue-Cordier, chez un brocanteur de la rue de l'Hôtel-Dieu, est magnifiquement beau : il représente un triomphe romain et, selon toute probabilité, au dire des experts, celui de Titus après la prise de Jérusalem (1). — Notre musée se complète enfin sous le rapport archéologique de clefs de voûte et de chapitaux de diverses maisons de la ville, de débris de portes, de pièces de sculptures en bois provenant des maisons démolies devant Saint-Vulfran ainsi que nous l'avons dit plus haut ; etc. (2) Parmi les objets qui méritent le plus d'être remarqués est une pirogue celtique fort délabrée mais non moins précieuse, trouvée à Estrebœuf le 25 mai 1834 et dont il est fait mention dans les mémoires de la *Société d'Emulation* (années 1834-1835, pages 81-87). Le mérite principal de notre musée et ce qui le rend avant tout recommandable à nos yeux c'est que les curieuses trouvailles qu'il défend maintenant contre les dispersions des cabinets particuliers ont toutes été faites dans nos environs ; chaque objet double et triple ainsi d'intérêt ; le moindre morceau devient une note de l'histoire du pays, note obscure, indéchiffrable souvent, mais qui peut s'expliquer à la longue par sa voisine ou par

---

(1) Ce bas-relief, l'un des plus beaux produits de la sculpture sur bois qui soit connu dans les musées, avait séduit M. Jules Janin lors de son *Voyage à Brindes* ; M. Janin offrit en échange une collection de livres de la valeur de douze cents francs.

(2) Dans ces maisons, dit-on, logèrent plusieurs des ouvriers qui bâtirent Saint-Vulfran.

celles qui viendront plus tard jeter un jour nouveau sur elles. Les matériaux de cette histoire sont partout sous pieds ; c'est à nous de les ramasser et de les rassembler ; d'autres un jour les coordonneront définitivement et y rechercheront les traces d'un passé qui nous fuit. Que de beaux sujets de disputes et de systèmes ne préparons-nous pas peut-être ainsi à nos enfants !

Nous renvoyons pour les noms des principaux donateurs des richesses que nous venons très sommairement d'énumérer au tableau placé dans le musée même, et où, louable et juste récompense, ils ont été inscrits ; il est bon d'encourager ainsi, serait-ce par un peu de vanité, les offrandes de la science sur l'autel du passé, pour employer une métaphore quelque peu républicaine.

Parmi les collections d'histoire naturelle qui composent la seconde partie de notre musée, nous citerons d'abord la collection d'insectes donnée par M. de Chauvenet et qui ne compte pas moins de trois mille espèces (1), la collection de minéraux donnée par M. Baillet, les pierres du terrain de Paris données par M. Cordier, la collection de pierres diverses, de granits, de minéraux du territoire de Morlaix en Bretagne donnés par M. le baron de la Pylaie, une autre collection à peu près de même nature donnée par M. le comte de la Fruglaie de Falaise, des minéraux et des substances métalliques diverses données par MM. Buteux et Ravin, des champignons donnés par M. le docteur

---

(1) Une des plus remarquables familles de cette collection, dit un article du *Journal d'Abbeville* du 13 juillet 1847 à qui nous empruntons ces détails, est celle des brachélitres ; pendant longtemps elle fut l'objet des plus consciencieuses études de la part de M. de Chauvenet qui se proposait d'en publier la monographie ; déjà les cadres de cet important travail étaient faits, les trois quarts des espèces décrites et le livre annoncé, mais la mort ne permit pas à l'auteur d'achever son œuvre. M. de Chauvenet est mort chez nous il y a deux ans.

Picard, des ossements fossiles donnés par diverses personnes, des reptiles, des poissons, des graines conservés dans l'esprit de vin et donnés en grande partie par M. Baillon, des oiseaux du pays donnés en partie aussi par MM. Baillon et de la Motte.

Notre musée ne possède en armes que le sabre d'honneur remis par le premier consul, au contre-amiral Perrée, en récompense de sa belle conduite, lors de la campagne d'Egypte, et des flèches des habitants de la Terre de Feu ; l'arme franche du brave à côté de l'arme déloyale du sauvage, le commencement et la fin de la civilisation qui n'a jamais changé l'homme jusqu'ici, quoi qu'on en ait dit, mais seulement un peu sa façon de manger, de parler, de s'habiller et de tuer.

La rue de la porte au Sel, dans laquelle nous nous retrouvons en sortant de la halle et du musée, n'a pas toujours eu, où nous sommes, la largeur que nous lui voyons. Elle se rétrécissait vers l'ancienne porte au Sel depuis la halle jusqu'à la rue des Minimes ; elle était fort étranglée sur ce point qu'on désignait alors et qu'on désigne encore improprement sous le nom d'Etroit de Saint-Gilles ; l'Etroit de Saint-Gilles a disparu depuis 1827 par suite d'acquisitions faites par la ville les 12, 15, 25 janvier et 9 février de la même année.

La rue de la porte au Sel, pour ne rien omettre de ce que nous savons, avait son marché comme la rue du Marché au Fromage; c'était le marché *à le Camise* qui se tenait vis à vis de l'hôtel de la *Tête-de-Bœuf.*

A notre gauche s'ouvre la rue des Minimes, mais ce nom, le seul qu'elle porte aujourd'hui, ne s'appliquait qu'à un tiers tout au plus de son étendue ; elle s'appelait rue de la Pie depuis la rue Saint-Gilles jusqu'à l'encoignure qui la fait déboucher vers le collége et les rues Millevoye et de l'Hôpital ; rue de l'Arquet de ce point à l'angle aigu qu'elle forme plus loin vers l'ancien couvent des Minimes et de là enfin au Pilory rue des Minimes.

La rue de la Pie s'appelait ainsi on ne sait pourquoi ; la rue de l'Arquet du petit arc, *arquet,* dont se servaient les ouvriers arquebusiers qui y demeuraient.

Aucun souvenir ne se rattache à la rue de la Pie.

Dans la rue de l'Arquet étaient les hôtels de Chepy (n° 28) et de Melun (n°30).

L'hôtel de Chepy, cela va de soi, tirait son nom de la famille de Chepy qui l'occupait. Il s'élève au fond d'une cour que précède une terrasse moderne ; sa façade simple a néanmoins quelque chose de monumental ; son propriétaire actuel, M. Boucher de Perthes, en y réunissant de belles et riches collections, en a fait un des ornements de notre ville.

Il y aurait cas de conscience à nous à les passer sous silence après avoir énuméré celles du musée municipal.

En première ligne vient la galerie des meubles, bas-reliefs et sculptures en bois du moyen-âge, collection trop nombreuse pour que nous puissions en donner ici le détail. — En 1843, lorsqu'il fut question de consacrer à un établissement public le palais des Thermes et l'ancien hôtel de Cluny, M. Boucher de Perthes fit l'offre au gouvernement de donner au pays sa galerie entière aux conditions suivantes : .

1° La fondation d'un musée national à Paris ;

2° L'emploi d'une ou plusieurs salles pour contenir sa collection entière ;

3° Le droit d'intervenir comme conseil dans le classement des objets ;

4° Qu'il fut constaté d'une manière authentique que cette donation était purement gratuite.

Communiquée aux deux chambres, cette offre fut adoptée, la loi fut rendue et le ministre, en annonçant au donateur que les conditions ci-dessus étaient acceptées, ajouta qu'une des galeries du nouveau musée porterait son nom. Cette clause n'était que juste, car M. Boucher de Perthes avait le premier mis en avant l'idée de ce musée, et dès 1830 il avait fait imprimer plusieurs articles pour en démontrer la convenance et la nécessité ; enfin, c'était évidemment l'offre de sa donation et les démarches personnelles qu'il avait faites près d'un grand nombre de députés qui avaient décidé l'adoption de la loi. Mais la reconnaissance n'est pas la vertu de l'époque ; nonobstant la parole donnée et les engagements pris et signés le 29 août 1843, aujourd'hui 16 février 1848, le local que l'administration du nouveau musée s'était engagé à tenir disponible pour recevoir la collection de M. Boucher de Perthes n'est pas encore prêt. — au dire des curieux et des savants, — nous sommes, quant à nous fort ignorants en ces matières, bien que nous sachions en apprécier l'importance, — ce qui donne un intérêt tout spécial au musée de M. Boucher de Perthes, c'est qu'il n'est pas seulement national de nom et que le moyen-âge n'y date pas de la veille. Aussi les artistes français ou étrangers pour qui la maison de M. Boucher de Perthes est toujours ouverte viennent-ils journellement y chercher des inspirations et des souvenirs ; ils y ont maintes fois reconnu les originaux de plus d'une de ces antiquités neuves qui courent les ventes publiques et les cabinets d'amateurs.

En outre de la galerie du moyen-âge l'hôtel renferme un vaste herbier des plantes françaises et étrangères, une bibliothèque riche surtout en ouvrages de botanique, et une galerie de tableaux dont un certain nombre originaux. — mais ce qui attire surtout l'attention est une collection unique en son genre et qui se compose de plusieurs milliers d'ustensils, signés et figures en os et en pierre remontant aux premiers temps des hommes. M. Boucher de Perthes en a donné la description et les dessins dans son ouvrage des *Antiquités celtiques et antédiluviennes (Paris* 1848). Il possédait aussi une collection d'armes anciennes en fer et en bronze ; les plus précieuses sont maintenant au musée d'artillerie à Paris à qui il en fait don.

Les statues en marbre blanc que l'on voit sur le perron de l'hôtel représentent Esculape et Hygie ; elles sont antiques et d'un très-beau travail.

L'hôtel de Melun tirait son nom de l'ancienne famille de Melun, réfugiée à Abbeville depuis 1577, ainsi que nous le verrons plus loin à l'occasion du couvent des Sœurs Blanches que cette famille fonda chez nous. Suivant les notes de M. Traullé, une rue, dont le nom n'est pas indiqué, traversait l'hôtel de Melun, faisant ainsi communiquer à peu près vers leur milieu ces deux rues parallèles et si peu voisines, la rue des Minimes et la rue de Locques. Nous est-il interdit de supposer que cette rue était celle des Jeux de paume dont nous avons avoué plus haut ignorer la position ? L'hôtel de Melun est depuis longtemps à usage d'auberge.

En face de ces deux hôtels de Chepy et de Melun, était le Jeu de paume. C'est dans ce Jeu de paume qu'eut lieu en 1611 la querelle qui se termina par la mort de Gilles de Sacquepée, gendre du mayeur alors en charge, ainsi qu'il est raconté dans *l'Histoire d'Abbeville*, tom. II, chapitre des Mœurs.

La rue des Minimes proprement dite tirait son nom du couvent qui s'élevait dans un de ses angles, sur la place appelée encore aujourd'hui Place des Minimes. Suivant les manuscrits de M. Macqueron, la rue des Minimes ne fut percée qu'en 1609. Sous cette date, disent-ils, « M. Claude Tillette, avocat du roi et mayeur d'Abbeville, fit faire la rue des Minimes où étaient auparavant des jardins de plusieurs particuliers dans lesquels on a bâti des maisons pour la commodité des artisans. »

Le couvent des Minimes, qui faisait sur la place face aux dernières maisons de la rue des Lingers ou de la porte Comtesse, longeait la rue des Minimes depuis cette place jusqu'à l'angle où la rue de l'Arquet prenait naissance, ou, — pour user de désignations plus variables mais plus claires quant à présent, — depuis le n° 37 jusqu'au n° 35. Le monastère des RR. PP. Minimes d'Abbeville, dit le P. Ignace, est l'un des plus anciens de tout l'ordre, car il n'y en avait encore que quatre de bâtis en France lorsque celui de cette ville fut institué du vivant de leur glorieux père et patriarche Saint-François de Paule. Ce fut, dit encore le P. Ignace, l'an 1499, le troisième jour de juillet, que par délibération des trois états de la ville d'Abbeville pour cet effet assemblés, que les RR. PP. Minimes furent admis, quoique leurs lettres ne fussent expédiées qu'un an après. Jean Sanson (bisaïeul du P. Ignace), pour lors échevin, favorisa grandement leur établissement dans la ville. Leur couvent, commencé en l'année 1500, fut fondé par messire André de Rambures, à qui Saint-François de Paule lui-même avait dit à la cour du roi Louis XI : Mon fils, un jour viendra que vous édifierez un monastère pour les Minimes; prédiction que le jeune page du roi Louis XI tint plus tard à honneur d'accomplir. Le couvent des Minimes fut construit dans un lieu nommé *la Cour de la porte Comtesse*, et sur l'emplacement d'une grande maison dans laquelle furent commencés les exercices réguliers l'an 1500 même « par une petite communauté de PP. Minimes, dit le P. Ignace, qui estoient en grande odeur de sainteté, aymable à Dieu et aux anges ; mais formidable au diable, qui enrageoit de voir tant de vertu ; et leur suscitoit des contradictions » si bien que Saint-François de Paule lui-même et le pape Jules furent obligés d'intervenir pour assurer la tranquillité des RR. PP. L'église des Minimes fut achevée de bâtir et consacrée l'an 1504, sous le titre « de la glorieuse assomption de la très-Sainte-Vierge Marie. » Messire André de Rambures mort, suivant son épitaphe, le 8 d'avril 1513, à l'âge de quatre-vingts ans, fut enseveli dans cette église avec dame Jeanne de Halluin, son épouse ; son tombeau, placé près du grand autel, était l'un des plus beaux qui fut dans la ville ; il y était représenté « en relief, revestu de son habit de guerre, et un lyon sous ses pieds. » Près de lui était Jeanne de Halluin « revestue à l'antique, en habit d'une vénérable dame. » L'église des Minimes était la sépulture ordinaire des Rambures.

En 1551, Philippe de Beauvarlet, religieux Minime, fit le voyage de Rome et rapporta à l'église de son couvent à Abbeville le corps de Sainte-Lucile.

En 1693, une fausse nouvelle s'étant répandue dans la ville que Guillaume III, roi d'Angleterre, avait été tué d'un coup de canon, la populace fit avec éclat des réjouissances indécentes ; l'effigie du roi d'Angleterre, grossièrement fabriquée, fut traînée de rue en rue sur la claie, puis pendue et brûlée dans la cour des Minimes.

L'église et les cloîtres de la maison des Pères Minimes, trouvons-nous dans les manuscrits de M. Macqueron, furent démolis de 1793 à 1795, mais seulement, quant aux cloîtres, sur la petite place de la rue de ce nom. — Sur l'emplacement de cette église a été construite la maison qui appartient encore aujourd'hui à M. Ducastel de Grouches (n°35). Le surplus du terrain a été clos de murs en attendant de nouvelles constructions. Le jardin du couvent fut divisé en trois parties : l'une est restée à l'ancien corps de bâtiments ; l'autre a été attachée à la maison de M. Ducastel dont elle forme le jardin ; la troisième partie fut attribuée à une maison de la rue des Arquebusiers, — rue Millevoye ; — divisée depuis, elle a donné à cette dernière rue le moyen de s'enrichir d'habitations nouvelles.

Les anciens bâtiments des Pères Minimes, après avoir été pendant plusieurs années employés à usage d'auberge et de roulage, reçurent en 1808 une manufacture de calicot, et un bel atelier à tisser fut établi dans le jardin qui en dépend ; achetés depuis peu par M. Henri Gavelle, ils sont disposés en ce moment pour recevoir une filature de lin. Ainsi l'industrie s'implante de plus en plus dans notre ville ; des faubourgs elle reflue dans nos murs, et les cheminées anguleuses, noircies par le charbon, remplacent partout les clochers des églises et des couvents.

La rue des Minimes a été élargie dans ces dernières années du côté du Pilori par suite d'acquisitions faites par la ville les 6 juillet 1832, 5 septembre 1836 et 10 novembre 1841.

Un manuscrit de M. d'Argnies de Fresnes, avocat, nous apprend, — nous devons noter cette remarque avant d'en finir avec la rue des Minimes, — que cette rue s'est appelée autrefois rue des Fossés, probablement, quoi qu'il ne l'explique pas, parce qu'elle bordait les fossés de défense avant le premier agrandissement de la ville.

La rue des Minimes, entre ses deux tronçons dénommés, ainsi que nous l'avons vu, rue de la Pie et rue de l'Arquet, recevait comme aujourd'hui la rue de l'Hôpital qui à son tour recevait, comme aujourd'hui encore, la rue de l'Arquebuse.

Commençons par cette dernière. La rue de l'Arquebuse, à qui est restée vulgairement à tort le nom de rue de l'Arquet, tirait son nom des arquebusiers et des archers qui s'exerçaient dans les jardins appelés jardins de l'Arc et de l'Arquebuse, et situés sur l'emplacement de l'hospice des Enfants Trouvés et d'une partie du collége. La maison (n° 18) occupée aujourd'hui par M. Frémont était désignée sous le nom d'hôtel de l'Arquebuse. — La rue de l'Arquebuse, appelée plus tard pendant quelque temps Rue Neuve, a pris enfin, vers 1830 et en vertu d'une délibération du conseil municipal, le nom de notre célèbre Millevoye.

La rue Millevoye possède deux établissements d'éducation publique: le collége et le théâtre. On fait dans l'un l'apprentissage du latin, dit-on ; dans l'autre l'apprentissage de la vie. L'un enseigne en pleurant et l'autre en riant ; nous doutons que le *castigat mores* soit également vrai dans les deux cas, mais nous n'oserions hasarder un jugement sur ces matières. — Le collége, tel que nous le voyons maintenant, ne fut construit qu'en 1772 (1). M. de Machault, évêque d'Amiens, en posa la première pierre ; une donation de M. d'Ambreville permit de l'agrandir par la construction de nouveaux bâtiments sur la rue de l'Hôpital. Le collége d'Abbeville, supprimé pendant la révolution, fut rétabli en 1803, ainsi que nous l'apprennent les Ms. de M. Macqueron, sous le nom d'école secondaire communale, en vertu d'un arrêté du gouvernement du 29 thermidor an II (17 août 1803); l'ouverture en fut faite, disent-ils, dans les bâtiments de l'ancien collége qui ont été concédés à la ville par le gouvernement le 5 vendémiaire an XII, (8 octobre 1803).

---

(1) Les Grandes-Ecoles établies d'abord, ainsi que nous l'avons dit, sur l'emplacement de la Halle aux denrées, avaient été transférées à une époque que nous ne pourrions fixer dans la rue Tayon ; le 18 octobre 1584, on délibéra en assemblée générale à l'Hôtel-de-Ville sur la maison de la rue Tayon ; les Grandes-Ecoles prirent alors le nom de collége et l'hôpital de Jean le Sellier, près du pont à Cardon, leur fut attribué l'année suivante. Cet hôpital ayant depuis été donné, — en 1606, — aux PP. Capucins qui y firent bâtir leur église et leur couvent, le collége fût transféré dans la rue de l'Arquebuse, dans le spacieux hôtel de Neuilly-l'Hôpital.

Le théâtre ne fut construit qu'en 1770. Une dame Racine, disent les Ms. de M. Siffait, après avoir acheté quelques maisons dans la rue de l'Arquet,— il paraît que dès ce temps la rue de l'Arquebuse avait emprunté ce nom à la rue des Minimes (1), — fit bâtir une salle de spectacle et quelques bâtiments y joignant. MM. de l'Hôtel-de-Ville vinrent en aide à son entreprise en lui donnant trois pieds de terrain en largeur à prendre sur le jardin des archers ; à cette occasion ils firent repaver la rue et lui donner plus de pente. Ladite salle de spectacle devait quinze livres par représentation à ladite dame Racine à qui revenait aussi le produit de chaque septième représentation pour les chandelles et violons qu'elle était chargée de payer. — La salle de spectacle fut achetée par la ville le 17 août 1835.

La rue de l'Arquebuse communiquait autrefois avec la chaussée du Bois par une rue nommée rue Coulerue ; la rue Coulerue courait, ainsi que la remarque en est faite dans les notes de M. Traullé, entre le couvent des Minimes et le couvent des Ursulines. Cette rue, ainsi claustralement dessinée, était consacrée à la prostitution. Les notes de M. Traullé en laissent soupçonner une autre qui la croisait et gagnait le rempart.— La rue de l'Arquebuse, ou la rue Millevoye, pour mieux dire, autrefois presque entièrement bâtie de petites maisons, est aujourd'hui, sinon une des plus vivantes, du moins une des mieux apparentes de la ville.

La rue de l'Hôpital s'appelait autrefois rue Roteleu on ne sait pourquoi. Elle tire son nom présent de l'hôpital des Vieillards et des Enfants Trouvés. Cet hôpital, commencé en 1725, — Ms. de M. Macqueron, — ne fut point terminé entièrement : il devait avoir deux

---

(1) Voici une autre étymologie du nom de l'Arquet qui tendrait à le faire attribuer à la rue de l'Arquebuse : « la rue de l'Arquet.... probablement de l'Archet, vieux mot qui veut dire porte, parce qu'à l'extrémité de cette rue se trouvait une ancienne porte de la ville ou plutôt une poterne appelée porte aux Recrans. » (*Histoire d'Abbeville*, tom. II, état physique.)

ailes sur la cour ; on y voit encore les pierres d'attente destinées à rattacher ces deux ailes au bâtiment principal et l'ouverture murée des portes qui eussent fait communiquer le tout. Il s'appela d'abord l'Hôpital général des Pauvres et ne recueillit que plus tard, le 22 février 1780, les enfants abandonnés. Avant cette époque, ces enfants étaient soignés pendant quelques jours dans une maison particulière et transportés ensuite au dépôt général, à Paris.—Une donation de M. d'Ambreville servit à édifier il y a quelques années la petite église de cet hôpital.

Mentionnons tout à l'entrée de la rue, dans la maison qui fait face à la rue Millevoye, le cabinet de M. Pérache, qui se compose de curiosités et d'objets d'art du siècle dernier ; c'est un petit musée où tout a été choisi et disposé avec un grand goût.

Cette rue de l'Hôpital, dite aussi des Boulets, à cause du parc d'artillerie que gardent à son extrémité un factionnaire et une guérite, nous mène tout droit au Champ de Foire, autrefois *Champ l'Abbé*.

Ce champ, quoique dans l'intérieur de la ville, était anciennement employé à la culture ; on y semait surtout du chanvre, si nos souvenirs ne nous trompent pas, et, c'était là qu'on fusillait. Il fut en 1781 clos de murs et transformé en jardin par le commandeur de Gaillon qui l'avait pris à bail de MM. du Présidial pour toute la durée de sa vie. — Ce devait être un grand amateur de jardins que ce commandeur de Gaillon. Nous savons que c'est aussi de lui que vient le jardin encore planté de statues et situé entre la rue de Lille et le Pont-des-Prés, et qui appartient aujourd'hui à M. Tagault, jardinier. — Le jardin de M. Gaillon, disent les Ms. de M. Macqueron, en parlant du Champ l'Abbé, produit de très beaux fruits tant par la qualité de ses arbres que par la belle exposition de ses espaliers. — Le Champ de Foire, tel que nous le voyons aujourd'hui, fut ouvert en 1827.

Les notes de M. Traullé indiquent, un peu en avant du Champ l'Abbé, une rue qui traversait le Présidial et conduisait à Vauchelles, probablement par une poterne aux environs du rempart du Mail.

Dans la rue Saint-Gilles, au point où nous l'avons quittée, presqu'en face de la rue des Minimes, nous trouvons la maison (n° 68) où naquit et fut élevé le célèbre graveur Beauvarlet, graveur du roi et membre de l'académie de peinture.

Un peu plus loin, à notre droite, nous rencontrons la rue du Pont de Boulogne ; nous n'avons nulle part découvert l'origine du nom qu'elle porte ni aucune particularité qui l'ait illustrée (1). Elle a été élargie il y a une dizaine d'années par suite d'acquisitions faites par la ville les 18 février 1834 et 12 décembre 1838.

Le nom de cette rue, qui n'en devient pas plus clair pour cela, dérive, sans équivoque pourtant, du pont qui la termine.

Quelle était la rivière qui passait sous le Pont de Boulogne ? Nous ne savons ; nous n'avons trouvé pour éclaircissement à ce propos qu'un passage des notes de M. Traullé, passage extrait d'un compte de l'aumône de 1527 à 1528, dans lequel il est fait mention d'une maison située entre l'Ecu de Brabant et *l'espace qui va au ruisseau du Pont de Boulogne;* du reste pas un mot de plus sur ce ruisseau ni sur le nom qu'il portait. L'élévation de ce pont, eû égard à la rue de la Tannerie, rendrait peu vraisemblable que ce ruisseau vînt, comme les autres petites rivières qui sillonnaient ce quartier, de l'extérieur de la ville, entre le Préer et le Pont-des-Prés. Nous nous abstiendrons prudemment de conjectures à cet égard.

La rue du Pont de Boulogne nous conduit à l'impasse de Damas ; et, à droite et à gauche de cette impasse, à la rue du Pont-à-Plicourt et à la rue de la Tannerie.

Ce nom d'impasse de Damas vient incontestablement du voisinage des *jardins de Damas,* mentionnés dans les titres du moyen âge, et qui étaient très-probablement ceux où s'ébattait le roi Charles VI pendant son séjour à Abbeville. « Et y a dedans la ville d'Abbeville, dit Froissart, un jardin très bel, enclos environnèment de la belle rivière

---

(1) Est-il suffisamment important de rappeler que la maison qui forme l'angle de cette rue et de la rue de la Tannerie a été sous l'Empire le siége de la sous-préfecture d'Abbeville ?

de Somme ; et là dedans ce clos se tenoit le roi de France moult volontiers, et le plus des jours y soupoit ; et disoit à son frère d'Orléans et à son conseil que le séjour d'Abbeville lui faisoit grand bien. » Le jardin de Damas, dans l'opinion de Collenot, était ainsi nommé des prunes apportées de Syrie en France après la seconde croisade et qu'un chevalier du Temple, de Hauteville, propriétaire du clos, avait peut-être acclimatées lui-même chez nous. On trouve en effet, dit-il, dans un vieux compte du chapitre de Saint-Vulfran de 1350, l'indication suivante : « Obit pro equite templario de Alta Villa centum solidos debet super gardinum de Damas extra-muros. » La position des jardins de Damas, longtemps incertaine, n'est plus douteuse aujourd'hui : un compte de l'église Saint-Jacques de 1380 nous l'apprend avec les scrupules minutieux d'un procès-verbal d'arpentage : « Vingt sols, y est-il dit, sur le gardin de Damas abouté d'un bout à la rivière des Herbilions, de côté à la rabette de la porte au Scel, d'autre bout à la rivière de Cache-Cornaille. »

La rue du Pont-à-Plicourt tirait probablement son nom de quelque pont jeté sur une des petites rivières qui descendaient parallèlement vers le pont d'Amour ou dans ses environs : le vieux Collenot s'est abandonné aux plus invraisemblables divagations sur ce nom de Pont-à-Plicourt; l'insignifiance de ces étymologies leur ôtant jusqu'au mérite de l'excentricité, on nous permettra de ne pas les rappeler ici. C'était aux environs de la rue du Pont-à-Plicourt, autant que le font supposer les notes de M. Traullé, que se trouvait le moulin Taulesac, Taleusac ou Taillesac. «On ne peut fixer, y est-il dit, la position du moulin Taulesac ; mais lorsque le sieur Wilbrode, gardinier, fit bâtir une maison contigüe au jardin qu'il occupe dans la rue du Pont-à-Plicourt, il trouva le long de la rue du Lillier, à quelques pieds de son froc, sur son terrain même, un vernis en grès et une espèce de couloir qu'il a attribués à un moulin.» Ce moulin était mû probablement par la rivière de Taillesac dont nous avons parlé déjà sur la foi du P. Ignace, à propos de l'Ecu de Brabant. Cette rivière, disent les notes citées plus haut, avait été creusée de mains d'homme pour former l'enceinte du bourg ou de la forteresse des bourgeois ; elle fluait d'un côté à la Somme, de l'autre à la rivière du Scardon. Ces notes tracent son parcours à partir de cette dernière rivière : elle traversait l'Hôtel-de-ville par le jardin, se rendait ensuite au pont de la porte Comtesse, de là, entre la rue de Locques et la rue des Minimes, à la porte au Sel ou de l'Ecu de Brabant, de là à la Somme. Les égoûts du Pont-à-Plicourt et de l'Hôtel-de-ville indiquent son passage. L'ordre des désignations tendrait à ne plus faire de la rivière de Taillesac qu'un bras de la rivière du Scardon, et cependant le P. Ignace, comme on l'a vu positivement, la fait descendre du Pont-des-Prés. N'y aurait-il pas moyen d'accorder les deux opinions ? La rivière de Taillesac ne pouvait-elle être alimentée effectivement par le Scardon et les rivières qui devaient la couper à peu près à angle droit entre l'Ecu de Brabant et le dernier bras de la Somme de ce côté : n'ont-elles pas pu donner au P. Ignace, qui ne l'avait pas vue de ses propres yeux, l'idée de la faire entrer dans la ville non loin du pont des Prés. Cette direction de la rivière de Taillesac, coulant du Scardon à la Somme, expliquerait peut-être la surélévation du pont de Boulogne sur la rue de la Tannerie. « Cette rivière fut supprimée pour ne plus servir que d'égoût vers 1310, 1313 et 1319, époques vers lesquelles la ville acheta, — en 1310 de… — une maison aboutant à la rivière Taillesac laquelle est réunie à l'Hôtel-de-Ville, et, — en 1313 de… — une autre maison jointe à l'Echevinage et tenant à la rivière Taillesac où elle fluoit cy-devant (1). »

Au bout de la rue du Pont-à-Plicourt, vers la rue du Lillier, est une impasse bâtie il y a quelques années sur un coin de l'ancien jardin des Jacobins et qui a pris le nom d'impasse Têtu, du maçon qui l'a créée.

La rue de la Tannerie s'appelait autrefois rue Cache-Cornaille, Cache-Cornaille, dit-on, parce que les *cornailles*, — les corneilles —y étaient attirées par les peaux des tanneries et que l'on les y *cachait*, —

---

(1) Notes de M. Traullé.

chassait. — Cette étymologie, qui en vaut beaucoup d'autres, n'a d'autre fondement que la tradition ; la rue Cache-Cornaille s'est appelée depuis rue de la Tannerie, des tanneurs qui l'habitaient autrefois.

La rue Cache-Cornaille était traversée dans toute sa longueur par une rivière que l'on appelait de la Plume, — la même que celle de Penne probablement, — ou indifféremment de Cache-Cornaille ou de la Tannerie. « Avant l'érection des fortifications, la rivière de la Plume, l'un des bras de la Somme, traversait la ville jusqu'à la moitié de son étendue et reprenait le gros bras de la Somme un peu en aval de Saint-Vulfran. La Plume était une rivière assez forte, d'environ dix mètres de largeur (1). La rivière de la

---

(1) Les notes de M. Traullé font en effet mention, sous la date de 1399, d'un « titre informe au dos duquel est écrit : copie de lettres royaux impêtrées pour faire curer la rivière Marchande, portant qu'il passait dans la Tannerie une rivière portant bateaux chargés de vins, tourbes, foins, etc., laquelle se rendait à un moulin nommé Taulesac, et derrière les maisons des tanneurs une autre rivière venant des moulins à tau, qui étaient au-dessus et hors la ville , dans laquelle les tanneurs faisaient tremper leurs peaux. » — Probablement la *petite rivière des Tanneurs*, dont parlent les Ms. de M. Siffait, ou rivière des Herbillons. — A la fin de ce titre est un dispositif portant que les deux rivières principales, savoir la rivière Marchande et la rivière de la Tannerie, seront curées. — Les notes de M. Traullé, auxquelles nous avons emprunté la plus grande partie des renseignements que nous avons donnés sur les rivières du quartier qui nous occupe se trompent ici, ou la tradition, quelque peu vieille qu'elle soit encore, nous a trompés nous-même : il est impossible en effet que la rivière de la Plume ou de la Tannerie, qui *faisait un coude brusque derrière l'Écu de Brabant pour rejoindre la Somme*, soit celle qui se *rendait à un moulin nommé Taulesac*, moulin situé, ainsi que le prétendent ces notes, au bout de la rue du Pont-à-Plicourt, vers le

Plume fut supprimée un peu avant la révolution ou du moins détournée dans les fossés de la place, mais son ancien lit n'en subsista pas moins, humecté par un rare filet d'eau; de plus en plus à sec tous les jours, il fut enfin définitivement comblé sous l'administration de M. Daunis. La Plume allait à peu près en ligne droite jusque derrière l'hôtel de l'Ecu de Brabant, où elle faisait un coude brusque pour rejoindre la Somme. »

C'est dans la rue Cache-Cornaille que les Jacobins allèrent s'établir en 1653, en quittant leur première maison de la chaussée d'Hocquet. Collenot nous apprend à peu près la position de celle qu'ils occupèrent alors. Nous recourons à un acte déjà cité à propos du Taurobole de la rivière des Herbillons : « Bail par Jacques Boucher, etc., d'une maison rue de la Tannerie, vis-à-vis la rivière Cache-Cornaille par derrière à la rivière qui fait mouldre le moulin Clapart au bas du vieux temple. Cette maison est celle, de présent à trois demeures, dont la plus forte partie appartient à Duval, procureur, acquéreur des Jacobins dans laquelle ces derniers formèrent leur établissement en arrivant à Abbeville, et d'où ils sont sortis pour occuper leur nouveau couvent rue du Vert Soufflet. »

Laissons dormir un instant les rivières mortes et les couvents renversés pour nous occuper de choses encore debout et vivantes.

Vers le milieu de la rue, la maison (nº 25) nous offre sans contredit le monument archéologique le plus curieux qu'Abbeville ait hérité du XVe siècle.

François 1er y descendit en 1527, lorsqu'il forma avec le cardinal d'Yorck, Wolsey, ministre de Henri VIII, une ligue offensive et défensive contre Charles-Quint.

Lillier ; la rivière *portant bateaux chargés de vins, tourbes, foins, etc.,* n'était donc pas *la rivière de la Tannerie.* En érudition ce n'est pas la foi, c'est le doute qui sauve ; un doute nous ouvre une porte de salut : le moulin Taulesac était-il bien celui que découvrit le sieur Wilbrode ?

La façade sur la rue de la Tannerie n'est pas très remarquable : elle donnait sur la rivière comblée aujourd'hui ; cette position justifie la sobriété sculpturale de l'architecte qui n'a laissé en guise de préface qu'une jolie porte, une filière entourant la base du premier étage et d es mascarons grotesques collés sur l'entablement uni qui supporte le toit.

Sous la porte cochère on voit, engagés dans le mortier d'un plafond de fraîche date, les pointes en pierre d'un support de balcon : le pignon dans lequel elles sont incrustées devait terminer le corps principal.

A l'intérieur, la disposition primitive est changée : l'aile gauche a été appuyée sur le corps principal dont elle masque le tiers de la largeur ; la corniche du toit de ce dernier continue sa course sous la tuile ; l'escalier lui-même n'est point à la place où il a été construit ; au premier étage, la rampe s'arrête brusquement, tranchée par une scie barbare ; nous croyons qu'il a fait partie d'une tour et n'a dû qu'à son utilité d'avoir échappé à la démolition.

Le sculpteur a déployé dans l'exécution de la cage et de la porte de cet escalier les trésors infinis de l'art arabe : les quatre panneaux du pourtour sont d'un dessin correct et délié où l'entrelas suit les plus capricieux détours ; une cordelière terminée par deux glands unit les lettres d'un monogramme mystérieux ; le demi-relief de ces panneaux est du plus charmant effet : il contraste avec la sculpture fouillée de la filière servant d'appui aux dentelles supérieures dont les colonnes seules sont restées.

La porte en anse de panier est entourée d'un ruban de liserons de haut relief terminé par deux glands ; au-dessus un entrelas de branchages bien évidés forme le socle d'une statue absente ; le clocheton qui surmonte la niche est du gothique le plus pur ; il se détache sur un reste de dentelles très finement découpées où l'ara_besque le dispute au gothique de caprice et de fantaisie.

Dans toute cette œuvre on reconnaît les signes caractéristiques de l'architecture transitoire du siècle de Louis XII. Les arcs en anse de panier, le gothique, l'arabesque, le plein-cintre dans les détails des filières y sont délicieusement unis sous l'inspiration d'un ciseau savant.

Le bâtiment principal est régulier ; du sol à la toiture, la façade est rayée de nervures pentagones rapprochées et seulement interrompues par la double filière de pampres et de houx qui ceint le premier étage. — Les fenêtres du rez-de-chaussée sont surmontées de filigranes qui font l'effet des franges d'un store replié ; de jolis rinceaux parent les pilastres soutenant la saillie du premier.

L'entablement reproduit les figures bouffonnes du côté de la rue séparées au milieu par une rosace délicate figurant assez bien une marguerite sextuple.

Maintenant, que notre imagination colore cette rapide esquisse avec le pinceau éclatant des architectes d'alors: ces grappes violettes à demi-cachées sous une feuille jaunie, ce houx vert aux graines pourpres, ces nervures, ces chiffres dorés comme le sont les draperies sculptées de la porte qui termine l'escalier ; toutes ces magnificences de sculpture peinte et dorée, ne prêtent-elles pas à cette demeure le charme d'une retraite destinée à de tendres visites ?

De méchantes langues ont été plus loin : quelque haut seigneur du seizième siècle, ont-elles prétendu, n'a-t-il pas cédé à son roi pour quelques jours le palais de sa mignonne avec tout son ameublement? Les grands seigneurs du règne des Valois faisaient assez bon marché des préjugés ordinaires pour que cette supposition n'ait rien, nous ne disons pas que de vrai, mais de bien invraisemblable.

Il est à regretter que cette maison, si souvent reproduite par le crayon des touristes, soit descendue aujourd'hui, malgré le souvenir illustre qui devait la protéger, à la condition et à l'abandon d'une hôtellerie de troisième ordre (1).

Nous avons expliqué plus haut comment la rue Cache-Cornaille

---

(1) Nous devons la description ci-dessus au concours éclairé et complaisant de M. Alexandre Leclerc.

avait échangé son nom contre celui de la Tannerie : en **1620**, dit Collenot, il y avait à Abbeville quarante maîtres tanneurs. Ces tanneurs habitaient, si non tous, au moins pour la très grande part, cette rue ; ils donnaient à la Vierge de Moufflières un cierge le jour, de Saint-Laurent pour la misère de **1693**.

La rue de la Tannerie a donné naissance à deux graveurs distingués : Hubert, né le 2 février **1744**, dans la maison qui porte maintenant le n° 31 ; Levasseur, né le 21 octobre **1734**, dans celle qui porte le n° 23.

Cette rue ne fut pavée que vers **1783** ou **1784**, à l'époque où l'intérêt de la salubrité publique fit détourner, ainsi que nous l'avons déjà dit, la rivière de la Plume dans les fossés des fortifications. — Une école de frères de la Doctrine-Chrétienne a été établie vers 1823, vis-à-vis les Hypothèques à l'aide d'une donation faite par M. et Mme Lefebvre de Vadicourt, le 4 avril de la même année.

Les notes de M. Traullé mentionnent, sans les nommer. quatre rues, — ou *voyeuls*, — qui allaient du Lillier à la Tannerie (1). Le réseau des canaux se compliquait d'un réseau de sentiers.

Reprenons la rue Saint-Gilles au coin de la rue du Pont de Boulogne.

Nous remarquerons, à notre gauche d'abord, la porte de la maison habitée par M. de Férolles (n° 75). Cette porte en bois, non terminée, est surmontée d'un Amour qui élève au-dessus de sa tête une corbeille de fleurs. Ce morceau est hardiment touché et d'une bonne composition.

Un peu plus loin, nous nous arrêterons devant la maison qui porte

---

(1) Une de ces rues était très probablement la rue *Aux Quiens* — Aux Chiens, — dont nous ignorions la situation en commençant notre travail, et dont une note de M. Louandre nous indique l'existence en 1405, vers la rue de la Tannerie.

le (n° 83) et qu'habite M. Blin de Bourdon. Le fronton de la porte de cette maison mérite l'attention : qu'il soit l'œuvre d'un compatriote ou d'un artiste étranger, il serait difficile de le savoir. La composition en est large, l'exécution solide, l'ensemble harmonieux. Deux Renommées écartent les plis d'une draperie et découvrent un ovale cerclé de fleurs. — Un large écusson devait probablement, dans l'intention de l'artiste, s'encadrer dans cet ovale ; il est remplacé par une fenêtre en œil de bœuf. — Les têtes, les bras, les troncs des statues sont d'un modèle pur et gracieux ; le mouvement est libre ; les figures, dans le goût de la Renaissance, ne manquent ni de fraîcheur ni de distinction. — Les jambes paraissent trop courtes à cause du défaut d'inclinaison des pieds vers leur extrémité. Ce défaut de perspective aérienne dénote un sculpteur d'atelier plutôt que d'architecture. Du reste, le fini y gagne ; l'expression est plus déterminée, et, pour résumer ce morceau, si le reproche que nous venons de lui adresser se trouvait sans prise sur un plan moins élevé, nous dirions que son exécution indépendante, sobre de draperies et pourtant suffisamment riche, touche de près aux bonnes œuvres du dernier siècle.

La porte de la maison qui suit (n° 85), et où demeure M. Oswald Merlen, est dûe au même ciseau : les deux cariatides qui la surmontent portent un pareil cachet d'élégance, d'harmonie et de proportions, et rendent cette habitation comme sa voisine, avec laquelle elle fait corps en quelque sorte, l'une des plus intéressantes de la ville au point de vue de l'art.

Un peu plus loin encore, presqu'en face de ces deux maisons, mais à notre droite, s'ouvre la rue d'Ailly.

Cette rue, ou plutôt cette ruelle, — c'est, eu égard à sa longueur, la plus étroite de la ville, et elle est fermée tous les soirs par une grille, — tire son nom d'un mayeur de la ville, Le Boucher d'Ailly, dont les descendants portent aujourd'hui le nom de Le Boucher de Richemont.

La maison de M. du Maisniel du Hamel, située au coin de la ruelle d'Ailly, du côté de la rue Saint-Gilles (n° 84), s'appelait autrefois l'hôtel Becquin. Un mayeur d'Abbeville, Becquin, l'avait fait bâtir , et avait même, ainsi qu'on peut le voir encore aujourd'hui et comme les usages municipaux l'autorisaient peut-être alors, empiété sur la rue par ses constructions. L'hôtel Becquin fut construit sur l'emplacement de l'hôpital des Commandeurs. Cet hôpital, appelé depuis *Maison du Franc-Manoir*, à cause des priviléges dont son propriétaire, Mathieu Gaude jouissait, portait au quinzième siècle le nom de *Sainte Maison de Saint-Jean de Jérusalem*.

La ruelle d'Ailly a été, il y a quelques années, élargie du côté de la Tannerie, par suite d'une acquisition faite par la ville le 26 novembre 1840.

En face de la ruelle d'Ailly, dans la rue Saint-Gilles, est la maison (n° 89), habitée dans les derniers temps de son existence par André Dumont. Rappelé de l'exil, ainsi qu'on le sait, par la révolution de juillet, André Dumont est revenu mourir parmi nous le 21 octobre 1838. Nous avons dit plus haut les services qu'il a rendus à notre ville pendant les terreurs de la révolution de 1793. André Dumont, qui eût dû s'attendre à plus de reconnaissance et de souvenirs de la part de ses concitoyens, est mort à peu près dans l'oubli et l'abandon. Son corps nous est resté, mais il est à regretter que sur sa tombe, au cimetière de la Chapelle, ses héritiers aient cru devoir inscrire des titres insignifiants et presque une amende honorable de sa vie politique, au lieu de cette simple épitaphe qui est à elle seule une consécration historique :

ANDRÉ DUMONT,

MEMBRE — PRÉSIDENT DE LA CONVENTION NATIONALE.

Quelques pas au-dessus de la modeste maison dont nous venons de parler, s'élevaient, il y a une dizaine d'années encore, les bâtiments du couvent des Dames Carmélites.

Le P. Ignace, qui ne nous fournit du reste aucune particularité bien curieuse sur ce couvent, s'étend avec complaisance sur son établissement. Il emmielle à l'intention des saintes religieuses des flatteries mystiques bien permises de Carme à Carmélites. « Notre séraphique mère Sainte-Thérèse de Jésus, dit-il, scachant que les véritables épouses du Très-Haut sont comme de beaux lys entre les espines, a joint le florissant Carmel à l'espineux Calvaire et au glorieux Thabor : au Calvaire, par la mortification ; au Thabor, par l'oraison qu'elle a saintement introduite dans son ordre, afin qu'elle peût dire avec vérité à Jésus-Christ, son époux, *Caput tuum ut Carmelus*; votre chef, ô mon bien-aymé, est semblable au Carmel, il ne porte pas d'épines, mais on les y a mises. » Il raconte longuement comment ces saintes filles, « qui sont comme des estoiles fixes et des astres permanens dans le firmament de la religion, avoient déjà demeuré près de trente ans dans la célèbre ville d'Amiens ; » — elles y avaient été établies le jour de la Pentecôte, l'an 1606, — « lorsqu'il pleût à Notre-Seigneur d'inspirer un honneste bourgeois d'Abbeville, nommé monsieur de Mallery, avec sa fille, nommée Marie, d'establir un monastère de religieuses Carmélites ; » comment dix de ces religieuses, munies des permissions nécessaires, partirent d'Amiens pour Abbeville dans trois carosses fermés, avec grande et magnifique escorte de dames, de prêtres et de gardes du corps ; comment elles furent honorablement reçues à Picquigny où elles prirent gîte pour la nuit, le 3 janvier 1636 ; comment enfin elles furent installées, le lendemain 4 janvier, dans leur couvent d'Abbeville, avec exposition du Saint-Sacrement, arboration de la croix, bénédiction de la maison, et messe du Saint-Esprit solennellement chantée, « à laquelle une grande partie de la ville assista, qui dans l'église, qui dans la court. » Il donne, en terminant avec une sympathique gloriole pour cette communauté, sœur de la sienne, l'explication des armoiries de l'Ordre de Notre-Dame du Mont-Carmel. L'Epiphanie était la fête titulaire du couvent des R. Mères Carmélites.

En 1792, la maison conventuelle des Dames Carmélites fut évacuée par les religieuses qui l'habitaient, mais elle ne fut pas vendue par le gouvernement (1).

---

(1) Par un décret de l'Assemblée nationale du 4 août 1792 , il fut

Ce couvent, après avoir servi pendant le temps de la Terreur de maison d'arrêt, fut converti ensuite en magasin ; c'est dans son église « que se tenoient les rassemblements de gens sans honneurs, sans principes ainsi que sans religion, qui se faisoient une gloire d'être appelés Sans-Culottes ou Jacobins. » Plus tard, une grande partie des bâtiments de cette maison fut employée pour la caserne de la gendarmerie et peu après, c'est-à-dire, en 1808, l'église et le chœur des Dames furent disposés pour servir d'auditoire au tribunal civil ; le tribunal de commerce fut établi dans le haut, et le reste des bâtiments principaux fut transformé en maison de détention pour la police correctionnelle. Du petit bâtiment qui se trouvait à la suite de l'église furent composés la maison du greffier et son greffe (1). Une partie de l'ancien couvent des Carmélites fut vendue il y a deux ou trois ans, et s'effaça sous une grande maison qui appartient à M. Cendré. Le tribunal actuel de commerce, la prison cellulaire qui s'ouvre dans la rue de l'Hôpital, la gendarmerie dont le froc regarde la place du tribunal civil furent construits dans ces dernières années, à des époques rapprochées, sur le reste de son emplacement ; c'est dans une salle, située au-dessus du vestibule du tribunal de commerce, que se tiennent les séances de la *Société d'Emulation d'Abbeville*. De l'ancien couvent des Carmélites, il ne reste plus guères que le

ordonné que pour le premier octobre suivant, toutes les maisons religieuses, autres que les hôpitaux et établissements de charité, seraient évacués par les religieux et religieuses qui les occupaient. Le décret fut mis à exécution à Abbeville comme partout ailleurs, et ces maisons furent en conséquence vendues, à l'exception de celles des Dames Ursulines dans la chaussée du Bois, des Dames Carmélites dans la rue Saint-Gilles, et des Sœurs Claudes dans la rue aux Pareurs, que le gouvernement affecta utilement aux besoins de la ville. — Ms. de M. Macqueron.

(1) Ms. de M. Macqueron.

mur qui fait face à la place du tribunal ci vil. Ce mur se reconnaît à un signe certain : au mois de mars de l'année 1751, trouvons-nous dans les Ms. de M. Siffait, MM. du Présidial firent mettre un méridien sur le pignon de l'église des Carmélites. Ce méridien existe encore ; il avait été question, si nous avons bonne mémoire, de le restaurer il y a un an ou deux ; nous ne savons si, par le temps de République qui court, toutes les restaurations ont tort, mais le point lumineux qui traverse un soleil opaque de métal et poursuit les heures sur le mur, cherche vainement comme alors des chiffres absents. O méridien philosophique ! ingénieux enseignement digne des sages antiques et que nos conseillers municipaux exposent chaque jour à nos yeux sans en être plus vains !

> *Éheu ! fugaces, Postume, Postume,*
> *Labuntur anni.*

Horace est dépassé par ce méridien au moins de toute l'élévation du mur des Carmélites. Peut-on plus clairement et par un plus simple et plus poétique symbole indiquer la marche insaisissable du temps dont rien ne fixe le passage et qui ne laisse pas de traces dans l'Éternité ? Heureuse ville qui, plus riche que la Grèce entière dont les sept sages sont passés à l'état des sept Dormants, voit siéger trente philosophes dans sa maison commune !

Vers 1795, lorsque l'exercice du culte commença à être, si non officiellement rétabli en France, au moins ouvertement toléré, un certain abbé, qui s'était produit sous le nom d'abbé de Fitz-James, officia pendant quelque temps dans l'église des Carmélites. L'abbé de Fitz-James officiait fort mal, mais se présentait fort bien ; il s'était d'ailleurs donné pour abbé de qualité, ce qui expliquait et rachetait l'inexpérience ; il avait, disait-il, refusé de prêter le serment à la constitution civile du clergé ; il avait souffert la persécution pendant les mauvais jours de la terreur ; jeté dans un tombereau, sous un monceau de morts, il n'avait survécu que par miracle aux massacres des prisons. Il montrait avec orgueil, comme signes du martyre, plusieurs entailles au cou. L'abbé de Fitz-James devint la coqueluche d'une partie de la ville. L'opposition ou la réaction d'alors, comme on voudra, triomphait innocemment dans une victime de la foi ; on ne pouvait décemment se confesser qu'a l'abbé de Fitz-James ; ses mariages n'admettaient pas de divorce ; on entrait beaucoup plus poliment dans le monde lorsqu'on était baptisé par lui, et, pour peu qu'on eût de savoir vivre, on n'en sortait qu'avec son extrême-onction ; une basse messe aux Carmélites en valait une grande ailleurs. Le clergé assermenté jalousait l'abbé de Fitz-James et attendait impatiemment le moment de lui faire payer ses succès le plus cher possible. A défaut des gros bénéfices abolis et auxquels on ne pouvait plus prétendre, les petits bénéfices des rancunes satisfaites recommençaient à faire partie du casuel. La vengeance du clergé assermenté fut plus belle qu'il n'eut osé l'espérer lui-même ; un beau jour, l'abbé de Fitz-James disparut, emportant le plus qu'il pût d'emprunts, de dépôts et de dons faits, reçus et acceptés en vue de la bonne cause et de la foi ; le matin même de sa fuite, il avait, dit-on, été reconnu au moment où il se retournait un peu militairement à l'autel pour donner sa bénédiction, par un de ses anciens camarades, soldat comme lui de la Répuqlique, qui, l'ayant accosté au sortir de l'église, l'obligea, par la peur d'un scandale compromettant pour les profits réalisés, à déserter le service de Dieu comme il avait déserté celui de la Patrie. Les partisans du faux abbé, honteux d'avoir été pris pour dupes, baissèrent la tête ; le clergé assermenté releva la sienne et triompha ; et pas mal d'indifférents, qui n'avaient pris partis ni d'un côté ni de l'autre, se permirent de rire.

L'hôtel de la Gruthuse (1) était à côté du couvent des Carmélites.

---

(1) Ainsi nommé du nom de la famille flamande de la Gruthuyse. Le nom de Gruthuyse, qui signifie maître de la Gruyte, dit la *Biographie Universelle*, indique que ceux qui le portaient avaient reçu sans doute à titre de fief la concession d'un droit sur la fabrication et la vente de la bière ; le plus célèbre des la Gruthuse fut Louis

Ce bel hôtel, commencé par le maréchal d'Esquerdes, peu de temps avant sa mort, fut achevé par Jean de Bruges, seigneur de la Gruthuse, lieutenant-général du roi en Picardie, mort en 1512, et dont on voit le tombeau dans l'église de Saint-Riquier. Il était encore en construction et s'appelait *l'Ostel de M. le Maréchal*, lorsque Charles VIII le visita en passant par Abbeville, le 17 juin 1493. L'hôtel de la Gruthuse étant tombé dans le domaine du roi, on y établit en 1614 le siége de la sénéchaussée de Ponthieu, auparavant situé près de la rue Barbafust; le Présidial, la Maîtrise des Eaux et Forêts, la juridiction du Grenier à Sel et de l'Amirauté y furent aussi établis. En 1790, les administrateurs du district y furent installés. L'hôtel de la Gruthuse, ou le district, comme on disait alors, fut incendié dans la nuit du 4 au 5 janvier 1795. « Une grande quantité de livres, de meubles et de tableaux précieux, enlevés dans différentes églises et dans divers châteaux, furent entièrement détruits, ainsi qu'un magasin d'habillements militaires, un dépôt d'armes et plus de trois mille paires de souliers (1). »

Cet hôtel était un des plus beaux de la ville; on voyait sur sa façade les armes de la maison de Gruthuse; au-dessus, l'écusson de France avec le porc-épic que Louis XII avait pris pour emblême; on y remarquait deux charmantes tourelles aux toits aigus, surmontés d'épis fort gracieux; dans une cour intérieure était, dit-on, une fort jolie fontaine. Si cet hôtel n'était tombé, ainsi que nous l'avons vu, entre les mains du roi, « c'eut été, dit le P. Ignace, un des plus beaux de la province. » Collenot

de Bruges, père de celui qui donna son nom à l'hôtel qui nous occupe. Guerrier, diplomate, ami des lettres, on le trouve mêlé à beaucoup des évènements de son temps. C'est à tort du reste que Collenot l'appelle notre concitoyen. Collenot nous semble allonger un peu trop, par gloriole picarde, la généalogie des la Gruthuse.

(1) *Hist. d'Abb.*, 1re édition, ch. XL.

suppose que Jean de Bruges, comme son père Louis de Bruges, avait la fantaisie des lettres. « Je me souviens, dit-il, d'avoir souvent visité dans ma première jeunesse, l'hôtel de la Gruthuse...... Il y avait un grand salon bleu d'outre-mer et doré ; au fond de ce salon se trouvaient deux portes ; des cartouches fond bleu et dorés tout autour surmontaient ces portes avec des inscriptions. Sur la porte de droite, on lisait L. B. R. A. ; sur celle de gauche, S. C. M. Maintenant que je réfléchis, cette dernière inscription ne signifiait-elle pas Sacellum, chapelle, et la première, Libraria, bibliothèque ? » L'hôtel de la Gruthuse fermait la rue Saint-Gilles de ce côté et devait toucher, ou à-peu-près, à la grange du chapitre de Saint-Vulfran, dont nous parlerons tout-à-l'heure. La rue ouverte dans l'intervalle aujourd'hui n'existait pas encore (1), mais elle était remplacée par un passage voûté qui traversait l'hôtel même. — Le roi Louis XII, — c'est pour cela peut-être que le porc-épic avait été sculpté au-dessus des armes de la Gruthuse, — avait logé dans cet hôtel lorsqu'il vint épouser à Abbeville la princesse Marie d'Angleterre, sœur d'Henri VIII, et il y passa avec elle la première nuit de ses noces, le 9 octobre 1514. — Lorsque le district fut brûlé, l'emplacement qu'il occupait fut vendu, et l'on y établit des chantiers et des jardins. Ces chantiers et ces jardins furent rachetés par la ville les 6 août et 17 septembre 1829, et cette année-là même, ou la suivante, la place du Tribunal Civil fut déblayée et plantée, et le tribunal construit.

---

(1) Cette rue qui longe une des faces du tribunal, et qui conduit de la rue Saint-Gilles au Champ-de-Foire, n'a pas de nom encore ; ne pourrait-on lui donner celui de notre compositeur Lesueur ? Cela serait un peu plus modeste, sans doute, que la statue qu'on lui promet depuis des années sur l'une des places principales de la ville, mais cela serait un peu plus sûr : le bon sens de nos pères disait : un tiens vaut mieux que deux tu auras.

Vis-à-vis la place du Tribunal, la maison n° (100) où demeure madame de Brutelette est celle où descendit madame la duchesse de Berry le 23 août 1825, lors de son passage pour Boulogne (4).

La grange du chapitre de Saint-Vulfran, bâtie en 1221, et donnée par Jean, comte de Ponthieu, s'élevait sur l'emplacement de la maison de M. Mathurel (n°103) ; elle servait aux chanoines de lieu de dépôt pour les gerbes provenant de la dîme et de prison au moment des franches fêtes de la Saint-Pierre et de la Pentecôte, pendant lesquelles ils exerçaient l'autorité municipale. Quelques pans de mur très épais sont les seules traces qui subsistent encore aujourd'hui de cette grange.

En face la maison (n°104), où demeure M. Dieppe, est l'ancien hôtel de Partz de Pressy. — C'est de la famille de ce nom, originaire d'Allemagne, et fort ancienne et distinguée dans l'Artois, qu'est né François-Joseph Gaston de Partz de Pressy, sacré évêque de Boulogne-sur-Mer, en 1743.

Nous ne pouvons oublier, au point de la rue où nous sommes, le cabinet de M. de Mautort (n°107). Ce cabinet renferme, entre autres objets d'art et curiosités de prix, un petit Mendiant en marbre de Thorwaldsen, acheté en Suisse d'un élève même du sculpteur Suédois ; deux tableaux d'Albert Durer, ou plutôt trois, car l'un d'eux, monté sur pivot, est peint sur les deux faces. Ces tableaux représentent une adoration des bergers, un Christ mort entre les bras de la Vierge, et un saint en prière ; un meuble en ébène de 1645, venant des ducs de Chaulnes, et trouvé à Picquigny ; de beaux vitraux coloriés et des armures rapportés de Suisse, et une collection peinte de guidons, drapeaux, armoiries, etc., copiée par M. de Mautort lui-même, pendant son séjour dans le même pays.

Un peu plus loin, nous retrouvons encore le souvenir du commandant de Gaillon. La belle porte cochère de M. Caron Acoulon

----

(1) Hist. d'Abb. 1re édition chap. XLII

(n° 117), est la porte de son hôtel, et l'on y voit encore son chiffre ; les panneaux de cette porte représentent des panoplies, des casques, des têtes de lions en peaux précieusement exécutés et dignes d'être conservés, aujourd'hui que la sculpture sur bois devie nt une chose historique. Les ornements délicats de cette porte, les feuillages sont en plomb et artistement montés et fixés sur de petites tiges de fer. Cette porte a coûté, dit-on, mille écus à M. de Gaillon, somme assez forte pour le temps, mais non pas exhorbitante cepend ant. Le commandeur de Gaillon aimait les arts ; sa maison était décorée avec un très haut goût ; il avait fait peindre par le peintre Choquet, notre compatriote, des dessus de porte qui existent encore, nous le croyons, chez M. Caron, à Miannay. Nous avons parlé du goût du commandeur de Gaillon pour les jardins. Une porte de communication donnait accès de celui de sa maison dans celui du Champ l'Abbé. De malveillantes traditions veulent que là il eût eu quelque chose approchant d'un petit parc aux cerfs et que le pavillon isolé, qui sert quelquefois de café pendant la foire, ait été construit par lui dans un but tout profane, et qui devai t s'accorder peu avec les prohibitions de l'ordre de Malte. Nous croyons les traditions mal fondées ; le commandeur de Gaillon n'eut jamais qu'une maîtresse dont la mémoire se soit conservée ; encore était-ce une négresse, habillée à la turque, et qui se rendait fort exactement à la messe de midi à Saint-Georges. Nous avons vainement cherché de plus amples détails sur cette négresse, dont l'histoire avait piqué notre curiosité. Quel beau roman il doit y avoir dans les aventures de cette femme, et quel beau titre tout trouvé on aurait là :

La Négresse du Commandeur !

Le commandeur de Gaillon, déjà assez vieux lorsque la révolution éclata, était devenu sourd. Cette infirmité lui coûta la vie : n'ayant pu répondre un jour à Paris à un qui-vive qu'on lui adressa dans la rue, il fut tué d'un coup de feu.

La maison de M. de Boffles, (n°125), est bâtie sur l'emplacement de celle où descendit, le 8 octobre 1514, la princesse Marie,

d'Angleterre, lorsqu'elle vint à Abbeville épouser le roi Louis XII.
— Au commencement de ce siècle, une jolie tour en encorbellement, qui du reste ne datait pas de l'époque du mariage, s'élevait encore au coin de la maison de M. de Boffles, sur la rue à Borel.

La rue à Borel tire son nom probablement du bourreau qui y demeurait, ce qui s'explique du reste fort bien par le voisinage de la prison du château.

La rue de la Prison, qui prend naissance vers le rempart où finit la rue à Borel, et qui remonte vers la Place du Cimetière Saint-Gilles, en longeant l'ancienne prison dite Cour Ponthieu, a une étymologie non moins claire.

La Cour Ponthieu : là était autrefois le principal château des comtes de Ponthieu, celui dont ils faisaient, en temps de paix surtout, leur résidence habituelle ; on ignore l'époque juste où ce château fut fondé, mais en 1281, il est cité comme compris dans l'enceinte de la ville. « A l'époque qui nous occupe » — le XIIIe siècle — « le château des comtes de Ponthieu, était situé près de la porte Saint-Gilles, et, comme tous ceux du même temps, fortifié par une enceinte de fossés et de murailles, garnies de tours et couronnées par des machicoulis. Un donjon formidable et des souterrains qui se seraient étendus jusqu'à Saint-Riquier, s'il fallait en croire la tradition populaire, attestent l'ancienne importance de ce monument et la terreur qu'il devait inspirer. — En 1282, Edouard 1er., roi d'Angleterre et comte de Ponthieu,... fit réparer la forteresse d'Abbeville et la rendit plus somptueuse et plus commode, tout en la rendant plus formidable. Il n'en reste que quelques loges voûtées sous le rempart du Mail, qui servaient de cachots, et le nom de Cour Ponthieu, donné à la prison construite sur une partie de son emplacement. Une grosse tour carrée et plusieurs autres vestiges existaient encore en 1637 près du bastion de Retz, au-delà du mur d'enceinte (1). » En 1283, trouvons-nous dans quelques notes

(1) *Histoire d'Abbeville.* Tom. 1er. *Organisation féodale.*

compilées par M. Macqueron, le roi Edouard fit faire sa monnaie de Ponthieu à Abbeville, dans son château de Ponthieu.

Le P. Ignace parle d'une chapelle de Sainte-Croix, que renfermait le château de Ponthieu. « Cette Chappelle de Sainte-Croix, dit-il, fut fondée l'an mil deux cens cinq, par Guillaume troisième du nom, comte de Pontieu, en son Chasteau basty proche de l'Eglise Saint-Gilles: Elle estoit si grande, qu'elle sembloit une petite Eglise. Ce comte la renta honorablement selon l'estime de ce temps-là. » Suit une énumération des donations qui furent faites à la chapelle, tant par le comte fondateur, que par sa fille Marie. « On venoit autrefois en pélerinage de bien loing en cette Chappelle, continue-t-il, et y avoit affluence de peuple, pour y adorer et vénérer la vraye Croix qui y estoit; maintenant cette bonne coutume a cessé, non à faute de dévotion, et de bonne volonté, mais à cause que cette Chappelle est dans l'enclos des murailles du chasteau de Pontieu, où l'on met les prisonniers, ce qui empesche que l'accèz n'y est pas libre, et que la Chappelle n'est pas si bien entretenue comme auparavant et qu'elle s'en va en décadence. » On ignore l'époque où cette chapelle fut détruite. — On voit que dès le temps du P. Ignace, l'ancien château des comtes, déshérité de ses hauts et puissants propriétaires, servait déjà de prison. Il conserva cette destination jusqu'en ces dernières années où la prison cellulaire de la rue de l'Hôpital fut construite. On y a établi depuis une manutention. La cour de l'ancienne prison de la cour Ponthieu sera, dit-on éventrée prochainement par le chemin de ronde, que l'on se propose de faire tourner intérieurement autour de la ville. — La rue à Borel et la rue de la Prison, qui se valent par les souvenirs qu'elles rappellent se valent presqu'aussi par l'aspect lépreux et misérable qu'elles ont conservé du moyen-âge.

En face de la rue à Borel, dans la rue Saint-Gilles, s'ouvre la rue des Nattiers, autrefois aussi rue Blanc-Cul.

Voici ce que l'on raconte à propos du dernier de ces deux noms: une abbesse de je ne sais quel couvent, s'étant engagée en équipage dans cette rue, voulut mettre pied à terre. C'était chose rare sans doute et digne de curiosité, pour les habitants de l'étroite ruelle, qu'un équipage et une abbesse. Aussi toutes les maisons, bonnes femmes et vieillards, garçons et filles, étaient-elles sur le pas de leur porte. L'abbesse descendit de voiture, mais avec tant de précipitation, ou tant de maladresse, car à Dieu ne plaise que nous lui supposions une préméditation ambitieuse, qu'elle s'embarrassa dans sa robe et tomba de telle sorte qu'il n'y eut qu'une exclamation d'un bout de la rue à l'autre, exclamation qui servit alors à la baptiser. Le nom de rue des Nattiers a été conservé exclusivement à la rue Blanc-Cul, par la pruderie moderne, qui ne respecte en rien l'histoire. La rue des Nattiers s'appelait ainsi, parce que les faiseurs de nattes y demeuraient.

Vers la fin de la rue Saint-Gilles, (n°144), un peu avant d'arriver à la rue du Prayel, était le Paraclet.

Le Paraclet portait aussi le nom d'abbaye d'Epagne et voici comment :

Une abbaye de l'ordre de Citeaux, avait été fondée en 1178, au village d'Epagne, par Enguerrand de Fontaines, sénéchal de Ponthieu, qui du consentement de Thibaut, évêque d'Amiens, et de Jean II., comte de Ponthieu, fit plusieurs dons et aumônes pour cette fondation, et assigna le lieu particulier pour faire l'église et le cloître; « à scavoir, dit le P. Ignace, à qui nous empruntons les détails ci-dessus, l'endroit de la fontaine de Saint-Aubin qui estoit entre le village d'Epagne et l'Eglise de Saint-Aubin. » De 1640 à 1642, Gabrielle Lallement étant abbesse, il fut décidé « sur l'avis d'hommes sages et expérimentés, » que l'abbaye d'Epagne serait transférée à Abbeville. Le P. Ignace nous a conservé les raisons qui déterminèrent à cet avis ces hommes sages et expérimentés. La plus raisonnable pour nous autres, calculateurs au mètre et au centime, c'est que les bâtiments du cloître et du dortoir de l'abbaye s'en allaient en ruines, et qu'il ne coûterait pas davantage d'en faire de nouveaux dans une bonne ville que de les redresser en un lieu champêtre; la plus concluante peut-être aux yeux des spéculateurs du temps, c'est que « cette abbaye n'estant qu'à une lieüe d'Abbe-

ville, plusieurs personnes de diverses conditions s'y allaient promener,
et faire des visites souvent inutiles, et après suivoient les collations
non pas spirituelles, comme faisoient les Saints Pères du désert, mais
matérielles, ce qui empeschoit les Religieuses d'assister au service
divin, et leur donnoit beaucoup de distraction. » Les religieuses
d'Epagne vinrent donc s'établir à Abbeville, le 21 mai 1642 ; elles
se logèrent d'abord dans *l'hostel de Saint-Valery*, rue de l'Hôtel-
Dieu, et trois ans après, jour pour jour ou peu s'en faut, elles
entrèrent en jouissance de la maison du Paraclet qu'elles avaient
élevée dans l'intervalle. Un acte de délibération de MM. les mayeur
et échevins en date du 10 mai 1645, et que rapporte le P.
Ignace, nous a conservé les conditions sous lesquelles elles
furent autorisées à prendre possession de leur nouvelle demeure.
« A la charge, y est-il dit, que les dites dame abbesse, religieuses
du couvent ne pourront es environs du lieu qu'elles ont commencé
de faire bastir pour leur établissement, acquérir aucunes maisons
respondantes tant sur la ruë Saint-Gilles, que sur la place du Préer,
pour icelles démolir, et enclorre dans leur pourpris : mais seront
tenues en cas d'acquisition de l'une ou plusieurs des dites maisons,
d'en laisser la partie d'icelles respondante sur le frocq à usage
de demeure pour les habitants de la ville, en y laissant les maisons
déjà basties, ou les réédifiant de nouveau, et ne joindre à leur clos
que les portions de derrière et de jardinage, à ce que ladite ruë qui
est l'une des principales chaussées de cette ville, et ladite place de
Préer qui est publique et voisine du rempart, et de l'une des portes
de la ville du costé de l'ennemi, ne soient désertes, mais habitées à
l'advenir par nombre d'habitants comme elle a toujours esté, pour
l'embélissement, sureté de la place, et commodité des habitants. »
La maison du Paraclet subsista jusqu'en 1747, époque à laquelle elle
fut supprimée et réunie à celle de Villancourt, ainsi que nous le
dirons plus loin (1).

(1) La réputation des dames d'Epagne eut à souffrir des assiduités
de Jean Labadie, fameux illuminé du XVIIe siècle. Ce Jean Labadie,

Le Paraclet devint une propriété particulière et servit long temps de poste aux chevaux, comme nous l'avons pu voir encore il y a quelques années ; une partie de ses bâtiments était déjà consacrée à cet usage en 1792, lorsque le feu les dévasta. Le dimanche 2 juin, trouvons-nous dans les Ms. de M. Macqueron, sur les dix-heures du matin, éclata l'incendie du Paraclet. L'église ou la chapelle de cette maison qui avait été conservée et qui servait de magasin à fourrage, fut entièrement consumée. Le feu fut terrible et donna beaucoup d'inquiétude aux voisins ; au bout de plusieurs jours il brûlait encore sous la cendre et les décombres. Sur la porte de cet ancien couvent on voit encore aujourd'hui une grande niche ovale entourée d'une épaisse guirlande de fleurs, au-dessus de laquelle deux anges élèvent une crosse.

A deux pas du Paraclet, à notre droite, est la rue du Prayel, ainsi nommée sans doute de l'ancienne place qui portait ce nom et que nous trouvons mentionnée dans la délibération citée plus haut.

La place du Prayel ou du Préer, que nous avons vue écrite aussi le Priez de Saint-Gilles, tire probablement son nom d'un espace libre couvert d'herbes — prayel au moyen-âge. — Jusqu'à l'époque où elle disparut sous les casernes elle fut toujours entourée de ces petites maisons qui éveillaient tant la sollicitude de l'Echevinage : (2) elle servait alors de marché aux chevaux ; depuis ce marché, comme on le sait, se tint au Pont-des-Prés, à l'entrée du Rivage, sur les bords de la Somme.

---

après avoir séduit une fille de la ville, était parvenu à persuader aux dames d'Epagne qu'il n'y avait absolument aucune action qui ne put être sanctifiée en la rapportant à Dieu. (*Hist. d'Abb.* tom. II. Chap. III.)

(2) La ville acheta aux mois d'avril, mai, juin, juillet et octobre 1780, vingt-cinq maisons que l'on rasa pour la construction des casernes.

La première pierre des casernes fut posée le 30 septembre 1780 (1). M. le comte d'Agay, intendant de Picardie, accompagné du corps municipal, des sergents de ville et des deux compagnies de la Cinquantaine, scella, dans cette pierre posée par lui, une boîte qui renfermait une médaille semblable à celle du corps de garde de la place Saint-Pierre (2), et qu'il avait été faire bénir quelques instants auparavant dans l'église Saint-Gilles, en présence des officiers municipaux et de leur escorte. Les casernes, qui ne formaient d'abord que deux corps de bâtiments en briques de quatre cents pieds de longueur, placés parallèlement à la distance de soixante pieds, ont été considérablement augmentées dans les dernières années du côté de la Tannerie et sur les fondations du rempart qui a été rasé depuis cette dernière rue jusqu'à la rue Saint-Gilles. — Parmi les améliorations apportées de ce temps aux aménagements de nos casernes, nous devons mentionner l'abolition des lits à deux et l'espacement accordé aux chevaux, un mètre et demi au lieu d'un mètre. Cela est excellent, mais ne pourrait-on pousser le progrès plus loin et faire, par exemple, pour les hommes, ce que l'on fait pour les chevaux ? La considération hygiénique, à laquelle les chevaux doivent leur élargissement, ne devrait-elle pas engager à donner aussi un peu plus de place aux soldats, qui n'ont qu'un mètre d'espacement pour la nuit, c'est-à-dire, soixante-dix centimètres pour le lit et le reste pour la ruelle ?

Sous l'empire, les casernes servirent de logement aux prisonniers espagnols à qui la ville avait été assignée pour résidence. Le 7

---

(1) Nous devons supposer, d'après la note qui précède, ou que les travaux marchèrent bien lentement et que cette première pierre fut longtemps une pierre d'attente, ou bien, ce qui est moins probable, que sur le plan primitif ces casernes étaient bien moins considérables.

(2) Nous parlerons un peu plus loin de cette dernière.

janvier 1812, disent les Ms. de M. Macqueron, des habitants de la Castille, de l'Andalousie ét de la Catalogne, prisonniers de guerre, amenés à Abbeville pour travailler au canal de Saint-Valery, ont donné, dans la caserne qu'ils habitaient, une comédie espagnole, *Les Patriotes d'Arragon*. On a remarqué, ajoutent-ils, que les émissaires anglais, qui viennent exciter les Espagnols à la révolte, n'y sont pas fort bien accueillis.

Une rue que l'on appelait rue des Casernes, et qui montait de la rue du Prayel au rempart, a disparu il y a trois ans, lors de l'agrandissement des casernes ; le pâté de maisons qui la séparait de la Tannerie a disparu avec elle.

La place du cimetière Saint-Gilles tire son nom du cimetière qui entourait, il y a quelques années encore, l'église qui regarde obliquement les casernes. Aplanie sur le cimetière lui-même, cette place n'est plus devenue qu'un chemin de ronde en quelque sorte autour de l'église, par suite de la construction de l'école des Sœurs, qui a été adossée à ce monument et qui la rétrécit sur trois de ses faces. N'y a-t-il pas eu quelque maladresse peut-être à empâter ainsi l'église Saint-Gilles, lorsqu'au contraire on s'efforce de tous côtés de dégager de leurs grossières emplâtres de briques et de mortier tous les édifices religieux ? Nous n'avons pas un grand penchant à crier au sacrilége, et Dieu nous garde de sortir ici de nos habitudes ; il nous semble cependant que la rue de la Prison, ou la rue du Prayel, eussent pu présenter tous les avantages de la place du cimetière Saint-Gilles. L'école, au lieu d'être un enlaidissement pour l'église, eut été un embellissement pour ces rues qui en ont grand besoin.

L'église de Saint-Gilles fut fondée on ne sait quand ; elle existait déjà en 1205 ; une pierre trouvée dans sa nef, et portant la date de 1414, a fait croire que sa construction ne remontait qu'à cette dernière époque ; le raisonnement ne nous semble pas concluant ; l'église de 1414 ne pouvait-elle d'ailleurs avoir été construite sur une autre qui portait le même nom, ainsi que cela s'est vu souvent ? L'église Saint-Gilles fut rebâtie ou agrandie en 1485 ; son clocher ne date que de 1720. Le P. Ignace nous indique la circonscription ancienne de la paroisse de Saint-Gilles. « Cette paroisse de Saint-Gilles estoit anciennement de si grande étendue, que j'ay lue qu'elle alloit jusqu'à la vieille forteresse de la ville, en allant de la porte au Sel, aux jardins de Damas ; et de ladite porte au Sel, selon l'eau de la Rabette, jusqu'à la maison du Cocq, vers la porte Comtesse, et en outre jusqu'à une tour gresle et longue, qui est auprès de la porte du Bois, entre icelle porte et le porte aux Recrans, qui correspond à la ruë de Larquet. » C'est là de la topographie historique, ou nous ne nous y connaissons pas. Il y avait, dans l'église Saint-Gilles, une confrérie du Saint-Sacrement, qui datait déjà de plusieurs années, à l'époque ou écrivait le P. Ignace, 1646.

L'église Saint-Gilles fut transformée, pendant la révolution, en magasin de fourrages. Quelques sculptures assez délicates à l'entour du portail méritent l'attention. Elle doit, quant au reste, son heureuse restauration extérieure aux soins de M. l'abbé Dargnies, qui a mis lui-même la main aux travaux.

Nous voici arrivés au point où finissait autrefois la rue Saint-Gilles (3) ; l'ancienne porte, qui s'élevait un peu en arrière de l'église et des casernes, avait été exhaussée et élargie vers 1786, pour faciliter l'entrée des voitures et prévenir les accidents ; elle a été renversée il y a trois ans, lors de l'agrandissement des casernes. — Le manége couvert en chaume, enfermé depuis ce temps dans nos murs, a été construit en 1786.

Fixons, avant d'entrer dans le faubourg, deux souvenirs qui se rattachent à la rue Saint-Gilles et que nous n'avons pu, faute de

____

(3) La chaussée Saint-Gilles, disent les Ms. de M. Siffait, commence à l'Ecu de Brabant et finit à la queue du glacis de cette porte, ayant 460 toises de longueur et 3 toises de largeur, qui font en toises carrées 870 toises.

renseignements assez exacts, rappeler plus tôt.

C'était dans une maison demeurée inconnue de la rue Saint-Gilles, si nous ne nous en rapportons qu'aux Ms. de M. Siffait, que s'assemblaient vers 1732 les Jansénistes convulsionnaires d'Abbeville pour réciter, en l'honneur du diacre Paris, des psaumes en langue vulgaire. Il y eut contre eux mandement de l'évêque d'Amiens, en date du 25 janvier 1732, lu au prône dans toutes les paroisses de la ville, par trois dimanches consécutifs, excommunication encourue par le seul fait de présence aux assemblées, puis enfin défense par le procureur du roi, de la part du roi, de se rendre à ces damnables réunions. Il paraît du reste que l'auteur des Ms. cités ne partageait en rien l'hérésie des sectaires de Paris, si nous en jugeons par l'épitaphe de ce diacre, qu'il donne avec une satisfaction évidente et que nous avons copiée.

EPITAPHE DE MONSIEUR L'ABBÉ PARIS.

Ci gît cet appelant qui droit au ciel monta,
    Sitôt qu'il eut quitté la terre ;
    A la porte il se présenta.
    Que voulez-vous, lui dit Saint-Pierre ?
    Alors, d'un ton respectueux :
    Sacré portier des bienheureux,
    Je viens vous demander passage
   Pour arriver au céleste héritage
    Où toujours ont tendu mes vœux.
Saint-Pierre répliqua : Notre ardeur est extrême,
Mon fils ; mais je n'ai pas l'autorité suprême
D'ouvrir et de fermer la porte quand je veux.
    Il faut assembler les apôtres ;
    Je n'ai ma voix qu'avec les autres.
Vous avez aux mortels tant prêché ce point là.
Mon fils, en ce saint lieu l'entrée est difficile ;
    Nous assemblerons le concile.
    En attendant, demeurez-là.

La rue Saint-Gilles a donné l'hospitalité au czar Pierre 1er, lors de son passage par Abbeville, en 1708. On remarqua comme une singularité, dit le Ms. de M. Macqueron où nous trouvons ce renseignement, que de tous les mets qu'on lui servit à souper, il ne mangea que des raves qu'il trouva excellentes.

C'était hors de la porte Saint-Gilles que l'on écorchait encore les chevaux, vers le milieu du dix-huitième siècle, et que l'on enterrait parfois les criminels (1). Ces sépultures ignominieuses en offensaient de plus nobles : vers le milieu du dix-septième, on découvrit, dans les terrains qui avoisinent la porte Saint-Gilles, un sépulcre antique, « où il y avoit, dit le père Ignace, des phioles aromatiques, des pots de terre et une urne pleine d'ossemens proprement entouréz et couverts de pierres taillées. Les os, ajoute poétiquement l'historien qui se souvenait du *grandibus ossa*, estoient plus grands que ceux des hommes de ce temps. » Au commencement du quinzième siècle, un bois nommé le bois de Saint-Nicholaï couvrait encore les abords de la ville de ce côté. Il est mentionné de la façon suivante dans un compte des Argentiers de l'Hôtel-de-Ville pour l'année 1410 (2) « .... *d'Enguerand Boutre Roy à cause de sa femme ... pour une pièche de trois a quatre journaux hors del porte Saint-Gilles scéants près le bos de Saint-Nicholaï qu'on dit être et nommé place des Druides en fache del tour Cormière a droite au marequier a quetaux, à senestre au quemin des épousées.* » Ce bois de Saint-Nicholaï ne serait-il pas le bois du Sénéchal que mentionne une note que nous avons sous les yeux ? « 1214. Donation par Guillaume III, à l'Hôtel-Dieu d'Abbeville, de treize journaux de bois près ladite ville, depuis le chemin

---

(1) Voir dans *l'Hist. d'Abb.* l'histoire de ce maître d'armes qui, en 1753, ayant été tué dans un duel au fusil, au bout de la rue Pados, par un cavalier de la maréchaussée, fut condamné à recevoir la sépulture hors de la porte Saint-Gilles, *à l'endroit où l'on écorche les chevaux.*

(2) Cité par Collenot.

du Val Couerech conduisant au bois du Sénéchal jusqu'au chemin qui mène à Epagnette. » Notre ville était bien un nid marécageux au au milieu des bois. — Du reste toutes ces menues notes recueillies de droite et de gauche ne nous conduisent bien positivement à aucune certitude; une bonne carte ancienne d'Abbeville et de ses environs rendrait tout notre travail inutile et le prendrait souvent en défaut.

Vers le haut du faubourg Saint-Gilles est la maison que firent construire les Van Robais sous le nom de *Bagatelle*. « Cette jolie maison de campagne, bâtie en 1754, et dans laquelle Sedaine fut gracieusement accueilli, en 1770, a été chantée par ce poète, en vers fort médiocres, et qui ont paru la même année sous ce titre : *Bagatelle ou description anacréontique d'une maison de campagne dans un des faubourgs d'Abbeville*, avec cette épigraphe :

> Sous ces paisibles toits un mortel vertueux
>
> Fait le bien, suit les lois et respecte les Dieux. (Voltaire.) » (1)

Un poète moderne qui n'a pas lu la description de Sedaine, et qui ne se vante pas d'avoir été plus heureux que lui, nous a confié les vers suivants, rimés devant Bagatelle par un beau jour de flânerie.

> Sur le char où l'Amour s'attèle
> Si vous vouliez, ma belle enfant,
> Que je vous mène triomphant
> Au doux pays de Bagatelle,
>
> Sous ma jalouse curatelle
> Vous ne pourriez risquer qu'un œil
> Sur la bagatelle du seuil
> Et sur le seuil de Bagatelle.
>
> Notre équipage qui sautèle
> Dans la place entrerait d'un bond,
> Et nous irions camper au fond
> Du doux pays de Bagatelle.

---

(1) *Hist. d'Abb.* chap. XXXIV. 1re éd.

Ici nous sommes forcés de faire un saut énorme, et de rentrer en plein cœur de la ville. La rue des Lingers, si l'on s'en souvient, est restée à notre gauche lorsque nous avons, en sortant des ruelles de la Boucherie, traversé la place du Marché au Blé pour remonter la rue Saint-Gilles. La place du Marché au Blé va nous servir de nouveau point de départ et la rue des Lingers nous ouvrir un autre côté de la ville.

Cette rue a eu successivement plusieurs noms : elle s'est appelée d'abord la Grande rue du Bourg dans toute son étendue (1) ; puis *rue du Puits à la Chaîne* dans sa première moitié depuis le marché jusqu'à la rue de l'Hôtel-de-Ville, et rue de la *Hucherie*, rue du *Plat d'Etain*, *de la Fausse Porte* dans sa seconde moitié depuis la rue de l'Hôtel-de-Ville jusqu'à la rue des Minimes.

Ce nom de *Puits à la Chaîne* venait d'un puits dont l'usage était commun et dont la chaîne restait en permanence sur la poulie.

Celui de la Hucherie, des huchers qui habitaient la rue. — Les huchers, on le sait, étaient les faiseurs de ces grandes armoires de chêne, de ces coffres sculptés, de ces lourds buffets si recherchés aujourd'hui et qu'on voit représentés dans les dessins du moyen-âge.

Le nom du *Plat d'étain* était dû à l'enseigne d'une maison.

---

(1) Ce nom remonte à la première moitié du XIIIe siècle, époque à laquelle la ville était divisée en deux grandes circonscriptions, le Bourg et le Château. — *Hist. d'Abb.* tom. II. *état physique*.) — Nous avons donné plus haut, d'après le P. Ignace, les limites du château. « L'enceinte du Bourg décrivait un arc de cercle qui partait d'un côté de l'entrée du Rivage, en suivant à peu près dans sa courbe les rues du Pont-à-Plicourt et des Minimes. — *Hist. d'Abb.* tom. II. *état physique*. » — La rivière de Taillesac servait de fossé de défense à ce Bourg.

Le nom de la *Fausse Porte* enfin se rattachait à l'ancienne porte Comtesse.

Rue du Puits à la Chaîne, de la Hucherie, du Plat d'Etain, de la Fausse Porte, la rue des Lingers, la plus souvent débaptisée et rebaptisée d'Abbeville, a donné naissance à plusieurs des hommes dont notre ville s'honore à juste titre.

MM. de Pongerville, de l'académie française, et Louis Cordier, pair de France, membre de l'institut, professeur de géologie au jardin des plantes et inspecteur général des mines, y sont nés, le premier le 3 mars 1782, dont la maison (n° 22) qu'occupe aujourd'hui M. Maquennehen Dailly; le second le 31 mars 1777, dans la maison de M. Maquennehen Colart (n° 24).

C'est dans la maison habitée encore aujourd'hui par M. François Traullé (n° 18), que naquirent Laurent Joseph et Alexandre Traullé.

M. L. Traullé était procureur du roi, et correspondant de l'Institut : il mourut à soixante-et-onze ans, le 10 octobre 1829. On sait qu'il fit d'intéressantes communications à l'Académie des inscriptions et belles lettres. Il a publié une *lettre au citoyen Millin*, sur le trésor numismatique trouvé près d'Hornoy, fructidor an 9 ; une autre *lettre au même sur la vallée de Somme* ; une *notice sur le commerce de mer d'Abbeville,* et plusieurs autres savants mémoires. Il a laissé un curieux cabinet archéologique malheureusement perdu pour notre ville.

Alexandre Traullé, frère du précédent, né en 1765, mourut en 1841. Enrôlé comme volontaire du bataillon de la Somme en 1791, il fut peu de temps après nommé sous-lieutenant par ses camarades à l'unanimité. Dans une sortie près de Bouchain, l'escouade qu'il commandait fut entourée par un fort détachement d'Autrichiens et taillée en pièces. Lui-même fut jeté comme mort dans une voiture et il allait être enterré lorsqu'heureusement il donna quelques signes de vie qui furent remarqués. Son corps était couvert de blessures ; dans la mêlée un coup de sabre lui avait enlevé la main droite. Il surmonta ses souffrances pour écrire de la main gauche à sa mère : ma mère, l'ennemi vient de m'enlever la main droite, mais il m'en reste encore une pour le service de la République. Ce fait est inscrit dans les *Fastes militaires* de la République. Rendu à la France par un échange de prisonniers, il revint à Abbeville et la municipalité alla le recevoir aux portes. La Convention le fit command^t de la place de Sedan, puis de Mezières et Charleville, l'Empire le fit officier de la légion d'honneur ; à la Restauration il quitta la carrière militaire pour rentrer dans la vie privée. Ses dernières années furent consacrées à des travaux historiques importants. Ses collections et notes sur Douai, Sedan et Lille ont été adressées aux bibliothèques de ces villes. Homme de guerre consommé, il était en outre écrivain remarquable et musicien distingué.

Tout nous porte à croire que c'est dans cette même maison que naquit, en 1634, François Traullé, prêtre, mort en 1713, et qui fonda la communauté des Filles du bon Pasteur a Paris. « Sa mémoire est en bénédiction, » dit l'almanach de Picardie de 1755 où nous trouvons cette note.

Le graveur Daullé est né aussi dans la rue des Lingers ; mais on ignore dans quelle maison.

Il semble qu'aucun genre d'illustration ne devait manquer à cette rue : nous la voyons célèbre déjà par la poésie, la science, la magistrature, le sacerdoce et les arts ; il fallait encore qu'elle donnât le jour à un vaudevilliste, Demautort (Jacques Benoit), né le 29 mai 1743. Demautort, qui par son obscurité nous donne parfaitement le droit de nous étendre sur son propos, fit jouer en 1792 sur le théâtre de la rue de Chartres, *le Petit Sacristain*, comédie-vaudeville en un acte qui eut assez de succès.

Voici les titres de quelques unes de ses pièces :

L'Arlequin Joseph, comédie parade en un acte mêlée de vaudevilles, 1794.

La *Marchande de la halle* : 1795.

Vadé chez lui, scènes dans le genre grivois. 1800.

Demautort a participé aux *Diners du Vaudeville* et à *Michel Morin* ; à *Enfin nous y voilà*, à la *Tragedie au Vaudeville*, a la *Paix dans la Manche*. Ses couplets étaient assez jolis. Demautort était né dans la partie de la rue des Lingers qui portait alors le nom de la Hucherie : il mourut à Paris le 10 octobre 1819.

Les notes de M. Traullé indiquent, sans en donner les noms, plusieurs rues, aujourd'hui fermées, qui prenaient naissance le long et sur la gauche des différents tronçons de la rue des Lingers. Une de ces rues allait se perdre dans la Boucherie ; une autre descendait de la place Saint-Pierre. — Voici comme ces notes s'expriment à son égard : « .... une rue qui communiquait de la rue des Lingers, à la place Saint-Pierre, traversant la maison de M. Hecquet, notaire et entrait dans la place Saint-Pierre entre la maison de M. Descaules et les Carmes (1). » Nous parlerons d'une troisième plus loin. La rue du Puits-à-la-Chaîne étant séparée, ainsi que nous l'avons dit, de la rue de la Hucherie, par le point d'embranchement de la rue de l'Hôtel-de-Ville, il convient, avant d'aller plus loin, de jeter un coup-d'œil sur cette dernière et sur celles qui lui sont voisines.

La rue de l'Hôtel-de-Ville s'est appelée autrefois, concurremment ou du moins indifféremment, rue de l'Echevinage et rue Saint-André : rue de l'Echevinage à cause du Grand Echevinage aujourd'hui l'Hôtel-de-Ville ; rue Saint-André à cause de l'église Saint-André démolie sous l'Empire. Ce dernier nom du reste s'est conservé jusqu'à nos jours.

Le Grand Echevinage était ainsi nommé par opposition au Bourdois que l'on appelait, comme nous l'avons vu, le Petit Echevinage. Construit en 1209, le Grand Echevinage a perdu peu à peu et pièce par pièce son primitif aspect : ce ne fut cependant qu'en 1685 que les mayeurs et échevins firent abattre l'arcade de la porte d'entrée

---

(1) Cette rue devait plutôt, selon nous, déboucher à l'entrée de la rue Saint-André que dans la rue des Lingers ; nous donnerons nos conjectures à cet égard à propos de l'impasse de l'Ecu de France, dans la rue de la Hucherie.

sur la rue et la galerie qui régnait au fond de la cour et sur laquelle le maire haranguait le peuple le jour de sa nomination. Au-dessus de la porte nouvelle on plaça le buste de Louis XIV, en pierre blanche, surmonté d'une grande fleur de lis dorée. La galerie détruite était ornée de sculptures fort belles. On y voyait un guerrier représentant la Force, tenant une lance d'une main, un arc de l'autre ; à ses pieds un lion ; puis la Religion tenant un calice surmonté d'une hostie et de l'autre main un livre ouvert. Venaient ensuite la Justice et le Commerce avec leurs attributs, et diverses autres figures allégoriques.

De l'époque où l'Echevinage fut construit, il ne reste plus maintenant que la grosse tour quadrangulaire qui supporte le clocher : « La tour du clocher de l'Eschevinage, dit le P. Ignace, est un bastiment fort ancien : ce clocher est en forme carrée, tout couvert de plomb, dont la charpente est des plus belles de France, dans lequel il y a quatre cloches remarquables pour le fait de la police. » Ces cloches avaient des noms en rapport avec leurs fonctions. La première s'appelait Hideuse ; on la sonnait en temps d'incendie, d'alarme ou d'exécution ; elle avait un timbre effroyable, « et ce qui est à noter, dit le P. Ignace, c'est que la mesme cloche a un son fort harmonieux lorsqu'on la sonne au temps des processions générales, aux entrées des Roys ou à l'élection d'un nouveau Majeur. » La seconde s'appelait la cloche de la Porte : elle assemblait les habitants armés et les soldats qui assistaient à l'ouverture et à la fermeture des portes. La troisième s'appelait la cloche du Guet ; elle envoyait la garde de nuit sur les remparts et dans les corps-de-garde. La quatrième s'appelait la cloche de la Retraite ; elle faisait, une heure après la cloche du Guet, rentrer les promeneurs qui s'attardaient à heure indue dans les rues de la ville ; la même cloche appelait les échevins à la chambre du conseil. « Considérant la police de cette ville, s'écrie en finissant le P. Ignace, pensez de grace à la police de vostre ame. Ce que le son des cloches fait à l'oreille extérieure, les inspirations de Dieu le font à l'oreille de nostre cœur, pour nous appeller à traiter avec luy en la chambre de son conseil, qui est au plus intime de nous-mesmes. » Le

P. Ignace, dont nous abusons un peu, s'étend longuement, à propos de l'Echevinage, sur les vertus du pape Clément VI, qui avait accordé des faveurs particulières à cet édifice et spécialement à la chapelle dédiée à la Vierge qui en dépendait. La messe se disait trois fois par semaine dans cette chapelle, en vertu d'une fondation d'un mayeur nommé Vie-Dieu, qui fut deux fois en charge l'an 1340 et l'an 1342 « mais, ajoute avec bonhomie le P. Ignace, comme il n'avoit assigné que seize livres parisis, ce qui estoit assez en ce temps-là, et trop peu en celuy où nous vivons pour entretenir un chappelain, les Messes ne se disent plus si fréquemment. » Cette chapelle fut détruite on ne sait au juste à quelle époque et remplacée par une autre située près de la chambre actuelle du conseil et consacrée en 1746. — Quant au clocher de l'Hôtel-de-Ville, qui, à la faveur peut-être de cette croyance que les cloches s'en vont à Rome, nous a conduit jusqu'au pape Clément VI, il fut démoli et reconstruit en 1807, et prit alors cette forme de timballe renversée que nous lui voyons aujourd'hui. Surmonté anciennement de la statue équestre de Guillaume Talvas, comte de Ponthieu, puis, en 1794, d'une girouette tricolore et d'un bonnet rouge, il ne porte plus maintenant qu'une boule.

La petite tourelle de la façade de l'Hôtel, sur la rue, était un attribut de la seigneurie municipale.

Un peu avant le milieu du dix-huitième siècle, voyons-nous dans les Ms. de M. Siffait, l'Hôtel-de-Ville avait ses canons dont nous ne sachons pas que le corps municipal ait jamais fait usage contre l'émeute ; ces canons, de deux pieds de long environ, étaient gardés dans la trésorerie ; en 1740, messieurs de l'Hôtel-de-Ville obtinrent de Mgr. l'intendant la permission de les vendre pour acquérir une pompe à incendie. Cette pompe, la première qui fonctionna à Abbeville, coûta dix-sept cents livres, le port et l'emballage compris. Elle fut éprouvée sur le marché, le 22 décembre (1). MM. de

---

(1) Elle portait une petite plaque de cuivre sur laquelle étaient gravées les armes de la ville et les indications suivantes :

l'Hôtel-de-Ville avaient-ils deviné le procédé militaire du maréchal Lobau ? Il est à croire, dans tous les cas, que leurs traditions, si tant est que leurs successeurs en eussent hérité, ne parurent pas toujours suffisamment rassurantes, car en 179.... à une époque de famine et de troubles dont l'avant-dernier hiver et la révolution actuelle ne peuvent nous donner une idée, de beaux et bons canons de cuivre furent plus d'une fois chargés et pointés devant la porte de l'Hôtel-de-ville pour en défendre l'accès.

Nous ne pouvons quitter l'Hôtel-de-ville, sans mentionner la bibliothèque publique qu'il renferme.

La bibliothèque d'Abbeville, fondée en 1690, en vertu des dispositions testamentaires de M. Sanson, curé de Saint-Georges, augmentée en 1716, 1726 et 1728, par d'autres donations, s'est enrichie vers 1793 des livres qui composaient les bibliothèques des différents couvents situés dans l'arrondissement. Le nombre des volumes de cette bibliothèque est maintenant de près de seize mille. La Théologie, la Jurisprudence et l'Histoire en constituent le

---

Du règne de Louis XV, de la magistrature de Pierre Foucques, écuyer, seigneur de Bonval, Vironchaux et autres lieux, conseiller en la sénéchaussée de Ponthieu et siége présidial d'Abbeville, de l'Echevinage de Pierre-Joseph de Buissy, écuyer, seigneur de Fontaine-le-Secq et autres lieux, Me Louis-Douville, sieur de Belleval, avocat au parlement, Me François Poultier, docteur en médecine, messieurs Louis Amplement, Antoine de Cailly, Antoine Toullet et Jean-Baptiste de Caieux, anciens consuls de ladite ville étant conseillers siégers, Me François Boullon, procureur fiscal, Me André Delignière, greffier, Me Jean-Baptiste Boullon, et receveur Me Jean-Jacques Delegorgue, cette pompe a été construite pour éteindre les incendies de la ville d'Abbeville, par le sieur le Rat, de la *Société des Arts de Paris*, et directeur des pompes à Rouen, l'an M.D.C.C.X.L.

fonds principal ; une grande partie de ces ouvrages est écrite en langues hébraïque, grecque et latine ; on y trouve aussi quelques livres italiens et espagnols ; placée d'abord dans une galerie du collége, elle occupe aujourd'hui deux ailes de l'Hôtel-de-Ville.

En face du grand Echevinage était l'hôtel de Créquy (n°25); cet hôtel ayant été acheté par M. Aliamet de Condé, on prétendit que de tous les hôtels d'Abbeville, il n'y avait que celui-là qui n'avait pas dérogé, puisqu'il avait échangé son nom d'hôtel de Créquy, contre celui d'hôtel de Condé. Cette maison appartient aujourd'hui à M. Paul de Pingré.

A côté du Grand Echevinage s'élevait l'église Saint-André ; c'était l'une des plus anciennes de la ville : le P. Ignace en dit peu de chose, si ce n'est que, bénie, consacrée et dédiée, l'an 1478, par un évêque de Béthleem, rebâtie, l'an 1516, sur les vestiges et les fondements d'une ancienne tour, — retrouvés probablement sous la première église, — elle ne fut achevée qu'en l'an 1535, moins la sculpture du portail qui demanda encore deux ans. Ce portail et les vitraux des fenêtres méritaient qu'on les sauvât ; on put un instant l'espérer ; l'église avait, quoique vendue (1), échappé aux fureurs révolutionnaires lorsqu'elle fut démolie en 1811. — Sur son emplacement sont aujourd'hui élevés les ateliers de M. Charles-Duporge, marbrier-sculpteur.

La rue Saint-André s'appelle aujourd'hui rue de l'Hôtel-de-Ville ;

---

(1) Deux décrets de la Convention nationale, l'un en date du 12 juillet, l'autre en date du 15 novembre 1790, avaient supprimé onze des quatorze paroisses d'Abbeville, y compris celles de Saint-Nicolas en Saint-Vulfran. Les églises de Saint-Vulfran, de Saint Gilles, du Saint-Sepulcre et de Saint-Jacques ayant été seules conservées, toutes les autres, à l'exception de Saint-Jean de Rouvroi, furent vendues en vertu d'une loi du 6 mai 1791. — Ms. de M. Macqueron.

ainsi partout l'esprit administratif et laïque du siècle se fait jour ; partout la mairie se substitue à la paroisse.

Tout contre cette église, presqu'en face de la Boucherie, mais un peu en avant, s'ouvrait la rue Entre-deux-Eaux, aujourd'hui rue des Pots. La rue Entre-deux-Eaux s'appelait ainsi parce qu'elle courait entre deux rivières jusqu'à leur point de jonction où elle finissait ; ces deux rivières étaient la rivière de Taillesac, qui, sous le nom de Ranete ou Rabette, traversait le jardin de l'Hôtel-de-Ville et allait se jeter dans le Scardon, vers le pont de la Ville, dont nous dirons un mot tout-à-l'heure, et le Scardon. Une voûte fort bien conservée, dit-on, qui existe encore sous la rue de l'Hôtel-de-Ville, à la naissance de la rue qui nous occupe, laisserait supposer même qu'un fossé, parallèle au Scardon et descendant beaucoup plus bas vers la Boucherie que ne pouvait le faire la rivière de Taillesac à sa sortie de l'Hôtel-de-Ville, transformait positivement la rue Entre-deux-Eaux en une véritable et étroite digue mouillée des deux côtés. Il ne faut pas oublier que la porte du Pont-aux-Bouchers, qui devait être justement aux environs de cette voûte, pourrait expliquer par des nécessités de défense l'existence, invraisemblable au premier coup-d'œil, de ces fossés rapprochés. La rue Entre-deux-Eaux finissait au petit carrefour que forment avec elle la rue du Pont-de-la-Ville, la rue des Pots et la rue des Carmes.

La rue Entre-deux-Eaux a reçu, par une extension dont nous avons vu déjà des exemples, son nom actuel de rue des Pots de l'ancienne rue des Pots qui lui sert de prolongement jusqu'à la rue des Capucins, et dont nous dirons un mot en temps et lieu.

C'était dans la rue Entre-deux-Eaux, vers la petite place que forme un écartement des maisons, qu'environ l'an 1340, dit le P. Ignace, plusieurs notables bourgeois d'Abbeville, qui avaient fait le voyage de Saint-Jacques en Galice, édifièrent un hôpital pour les pèlerins. L'hôpital Saint-Jacques, cédé en 1645 par l'Echevinage, aux filles de Saint-Joseph, fut vendu vers 1711, lorsqu'elles allèrent se fixer dans la rue des Teinturiers. L'hôpital Saint-Jacques n'a pas été démoli ; il porte aujourd'hui le n° 7.

Nous avons parlé du Pont-aux-Bouchers. Ce pont, que l'on appelle ainsi vulgairement du voisinage de la Boucherie, porte proprement le nom de Pont-aux-Poirées, que l'on a écrit quelquefois à tort pont Taupoirée ou de Taupoirée ; il tire son nom des marchands de légumes ou de poirées qui s'établissaient aux environs.

Le Pont-aux-Poirées nous conduit à la rue des Cuisiniers et à la place Sainte-Catherine.

La rue des Cuisiniers, qui se présente d'abord à notre droite, est cette partie de la rue des Teinturiers qui va jusqu'à la rue d'Angouche ; l'étymologie de cette rue est claire, mais ne s'explique par aucun titre ; nous ne nous y attacherons pas davantage. Deux de ses maisons offrent quelque intérêt : celle qui sert d'auberge aujourd'hui sous l'enseigne de la Fleur de Lys et qui appartenait autrefois aux Templiers, — c'était la buanderie des chevaliers, et elle fut presqu'entièrement démolie en 1752 (1), — et celle où demeure aujourd'hui M. Vion Dubos (n° 25), et qu fut autrefois l'hôtel de M. Leroi de Saint-Lau, maire d'Abbeville. Cette dernière est une maison gothique dont les traverses à l'intérieur sont ornées de sculptures d'un travail remarquable. — La rue des Teinturiers aboutissant à la chaussée Marcadé, nous la retrouverons plus tard sur notre chemin et plus à propos.

La rue des Cuisiniers reçoit à droite, vers les trois quarts de sa longueur, la rue du Pont-de-la-Ville, et à gauche, à son extrémité, comme nous l'avons dit, la rue d'Angouche.

La rue du Pont-de-la-Ville tire son nom du pont sur le Scardon

------

(1) Les chevaliers devaient cependant y avoir une chapelle, car nous trouvons, dans la collection de M. de Saint-Amand, que le portail de l'église des Templiers existait encore en 1812 ; cette église servait alors comme aujourd'hui d'écurie à l'auberge de la Fleur de Lys.

qui la fait déboucher sur la rue des Cuisiniers ; le nom de ce pont lui même remonte, dit-on, au temps où la ville finissait à peu près en ce lieu, au point de jonction du Scardon et de la rivière de Taillesac. Un pont jeté sur l'une ou l'autre de ces rivières donnait-il alors issue à cet endroit hors de la ville ? Le voisinage de la porte que nous appelons, faute de renseignements plus exacts, porte du Pont-aux-Bouchers, ne rend pas cette hypothèse vraisemblable, du moins quant au pont sur le Scardon, qui aurait présenté double emploi avec le premier ; il est plus probable que ce pont fut construit lorsque la ville commença à se répandre au dehors de la seconde enceinte, époque à laquelle des voies de communications nouvelles durent crever de toutes parts ses limites artificielles. La rue du Pont-de-la-Ville, très étroite, joint comme par un trait d'union délié la rue des Cuisiniers au point commun d'incidence des rue des Pots, des Carmes et Entre-deux-Eaux ; cette dernière rue, dirait-on, semble porter envie à son antique dénomination, non en la lui empruntant mais en lui transmettant, dans le langage habituel, celle qu'elle-même a perdue. On se souvient que la rue Entre-deux-Eaux renfermait autrefois un hôpital. Serait-ce que ce nom dût de tout temps servir d'enseigne aux infirmités humaines ?

La rue d'Angouche pourrait devenir pour nous une occasion d'épouvante, angouche signifiant angoisse dans le français d'autrefois et, de nos jours encore, dans le picard que nous parlons ; nous n'avons découvert, pour justifier son terrible nom, que la tradition qui veut que l'on ait égorgé les bestiaux sur son emplacement, à l'époque où la ville finissait encore au Scardon.

On n'a pas oublié qu'en descendant le Pont-aux-Poirées pour prendre la rue des Cuisiniers, nous avons laissé en face de nous la place Sainte-Catherine.

La place Sainte-Catherine s'appelle ainsi de l'église et du cimetière du même nom. L'église s'est nivelée sous la maison et le chantier de M. Vaque-Broyelle (n° 10), et le cimetière sous la place même.

L'église Sainte-Catherine était fort ancienne ; sa fondation remontait, suivant le P. Ignace, à l'époque des croisades ; sa dédicace avait été faite à Sainte-Catherine, en raison de l'aide et du secours que les chrétiens en avaient reçu miraculeusement pendant leur expédition. Le P. Ignace, qui s'étend avec volupté sur les huit millions trois cent quatre-vingt huit mil cent et huit degrés de grâce qu'obtenait en vingt-quatre heures Sainte-Catherine, nous apprend du reste fort peu de chose sur l'église qu'elle patronnait. — L'église Sainte-Catherine, dont le clocher était un des plus hauts de la ville, ainsi qu'on peut le voir sur le plan de Robert Cordier, se composait de trois nefs. Le grand portail était dans la rue Chasserat. L'église Sainte-Catherine fut démolie en 1793.

L'enceinte du cimetière de Sainte-Catherine était plantée d'arbres. — Un crucifix de ce cimetière avait été couvert d'immondices la nuit même où celui du Pont-Neuf fut mutilé avec un instrument tranchant ; le chevalier de la Barre paya de sa tête, ainsi qu'il est inutile de le rappeler, la généreuse discrétion qui lui fit cacher le nom du véritable auteur de l'attentat. — Les marchands de légumes, à qui les abords du Pont-aux-Poirées ne suffisaient sans doute pas, étalaient près du cimetière Sainte-Catherine.

La rue Chasserat, que nous venons de citer plus haut, et qui, de l'angle de la place Sainte-Catherine, se dirige sinueusement vers la rue d'Angouche qu'elle coupe perpendiculairement, à peu près vers la moitié, tire son nom d'une ancienne famille du pays. C'est à tort qu'on l'écrit quelquefois Chasse-Rats. Une tradition, que nous ne rapportons que pour mémoire, a donné naissance cependant à une autre étymologie qui justifierait jusqu'à un certain point cette seconde orthographe. Cette tradition veut que la rue Chasserat ait servi autrefois de rendez-vous aux rats qu'attiraient l'abattoir en plein vent de la rue d'Angouche et les deux rivières du Scardon et de l'Eauette, et que l'on les y chassait. — Un puits, qui existe encore dans la rue Chasserat, s'appelait, par un ignorant détournement des mots, le *puits d'Amour*.

Outre la rue Chasserat, la place Saint-Catherine a, vers le côté opposé au Pont-aux-Poirées, une triple issue qui s'ouvre en éventail ; les deux premières rues qui forment cette issue sont les rues

Vérone et des Saintes-Maries dont nous avons parlé plus haut ; la troisième est la rue des Rapporteurs. — Rapporteurs de qui, Rapporteurs pourquoi ? Rien n'a pu nous l'apprendre ; les suppositions nous font défaut à cet égard comme les titres. C'est dans la rue des Rapporteurs que fut fondé par les soins du mayeur Claude Becquin, qui a laissé tant de souvenirs dans notre ville, le couvent de la Visitation de Sainte-Marie.

Les religieuses de la Visitation de Sainte-Marie ne vinrent s'établir à Abbeville qu'en 1650, et le P. Ignace n'en parle pas ; elles logèrent d'abord à l'hôtel de Valines, dont nous dirons un mot plus tard, et ce ne fut que quelque temps après qu'elles firent construire leur couvent dans la rue des Wets. Leur église, bâtie en 1712, eût pu être démolie en 1793, aux yeux de quelques uns de ceux qui l'avaient vu élever. Nous ne savons rien de ce bâtiment ; une des curiosités que l'on y remarquait cependant était un tableau miraculeux dont les Ms. de M. Siffait nous donnent l'histoire.

L'an 1710, le R. P. de Goye, religieux de la compagnie de Jésus, pour lors supérieur et procureur des missions étrangères, donna au couvent de la Visitation d'Abbeville (1) un tableau représentant la Sainte-Vierge sans enfant. Ce tableau venait directement du Brésil : il avait été donné en mer par un capitaine de vaisseau français à un Père de la compagnie de Jésus qui l'avait remis au P. de Goye comme un présent considérable tant par le précieux de l'exécution, appréciable aux yeux humains, que par la divinité de la légende qui y était attachée.

Un indien du Brésil, fort dévot à la Sainte-Vierge, gardait un jour

---

(1) En considération de sa chère sœur, la révérende mère Anne-Magdeleine de Goye, religieuse professe du couvent de la Visitation de la ville de Dieppe, qui était pour lors dans le monastère de cet ordre à Abbeville.

on troupeau, priant avec ardeur selon sa coutume, et tout occupé de saintes aspirations, lorsque la divine patronne de ses pensées lui apparut et lui commanda d'aller trouver l'évêque du pays et de lui dire qu'il eût à faire bâtir une chapelle au lieu même où elle recevait de si ferventes adorations. L'indien obéit, mais l'évêque ne tint aucun compte du message.

La Sainte-Vierge apparut une seconde fois au dévot berger et lui renouvela le commandement qu'elle lui avait déjà fait ; le berger retourna en toute hâte vers son évêque, mais l'évêque resta sourd.

Une troisième fois elle apparut à l'indien désespéré qui s'accusait à elle du peu de succès de ses démarches ; elle lui mit entre les mains une corbeille de fleurs avec ordre de la porter à son évêque comme une marque certaine de ce qu'elle exigeait de lui. On était alors dans une saison où l'on ne pouvait trouver de fleurs nulle part ; le berger alla présenter celles de la Vierge à l'évêque, mais l'évêque ne se mit pas en peine du miracle et secoua la tête avec incrédulité.

Enfin le berger étant revenu vers son troupeau, le cœur serré d'une grande peine et craignant bien d'avoir encouru la disgrâce de la Sainte-Vierge, celle-ci lui apparut une quatrième fois toute brillante de clarté ; la ressemblance de la reine céleste s'imprima miraculeusement sur les habits du pâtre ; une lumière si divine émanait du lin grossier que les yeux n'en pouvaient supporter l'éclat ; la Vierge ordonna alors à son serviteur de retourner ainsi revêtu d'un caractère irrécusable vers l'évêque sans foi. Le berger partit et les peuples l'adoraient sur son passage ; du plus loin que l'évêque l'aperçut, il ne douta plus de la vérité de sa mission, et il se prosterna devant lui pour vénérer la sainte image. Il fit ensuite assembler son clergé et son peuple, alla en procession à l'endroit où la Vierge désirait que l'on lui bâtit une chapelle, et fit jeter lui-même les fondements de l'édifice.

Un des compagnons du pieux berger fut si transporté de dévotion et de joie à l'aspect de l'empreinte merveilleuse que, bien qu'il n'eût jamais appris à peindre, il fit ce tableau que des peintres très habiles ont déclaré être un tableau miraculeux, aucun trait de pinceau n'y étant visible.

Ce tableau. placé contre la grille du chœur, était protégé par un cadre de bois doré et par un verre blanc. — En 1773, lorsque le magasin à poudre sauta, les vitrages du chœur furent brisés, la grille enlevée ; le tableau ni son verre ne furent aucunement endommagés, et les chandeliers de l'autel, quoique très légers, ne furent pas même renversés.

Les bâtiments du couvent de la Visitation, furent démolis en même temps que l'église et sur leur emplacement furent construites plusieurs maisons dont les plus importantes sont celles où demeurent aujourd'hui MM. Barbieux (n⁰ 9), et Bouillon de Noyelles (n⁰ 11). Le jardin des religieuses a été divisé entre ces maisons, et quelques autres de la rue des Wets.

Une note inachevée de M. Traullé nous donnerait à supposer que plusieurs rues — quatre ou huit, — dont elle n'indique ni la direction ni les noms, traversaient l'enclos de la Visitation. La supposition serait invraisemblable dans ces termes, ou jamais clôture de religieuses n'eût été plus dérisoire, mais il ne faut pas oublier que ce couvent de la Visitation était un des plus nouvellement établis, et que ces rues, prises sur un plan ancien de la ville, étaient sans aucun doute antérieures à cet enclos qui les aura fait disparaître; ce nombre incertain et exhorbitant, selon nous, de quatre ou huit rues dans un espace aussi restreint, pourrait nous donner cependant quelques doutes sur l'exactitude de la note si les *voyeuls* rapprochés qui existaient alors dans beaucoup de nos rues ne la justifiaient à certains égards. Il est invraisemblable en effet que dans ce temps de rues sur rues, on en ait été réduit, pour aller du Pont-Neuf, par exemple, dans la chaussée Marcadé, à tourner l'énorme pâté de maisons compris entre la rue des Rapporteurs et la petite rue Saint-Jacques.

La rue des Rapporteurs perd son nom et prend celui de rue Médarde, au point où la rue de l'Eauette la coupe à gauche. — Nous ne pousserons pas notre pointe plus loin: il est bien temps de reprendre notre itinéraire où nous l'avons laissé, — dans la rue des Lingers.

La seconde moitié de la rue des Lingers, — rue de la Hucherie, du Plat d'Etain, de la Fausse-Porte, — recevait, suivant les notes de M. Traullé, une rue qui n'existe plus aujourd'hui. Cette rue, fort étroite probablement, devait s'embrancher sur celle qui allait *de la rue des Lingers à la place Saint-Pierre*, et dont nous avons parlé dans la rue du Puits à la Chaîne. Quelques mots sur l'impasse de l'Ecu-de-France nous feront peut-être juger de la situation vraie de ces deux ruelles.

L'impasse de l'Ecu-de France, aujourd'hui close et qui s'ouvrait à peu près à égale distance du Pilori et de la maison qui fait face a-t-on dit à la rue de Locques, était ainsi nommée, parce que les comtes de Ponthieu y firent battre monnaie ; que l'on y ait battu monnaie, nous ne savons, quoique cela ne soit pas vraisemblable ; mais que les comtes de Ponthieu aient fait battre cette monnaie, cela est certainement faux, car alors on eut dit l'Ecu de Ponthieu et non l'Ecu de France. L'impasse de l'Ecu de France, c'était autrefois une rue qui, faisant un coude derrière les maisons de la rue du Plat d'Etain, allait se jeter dans la rue Saint-André. Les propriétaires de quelques maisons de cette dernière rue ont encore des sorties sur l'impasse de l'Ecu-de-France et en jouissent au moyen d'une porte commune.

Ces indications sur la rue de l'Ecu-de-France ne complètent-elles pas, si l'on y réfléchit un peu, les notes de M. Traullé? L'embranchement sur la rue Saint-André, si voisin de la rue des Lingers, ne nous fournit-il pas, par un prolongement probable, la rue qui allait de la rue du Puits à la Chaîne à la place Saint-Pierre, et le retour que forme aujourd'hui le cul-de-sac ne nous représente-t-il pas très vraisemblablement celle que recevait la rue du Plat d'Etain? Malgré toute notre bonne volonté d'accepter dans le passé tant de rues disparues, notre créance doit avoir des bornes, et, lorsque les rues que mentionnent les documents sont aussi rapprochées les unes des autres, il faut craindre de les multiplier inconsidérément.

La rue des Lingers, dans cette partie qui avoisine le Pilori, était terminée par la porte Comtesse, qui ne servait plus depuis longtemps, mais sous laquelle on continuait de passer, et qui fut démolie en 1795. Elle limitait les paroisses de Saint-George et du Saint-Sépulcre. Fort étroite et incommode, les étrangers la prenaient, dit-on, pour la porte d'une seconde ville. C'est dans une maison située près de cette porte que la comtesse Agnès de Ponthieu, femme de Robert Talvas, ou le Diable, vint mourir en 1120. Ce Robert Talvas méritait son nom à tous égards ; il avait longtemps retenu sa femme au fond d'un cachot et avait tenté de l'empoisonner. Ainsi le Ponthieu a appartenu à ce terrible héros des légendes, et quelques uns de nos pères se reconnaîtraient peut-être parmi les figurants de l'Académie royale de musique dans l'opéra de Rossini.

La Commanderie, dite Commanderie de Beauvoir, tenait à la porte Comtesse, et ne faisait qu'un avec elle ; elle avait pour enseigne une rose. Delà le nom d'*Hôtel de la Rose*, que cette maison a longtemps porté. Ceux qui y demeuraient étaient, en vertu des priviléges de l'Ordre de Malte, exempts de logement personnel des gens de guerre, mais ils étaient tenus de loger ailleurs ; on y disait la messe tous les dimanches dans une petite chapelle. Cette maison était située sur l'emplacement de celle de M. Vitoux, et de la maison voisine (n⁰ˢ 65 et 63).

La Commanderie d'Abbeville, sous l'invocation de Saint-Jean-Baptiste, avait appartenu d'abord aux Templiers ; depuis 1311, elle appartint toujours aux chevaliers de Malte, ainsi que la Commanderie de Saint-Mauvis d'Oisemont et les autres de l'Archidiaconé.

Le cul-de-sac, que nous voyons à notre gauche, où finissait la Fausse-Porte, conserve encore le nom d'impasse de la Commanderie.

Ce cul-de-sac, disent les notes de M. Traullé, que nous citons sans commentaires, représente encore aujourd'hui une rue qui suivait la rivière de Taillesac et traversait le jardin de l'Hôtel de-Ville.

La place du Pilori, qui de l'impasse de la Commanderie et de l'embouchure de la rue des Minimes, s'évase en montant vers la chaussée du Bois et l'entrée de la place Saint-Pierre, tire son nom du Pilori où l'on exposait et marquait les criminels; elle s'est appelée aussi place du Marquis, on ignore à quel titre.

Le Pilori fut construit en 1332. par un sénéchal anglais, malgré les habitants qui le détruisirent en 1352, et le remplacèrent par un Christ. On y établit plus tard une halle aux merciers, qui fut brûlée en 1538. Depuis la place est restée vide (1).

La place du Pilori semble avoir toujours été, comme le bas de la rue Saint-Gilles, le centre préféré des meilleures hôtelleries. C'était sur cette place qu'était situé l'hôtel des quatre fils Aymon, mentionné en 1435. L'hôtel du Lion Noir, que nous y voyons encore, portait déjà ce nom en 1486 ; et l'auberge du Bois de Vincennes, démolie il y a quelques années, étalait bien évidemment sur sa façade de charpente un irrécusable certificat d'antiquité. — Un peu plus loin encore, à l'entrée de la chaussée du Bois, l'hôtel du Miroir, où demeure actuellement M. Manessier-Poultier (n° 38), tirait son nom de la famille qui l'habitait et à laquelle appartenait le célèbre organiste Miroir, qui peut-être avait reçu le jour dans cette maison.

Les publications officielles étaient faites sur la place du Pilori, ainsi qu'on le voit dans les Ms. de M. Macqueron, par celle du 18 juin 1713, à propos de la paix d'Utrecht (2).

---

(1) Cette halle qui contenait cinquante-quatre étaux, ne servait probablement pas exclusivement aux merciers. « Les quincailliers, bonnetiers, merciers, cordonniers, fripiers, et savetiers forains, étalaient les jours de marché sur la place du Pilori. *Hist. d'Abb.* » Il est vrai que les merciers étaient bien quelquefois un peu tout cela. Les mégissiers et braïoliers y étalaient aussi.

(2) Ces publications avaient lieu en quatre endroits : au Pilori, pour le quartier du Bois, à l'Ecu de Brabant, pour le quartier Saint-Gilles, à la Placette, pour le quartier d'Hocquet, au pont du Scardon, pour le quartier Marcadé. Il paraît du reste que ces places n'étaient pas les seules consacrées à cet usage ; les Ms. de M. Siffait nous l'attestent à l'occasion même de cette paix d'Utrecht. La publi-

L'impasse de la Halle-aux-Merciers, qui s'ouvre sur la place du Pilori, à peu près à égale distance de l'impasse de la Commanderie et de l'entrée de la place Saint-Pierre, tire son nom de la halle qui se tenait autrefois sur la place du Pilori, et à laquelle probablement elle suppléa après l'incendie de 1538. C'était alors une rue qui sortait sur la place des Carmes

C'est dans l'impasse actuelle qu'est l'entrée du riche musée d'*Histoire Naturelle* de M. de la Motte.

A bien dire, la place du Pilori n'existe plus aujourd'hui ; elle se

---

cation de la paix, disent-ils, se fit le dimanche 18 juin, qui était le dimanche de l'Octave de la fête du Très-Saint-Sacrement ; MM. les mayeur et échevins sortirent de l'Hôtel-de-Ville sur les quatre heures de relevée, au son des cloches du beffroi et au bruit du canon des remparts. Voici quel était l'ordre de la marche : les deux compagnies de cinquanteniers à pied, les archers, les gardes de Mgr. le duc d'Elbœuf, les massiers des sergents de ville précédaient M. le Mayeur et M. le Commandant ; MM. les Echevins et officiers de ville venaient ensuite ; les sergents de ville, et parmi ceux-là, ceux qui portent une hallebarde, fermaient la marche. On alla d'abord par le Pont-aux-Poirées jusqu'à la place qui est entre la rue Sainte-Catherine, la rue des Wets et la rue des Rapporteurs ; là on s'arrêta, et, après plusieurs fanfares de tambours et de trompettes, on lut à haute et intelligible voix la proclamation. Pendant ce temps, un sieur Guillaume Dumont, bedeau de Sainte-Catherine, étant monté au haut du clocher de l'église et s'étant assis sur les bras de la croix, éleva d'une main une bouteille en l'air et de l'autre un verre et but plusieurs fois à la santé du roi. — On a remarqué, ajoutent les Ms., que c'est la plus haute santé qui ait jamais été portée dans Abbeville en l'honneur de sa majesté. — L'enthousiaste bedeau, après avoir bu, fit voler sur la place sa bouteille et son verre.

On se remit alors en marche par la rue des Rapporteurs et la rue

confond avec la chaussée du Bois, ainsi qu'on peut le voir par les plaques indicatives des rues et les numéros des maisons.

La chaussée du Bois est ainsi nommée, du bois d'Abbeville qui la couvrait anciennement, ainsi que toute la campagne environnante, jusqu'à la montagne des Moulins du côté de Saint-Riquier. Il y a à peu près trente ans, un tronc d'arbre énorme a été retrouvé sous la chaussée du Bois, dans l'angle rond formé par le Pilori et la place Saint-Pierre. Nous donnerons un peu plus loin les renseignements que nous avons pu recueillir sur ce bois.

L'hôtel de l'Europe, que nous trouvons d'abord à notre droite en remontant la chaussée, a reçu plusieurs fois de grands personnages ; nous n'en citerons que deux. — Le 13 avril de l'année 1817, sur les neuf heures du soir, le duc d'Orléans, qui devait être un jour

Médarde, et l'on s'arrêta au coin de la chaussée Marcadé où la publication fut lue de nouveau ; puis au pont aux Cardons où la même cérémonie recommença ; de là on alla par la rue des Capucins à la place Saint-Pierre où une nouvelle station fut suivie d'une nouvelle lecture ; quelques pas plus loin, le Pilori entendit de droit la proclamation qui lui était due ; du Pilori on se rendit par la rue des Minimes à la rue Saint-Gilles où l'Ecu de Brabant fut légitimement gratifié de ladite proclamation ; de là au grand marché où le crieur ne fut pas plus épargné ; de là au petit marché où la même publication fut octroyée à la foule ; de là au Pont-Neuf où la libéralité ne fut pas moindre ; de là par la rue des Meules, à la Placette qui à son tour reclama le privilége qui lui appartenait ; de là enfin par les rues des Sœurs-Grises et de l'Hôtel-Dieu à l'église de Saint-Vulfran où le *Te Deum* fut chanté. Un bûcher fut ensuite allumé sur le marché en signe de réjouissance, et les canons furent tirés sur les remparts. — On peut voir par cet extrait raccourci l'importance qui s'attachait alors à ces sortes de solennités.

Louis-Philippe, sa femme et ses enfants, rappelés d exil, entrèrent a Abbeville sous l'escorte des cuirassiers et des hussards de la garnison. La royauté du duc d'Orléans, née et morte entre deux révolutions et deux exils, donnera peut-être quelque intérêt aux détails qui ont été gardés sur l'entrée et le séjour de ce prince dans la ville. Dès l'après-midi, un grand nombre d'habitants s'était porté sur la grand' route de Montreuil pour jouir plus tôt de sa vue. La garde nationale, les détachements de cuirassiers et de hussards, en tête desquels on remarquait le prince de Croï Solre, et des officiers l'attendaient en dehors de la porte Marcadé. Le prince fut conduit au milieu des acclamations à l'hôtel de l'Europe, et les officiers des différentes armes de l'armée et de la garde nationale lui furent présentés. — Le lendemain, sur les dix heures du matin, le duc d'Orléans, accompagné du prince de Croï Solre et des officiers de la garnison, passa à cheval la revue de la garde nationale, d s cuirassiers et des hussards. Il témoigna de la manière la plus affable à la garde nationale et aux troupes des différentes armes, — devinait-il déjà qu'il passerait aux mêmes lieux d'autres revues en qualité de roi ? — sa satisfaction de leur bonne tenue et de la précision de leurs évolutions. Reconduit à son hôtel, il y reçut les compliments des diverses autorités, déjeûna, remonta à cheval, traversa la ville au pas et ne se décida qu'au bout du faubourg Saint-Gilles, à entrer dans l'une des voitures qui le suivaient. — Des drapeaux blancs flottaient aux fenêtres sur son passage, et le canon annonça son départ, —le canon qui devait le mettre sur le trône et se taire le jour de son dernier exil.

Le 16 octobre de la même année **1817**, sur les trois ou quatre heures de l'après-midi, le duc d'Angoulême, grand amiral de France, héritier présomptif de la couronne royale, alors en tournée sur les côtes de la Manche, entrait aussi dans Abbeville. Comme le duc d'Orléans, qui devait plus tard s'assoir à sa place sur le trône le plus périlleux du vieux monde, il descendit à l'hôtel de l'Europe ; mais, par un hasard qui le fit arriver trop tôt, et que l'on eût pu considérer comme un fâcheux pronostic, il n'avait reçu aucun honneur, ni sur la route, ni à la porte, ni même dans la ville. Il est vrai que le bruit de son arrivée fut à peine répandu, que toutes les autorités s'empressèrent d'aller lui présenter leurs devoirs ; non moins bien intentionné et affable, si non aussi habile que son cousin, le duc d'Angoulême parcourut comme lui la ville à cheval et au pas, passa des revues, entendit des messes, visita les hôpitaux et les manufactures, et ne remonta en voiture, suivi par le bruit du canon, qu'au dehors des murs.

Un peu après l'hôtel de l'Europe nous trouvons l'ancien couvent des Ursulines (n° 60), aujourd'hui le Haras. Le couvent des RR. mères Ursulines d'Abbeville, dit le P. Ignace, fut le second de cet ordre établi en France ; et, à ce propos, le bon père raconte que, causant un jour avec Mgr. François Lefebvre de Caumartin, évêque d'Amiens, le prélat renchérit encore sur l'éloge de ce couvent. « Il est vrai, dit-il, qu'il est le second en institution, mais je l'estime le premier en perfection. » Les bâtiments des Ursulines sont plus modernes que la communauté qui l'habitait. La communauté des mères Ursulines avait été fondée par « plusieurs très-vertueuses dames qui vivoient fort religieusement en habit séculier, dit le P. Ignace, et enseignoient les petites filles pour l'amour de Dieu, en la ruë de Saint-André. » Ces dames ayant été autorisées, par lettres patentes du roi Louis XIII, à fonder une maison d'Ursulines, elles entrèrent le 6 d'août 1613, date que le P. Ignace donne à leur fondation, en possession de l'hôtel de Gamaches, sur la place Saint-Pierre, et appelèrent de Paris deux religieuses de leur ordre, pour leur enseigner la règle de Saint-Augustin. Les Ursulines restèrent toujours fidèles à leurs constitutions qui les obligent à élever les enfants. « C'est une merveille, dit le P. Ignace, de voir le progrez qu'ont fait ces religieuses en si peu de temps... car après fort peu d'années qu'elles ont esté establies à Abbeville, on a remarqué un notable avancement à la dévotion, dans toutes les meilleures familles de la ville. » Les Ursulines demeurèrent environ vingt-huit ans dans l'hôtel de Gamaches. Le 10 octobre 1642, elles entrèrent dans leur nouveau couvent de la chaussée du Bois, « qui est, dit le P. Ignace, l'un des plus beaux, des plus réguliers et des mieux bastis qui soient en tout l'ordre des Ursulines. Et ce qui est remarquable, c'est qu'une religieuse de cette maison en a dressé le dessein et a conduit toute l'architecture qui est admirée des plus experts architectes, de voir qu'une fille, entrée jeune en religion, ayt eu tant d'adresse et d'esprit, pour conduire en sa perfection un si fameux bastiment. » Le couvent des Ursulines d'Abbeville a compté jusqu'à soixante religieuses. Des maisons conventuelles d'Abbeville qui n'ont pas été vendues, celle des Ursulines est la seule qui soit demeurée à peu près intacte. Les bâtiments et les cloîtres ont conservé presque leur primitif aspect, mais à l'extérieur seulement, l'intérieur ayant été changé pour les différents usages auxquels il a été consacré. Cette maison en effet, après avoir successivement servi de dépôt pour les équipages militaires et de caserne pour la troupe, a été désignée, par un décret de 1806, pour l'établissement du dépôt d'étalons. L'église des Ursulines est encore entière et sur pied ; elle sert de magasin à fourrages pour la troupe.

Presqu'en face de l'ancien couvent des Ursulines, un peu plus bas cependant, l'étroite rue Charlet, qui tombe à notre gauche dans la chaussée du Bois, doit son nom à une ancienne famille du pays.

C'est dans cette rue que fut établie, en 1821, et que subsiste encore l'école gratuite de dessin. On n'apprendra pas sans étonnement qu'Abbeville, qui a donné le jour à nombre de graveurs célèbres, C. Mellan, les Daullé, Poilly, Aliamet, n'avait eu jusqu'à cette époque aucune école de dessin proprement dite. M. Masquelier, que notre ville regrette, fut le premier maître titulaire de cette école. Nommé en 1821, il eut le dévouement de quitter Paris, où il avait son atelier, pour se consacrer chez nous à un enseignement souvent pénible ; Paris, où il avait laissé sa réputation, l'a rappelé dans ces dernières années ; il y finit, avec les ressources qu'on ne trouve bien que dans cette ville, d'importants travaux de gravure. M. Caudron, jeune peintre de talent, lui a succédé ; les élèves qui se pressent en foule à ses leçons, font bien augurer des succès qu'il obtiendra et qui intéressent une ville illustrée depuis si longtemps par les arts.

La rue Charlet rémonte, par plusieurs coudes, vers l'église du Saint-Sépulcre ; elle se bifurque un peu avant d'y arriver ; l'un de ses embranchements aboutit à l'embouchure de la rue du Saint-Sépulcre, sur la place du même nom ; l'autre en face même de l'église, à l'entrée de la rue de la Briolerie.

Au premier de ses coudes s'ouvre l'impasse Saint-Sébastien. L'impasse Saint-Sébastien était autrefois une rue qui sortait sur la chaussée du Bois derrière le Sapeur Restaurant (n° 63), et redressait ainsi le principal tronçon de la rue Charlet, qui descendait alors avec une faible sinuosité de la place du Saint-Sépulcre. Un titre en date du 5 mars 1666, que M. Poultier a bien voulu nous communiquer, établit que cette impasse, dont le nom actuel n'est justifié par rien, était à cette époque la rue au Sac, dont nous n'avions pu encore retrouver la position en commençant notre travail.

La rue du Saint-Sépulcre, qui vient sur la chaussée du Bois après la rue Charlet, et à laquelle nous sommes conduits du reste par cette dernière, ainsi que nous l'avons vu, s'appelait autrefois la rue du Puits de Fer, d'un puits qui se trouvait dans son axe à son entrée. Il est inutile d'expliquer d'où lui vient son nom actuel, pas plus qu'il n'est nécessaire de nous arrêter longtemps sur la place du Saint-Sépulcre qui entoure l'église. Remarquons seulement que cette place, non pavée, et encore plantée d'arbres, était autrefois le cimetière de la paroisse, et que la maison de M. Amédée Bellart (n° 4), avait nom alors hôtel de Montmorency, nous ne savons pourquoi. Cette place du reste, dans un temps qui n'est pas encore très reculé, ne se composait pas seulement du cimetière qui a été détruit. Le pâté de maisons compris entre la rue du Saint-Sépulcre et la rue du Saint-Esprit ne remonte pas au-delà du quinzième ou du seizième siècle ; l'église alors se voyait tout en plein de la chaussée ou de la route qui est devenue depuis la chaussée ; il ne faut pas oublier que le quartier que nous parcourons a été un des derniers bâtis de la ville.

Le P. Ignace dit peu de chose de l'église de Saint-Sépulcre, si ce n'est que le premier dessein de la construire fut donné par Godefroy de Bouillon, lors de l'assemblée à Abbeville des seigneurs qui devaient l'accompagner en terre sainte, à la conquête du Saint-Sépulcre de Jésus-Christ. Que le premier dessein ait appartenu ou non à Godefroy, il est raconté que Guy, comte de Ponthieu, érigea l'église en souvenir du séjour des croisés, au lieu même où le généralissime et les princes qui l'accompagnaient avaient planté leurs pavillons (1). « La cure du Saint-Sépulcre, dit le P. Ignace, estoit si grande, qu'elle s'estendait jusques aux Chartreux » à Thuyson, « si bien qu'une chapelle dédiée à Notre-Dame lui servoit de secours. » Cette chapelle a fait place depuis à l'église de Notre-Dame de la Chapelle, dont nous avons parlé en commençant, et qui fut érigée en paroisse distincte en 1454. C'est très probablement aux environs de cette époque que fut reconstruite l'église du Saint-Sépulcre, qui, bâtie d'abord en charpente, présente aujourd'hui tous les caractères de l'architecture du XVᵉ siècle. La tour plate qui lui sert de clocher était alors surmontée d'une flèche percée à jour et couverte de lames de plomb ; nous ne pourrons bientôt plus retrouver que dans les campagnes ces jolis clochers en pointe qui semblent montrer le ciel du doigt, suivant l'ingénieuse expression d'un poète.

Il y avait, en 1724, une place spéciale de *chasse-chien* dans l'église du Saint-Sépulcre ; un jour, le chasse-chien ayant voulu faire sortir le chien d'un soldat du régiment de Saxe, celui-ci tira son épée du ceinturon avec le fourreau et en porta audit chasse-chien un coup assez violent pour que le sang se répandît sur les dalles ; l'église fut interdite pendant plusieurs jours et rebénie ensuite avec pompe sur une permission de l'évêque. Pendant les cérémonies expiatoires, un détachement du régiment de Saxe, qui était sous les armes dans le cimetière, fit de nombreuses décharges. Le coupable avait disparu et

______

(1) *Hist. d'Abb.* tom. 1. Liv. 11. Chap. 1.

le blessé était guéri. Jamais pourtant la place de chasse-chien, supprimée de fait par l'accident de son premier titulaire, ne fut rétablie,
et les attributions qui y étaient attachées revinrent grossir celles
des Suisses (1).

Le 2 septembre 1792, six cents électeurs abbevillois s'assemblèrent
dans l'église du Saint-Sépulcre pour procéder à l'élection des
députés conventionnels. Cette réunion, dit le Ms. de M. Macqueron,
fut très tumultueuse ; des électeurs étrangers y excitèrent les ouvriers
contre les manufacturiers. On voit que dès ce temps les procédés de
l'agitation étaient déjà ceux d'aujourd'hui. Après avoir servi de
salle d'élection, l'église du Saint-Sépulcre servit de fabrique de
poudre. On y établit l'année suivante des ateliers pour la prépara-
tion du salpêtre. On allait enlever le salpêtre avec la terre qui le
renfermait dans les écuries et dans les caves des maisons les plus
importantes de la ville. Ces enlèvements de terre n'avaient d'autre
objet que de rechercher dans ces maisons l'or et l'argent que l'on
y supposait caché (2). L'église du Saint-Sépulcre renferme une
Résurrection peinte par Hallé père, et deux tableaux de Nicolas de
Poilly, qui méritent d'être mentionnés (3). — La grande fête de
l'église du Saint-Sépulcre se célèbre tous les ans le 15 juillet, en
mémoire de la délivrance du tombeau de Jésus-Christ par l'entrée
de Godefroy de Bouillon dans Jérusalem, le même jour de l'année
1099.

La paroisse du Saint Sépulcre resta longtemps de toutes celles de
la ville la plus scrupuleusement adonnée aux pratiques dévotes, et
un certain Lefebvre, ancien juge de paix et poète à la façon des
Colletet, fit sur elle, vers 1810, une satire qui mit fort en émoi les
bonnes âmes du quartier. Nous regrettons de n'avoir pu rien

---

(1) Ms. de M. Siffait.
(2) Ms. de M. Macqueron.
(3) *Hist. d'Abb.* 1re édition.

retrouver de cette satire qui doit encore exister entre les mains de quelques personnes.

La rue du Saint-Esprit, parallèle à la rue du Saint-Sépulcre, nous ramènera à la chaussée du Bois.

Cette rue tire son nom de l'hôpital du Saint-Esprit, qui y était situé. L'hôpital du Saint-Esprit fut fondé au mois d'avril de l'an 1231, par un vertueux prêtre nommé Guillaume. Ce saint homme, ainsi que ne le fait pas remarquer le P. Ignace qui n'entendait guères malice aux affaires de ce monde, n'était pas seulement vertueux, mais habile. Les établissements du genre du sien, courant alors de grands risques de spoliation, il intéressa l'évêque d'Amiens, l'archidiacre de Ponthieu et leurs successeurs à la conservation de cette maison par une rente de quinze livres à prendre sur les cens provenant de ses acquêts. On ignore l'emplacement de cet hôpital et la date de sa suppression.

La maison de M. Delegorgue Cordier (n° 2), occupe l'emplacement du refuge de l'abbaye de Saint-Riquier, construit en 1236.

Nous voici de nouveau sur la chaussée. Tout un réseau de petites rues prenant naissance à notre gauche contre la porte même de la ville et devant nous entraîner trop loin du point où nous sommes sans nous y ramener, il est convenable d'en finir d'abord avec cette porte et les quelques souvenirs que nous trouvons au-delà, sauf à revenir sur nos pas, comme nous l'avons déjà fait bien des fois (1).

---

(1) Finissons en d'abord avec la chaussée du Bois elle-même. Cette chaussée, disent les Ms. de M. Siffait, qui commence à la porte Comtesse, — on voit que le Pilori était réputé dès ce temps faire faire partie de ladite chaussée, — et finit au bout du glacis, a 290 toises de longueur et 3 trois toises de largeur, ce qui fait en toises carrées 870 toises. — Nous devons fixer aussi avant d'aller plus loin un souvenir qui n'a pu trouver place plus haut, faute de rensei-

La porte du Bois s'appelle ainsi, dit le P. Ignace, d'un bois contigu qui, planté en l'an 606, comme on le voyait dans une lame d'airain attachée à une croix de pierre voisine de la porte même, fut déraciné tout à fait en l'an 1557. Le P. Ignace a-t-il vu de ses propres yeux cette lame d'airain qui indiquait si bien la date précise où ce bois avait été planté ? Nous pouvons en douter. Ce qu'il y a de certain, c'est qu'un bois que l'on appelait le bois d'Abbeville et qui fut peu à peu diminué par des abattis successifs, couvrit autrefois la chaussée du Bois et les rues plus basses qui l'avoisinent du côté du Scardon, et, plus tard, lorsqu'il se retira de ce côté devant les maisons, les environs de la ville en dehors de la porte. C'était dans le bois d'Abbeville que les joueurs d'épée, d'armes et de barres se réunissaient à différentes époques, mais surtout au carnaval pour jouer devant les officiers municipaux. Ce bois était quelquefois plus mal fréquenté : vers 1523, des bandes de pillards de l'armée de l'empereur Charles Quint étendirent leurs courses jusqu'aux portes de la ville ; ils couchaient dans le bois et la garenne pour y attendre les passants et les rançonner, ce qui fit que les habitants reçurent l'ordre d'abattre tous les arbres. Par suite, les terres de ce bois et de la garenne furent converties en terres labourables, moins cependant celles qui ne furent entièrement défrichées qu'à la date du P. Ignace. Le mot de garenne, employé par nous plus haut d'après les documents que nous avons consultés, dit assez qu'une partie de ce bois était très peuplée de lapins. Les bourgeois

gnement assez précis sur le point de la rue. M. Le Boucher de Richemont, qui demeurait dans la chaussée du Bois, y possédait en 1757 une riche collection de tableaux ; on y remarquait des œuvres de Rembrandt, de Watteau, de Van-Ostade, de Feti, de Lafosse, etc., etc. Cette collection a subi le sort de presque toutes les collections particulières ; elle a été dispersée et perdue pour la ville qui eût pu en être fière.

d'Abbeville étaient devenus si adroits, qu'une ordonnance municipale dût leur interdire, sous des peines sévères, d'exercer leur habileté dans le bois d'Abbeville. Le gibier saisi des braconniers était mangé à l'Echevinage même par les officiers municipaux. On voit que si ces derniers avaient cru nécessaire de faire des lois sur la chasse, ils ne s'étaient pas interdit le transport du gibier.

, La réputation galante du bois d'Abbeville le disputait à celle du bois de Saint-Ribaud ; le bois d'Abbeville a disparu ; mais n'en seraient-ils pas d'autres dans les environs qui continueraient agréablement les vieilles traditions ?

Sur l'emplacement du bois d'Abbeville, nous apprend encore le P. Ignace, on réserva une pièce de terre carrée qui fut bénie et au milieu de laquelle on planta une croix de fer pour servir de cimetière aux pestiférés au temps de la contagion. Tous les ans, les chanoines de Saint Vulfran y allaient en procession le jour des Rameaux ; et on y prêchait ; les chanoines sortaient par la porte du Bois et rentraient par la porte Saint-Gilles. — Ce cimetière était situé contre la route d'Amiens, à la naissance et à la gauche de la route d'Abbeville à Saint-Riquier.

Il est bien évident qu'il ne faut pas confondre le cimetière des pestiférés, qui n'existe plus depuis longtemps, avec le cimetière Ducrocq que nous trouvons encore aujourdhui, à gauche également de la route d'Amiens, au-delà des glacis de la place. Ce dernier ne date que des premières années de la Révolution, alors que l'ensevelissement dans les villes fut interdit. Ce cimetière, appelé dans les derniers temps *cimetière de la porte du Bois*, fut nommé primitivement *cimetière Ducrocq*, du nom de l'individu qui y fut enterré le premier, le 7 mars 1795. Les sépultures nouvelles y sont aujourd'hui défendues et les dernières traces des anciennes disparaîtront bientôt, le génie militaire ayant l'intention d'établir un champ de manœuvres sur le terrain qu'elles occupent.

Il y avait autrefois en dehors de la ville, de ce côté, un célèbre crucifix, appelé croix de Jean Guerlon « qu'on voit de fort loing, dit le P. Ignace, à cause qu'il est sur un petit mont qui représente le

Mont de Calvaire. » On y allait en grande dévotion le jour du Vendredi Saint. — La croix de Jean Guerlon était plantée sur la butte du Moulin à Vent qui existe au bout de la grande rue du faubourg ; on ignore d'où lui venait son nom.

N'oublions pas, en revenant vers la porte du Bois, le pont qui y conduit ; c'est par sa longueur et par son établissement le plus beau de tous ceux qui sont jetés sur les fossés de la place.

C'est à la porte du Bois que se présenta, le 13 juillet 1815, le petit corps de volontaires royaux que l'on baptisa alors ironiquement du nom d'*Armée de l'arc-en-ciel*. Abbeville avait déjà reconnu l'autorité du roi. — Remarquons à cette occasion que notre ville ne fut jamais prise d'assaut, qu'elle n'ouvrit jamais ses portes qu'à un pouvoir constitué et que, si elle changea souvent de domination, ce fut toujours par suite de traités ou en vertu du droit de succession ; aussi nos pères lui donnaient-ils avec un certain orgueil le nom d'Abbeville-la Pucelle.

La porte du Bois, — c'est ici, et à propos de l'armée de l'arc-en-ciel, le lieu de rapporter cette anecdote. — portait extérieurement au-dessus de son arcade les armes d'Abbeville avec la légende *Fidelis*. Cette légende donna naissance vers ce temps à deux interprétations qui avaient chacune leur sens politique. *Fidelis !* criaient les royalistes. Fi des lys ! répondaient les libéraux. Des réparations nécessaires ont entièrement fait disparaître les restes de cet écusson, martelé après 1830.

En rentrant dans la ville, nous retrouvons à notre droite, contre la porte même, la rue du Haut-Mesnil que nous avons négligée à notre gauche en sortant.

La rue du Haut-Mesnil s'appelait autrefois aussi rue des Ecuries du Roi. Ce dernier nom lui venait des écuries des régiments en garnison à Abbeville. Elles étaient construites dans la partie droite de la rue, du côté du rempart. Après la vente de ces écuries, devenues inutiles par suite de la construction des casernes, la rue des Ecuries du Roi s'appela pendant quelque temps rue

Neuve. Son nom de Haut-Mesnil vient d'un vieux mot de la langue romane qui veut dire habitation (1).

Parallèlement à la rue du Haut-Mesnil court la rue Basse-du-Rempart, dont le nom s'explique de lui-même. Cette rue, non pavée et non bâtie, est bordée d'un côté par les terrassements du rempart et de l'autre par les haies des jardins de la rue du Haut-Mesnil.

La rue du Haut-Mesnil se termine par un abreuvoir dans le Scardon (2) et nous jette à gauche dans la rue du Bas-Mesnil.

Le nom de la rue du Bas-Mesnil a évidemment la même origine que celui de la rue du Haut-Mesnil. On l'appelait autrefois aussi rue des Jongleurs, parce que, à l'époque où elle était encore hors des murs, la police municipale y reléguait les jongleurs, faiseurs de tours et montreurs d'ours à qui l'on ne permettait pas de loger dans la ville.

La rue du Bas-Mesnil aboutit à la rue de la Briolerie, un peu au-dessous du pont Gaffé.

---

(1) MESNIE, MESNIL : habitation, petite ferme, métairie, maison de campagne seule dans les champs ; famille, maison, tous ceux qui la composent; de *mansio*. — GLOSSAIRE DE LA LANGUE ROMANE DE ROQUEFORT.

MESNIL : vieux mot qui signifioit autrefois *maison de campagne*, et quelquefois *village, villa*, qui venoit du latin *manile*, dérivé de *maneo*, ou *mantionile*, ou *masnile*, ou *masnilium* qu'on a dit dans la basse latinité... — DICTIONNAIRE DE TRÉVOUX.

Il est probable qu'une petite ferme, un *mesnil*, a existé autrefois quelque part en cet endroit, sur la lisière du bois d'Abbeville, et que ce nom de mesnil, traditionnellement resté à ce lieu, a servi plus tard à désigner la rue qui l'a enfin conservé jusqu'à nos jours.

(2) Le Scardon, qui prend sa source près de Saint-Riquier et dessine le plus profond d'une vallée entre ce bourg et Abbeville, entre sous nos murs par la tour du Haut-Degré, longe la rue du Dauphiné,

La rue de la Briolerie s'appelait ainsi des brioliers ou braïoliers, marchands de braies ou de culottes, qui l'habitaient (1).

La rue de la Briolerie commence à l'extrémité du second embranchement de la rue Charlet et finit au pont Gaffé. — Ce pont tire son nom sans doute du moulin voisin que fait mouvoir le Scardon, et que l'on appelait autrefois le moulin de la Baboë; de la Baboë, dit-on, parce qu'il était situé au bas du bois qui couvrait ce côté de la ville ; Gaffé, parce qu'un de ses anciens propriétaires s'appelait ainsi (2).

Dans le même sens à peu près que la rue du Bas-Mesnil, en revenant sur nos pas, descend la rue du Dauphiné. La rue du Dauphiné, qui n'a qu'un seul rang de maisons, le Scardon la bordant de l'autre, s'appelle ainsi probablement, dans l'incertitude où nous

passe sous le pont Gaffé, passe derrière les maisons de la rue du Colombier, longe la rue d'Avignon, passe sous le pont Grenet, fait un coude brusque et longe la rue aux Pareurs, passe sous le pont du Scardon (vulgairement pont à Cardon), longe la rue des Teinturiers, passe derrière les maisons de la rue des Cuisiniers, sous le Pont-aux-Poirées, derrière la Boucherie, et se jette dans la Somme au canal Marchand, un peu au-dessus de la fontaine le Comte, après avoir fait tourner le moulin du Roi.

(1) BRAIE : culottes, haut-de-chausses, caleçons ; *braceæ.* BRAYEL *brayette :* partie de la culotte qui tenait lieu de ce qu'on appelle à présent le pont ; en basse latinité *brayetta ;* en prov. *braios,* braghios. — GLOSSAIRE DE LA LANGUE ROMANE PAR ROCQUEFORT. — On a prétendu aussi que le nom de la Briolerie venait d'une composition résineuse appelée brai, qui s'y fabriquait et que l'on employait à différents usages, entre autres à marquer les moutons. Nous croyons la première explication plus vraie.

(2) Nous avons, à propos du moulin du Comte, indiqué l'ancienneté reculée de ce moulin.

sommes sur son étymologie, d'un régiment du Dauphiné qui y aura demeuré. Cette supposition est d'autant plus vraisemblable que la rue des Ecuries du Roi est toute voisine. Les maisons de la rue du Dauphiné dans lesquelles, pour la plupart, il faut descendre en entrant, sont si basses, qu'il en est peu dont on ne puisse toucher le toit avec la main ; c'est sans contredit celle dont l'aspect accuse le plus de misère dans toute la ville.

La rue du Daupiné aboutit à gauche au pont Gaffé, et à droite à la rue du Colombier.

Cette rue du Colombier tire, dit-on, son nom d'un Colombier qui dépendait du prieuré de Saint-Pierre ou, précédemment, du château antérieur au prieuré dans le même lieu. La rue du Colombier, qui fait trois coudes bien marqués, s'arrête brusquement contre le Scardon, et à son extrémité, à droite, prend naissance la rue d'Avignon.

La rue d'Avignon, dont l'étymologie est aussi douteuse, si non plus, que celle de la rue du Dauphiné, n'a comme elle qu'un rang de maisons, le Scardon la bordant à gauche aussi, dans toute son étendue du côté où nous la prenons.

La rue d'Avignon finit près du pont Grenet, au carrefour qu'elle forme avec les rues Planquette, aux Pareurs et Babos.

Le pont Grenet, autrefois Garnet, et que nous trouvons écrit Grenat dans les Ms. de M. Siffait, tire son nom on ne sait d'où, mais probablement, autant qu'on en peut juger par la tournure du mot, d'un bourgeois de la ville. — Dans l'été de 1773, voyons-nous dans les Ms. cités plus haut, on le fit reconstruire à neuf, en briques et avec une seule arcade. Auparavant, il avait deux arcades de briques également, mais plus basses. Autrefois, dit l'auteur de ces Ms. sur la foi des traditions de son temps, la petite rivière de l'Eauette commençait à ce pont, passait la rue Planquette, la rue Pado et la rue Médarde, pour gagner la rue de l'Eauette. MM. de la ville, pour embellir ces rues en comblant le ruisseau et en les rehaussant, ont fait percer un canal dans la rue des Teinturiers passant par le ténement qui est à présent l'hôpital des Sœurs-Orphelines, — les Sœurs Claudes, — pour fournir le même volume

d'eau à la rue de l'Eauette ainsi qu'on le voit encore aujourd'hui.
— En 1841, le pont Grenet fut démoli et reconstruit par la ville.
Sa voûte fut élargie et baissée, et les gardes-fous de chaque côté,
au lieu d'être rétablis en briques, le furent en fer. — A la même
époque fut creusé pour la rue Babos un égoût nouveau qui se
jette près du pont. — Nous avons à Abbeville, dit Collenot, un
proverbe très répandu dans le peuple et que voici : *elle a passé le
pont Grenet, elle a bu sa honte.* En sa qualité d'érudit, le vieux
Collenot appréciait parfois la probabilité des origines sur leur
invraisemblance. Ce proverbe nous vient, dit-il, de Gournay-
sur-Marne, petite ville à quatre lieues de Paris, sur la rive gauche.
M. de Valois le rapporte dans sa notice des Gaules. Les religieuses
de Chelles et les religieux du Prieuré de Gournay n'étaient séparés
que par la rivière, mais justement la rivière avait un pont en cet
endroit. Les religieux envoyaient-ils par les fenêtres de leurs cellules des signaux aux religieuses ? Les religieuses coquettant sous
guimpe répondaient-elles aux religieux au moyen de quelque
alphabet télégraphique ? On ne sait ; ce qu'il y a de certain, c'est que
le pont *intermonacal* devint bientôt le pont le plus fréquenté de la
ville après le couvre feu. De là le dicton : *elle a passé le pont de
Gournay, elle sa honte bue.* Ce dicton, apporté chez nous par
quelque voyageur, a été ajusté au pays ainsi qu'on le sait. Collenot
était un habile faiseur de rapprochement, mais le P. Ignace et la
tradition lui eussent fourni une explication beaucoup plus simple à
notre sens ; il y avait autrefois, au haut de la Grande rue aux Pareurs,
près du pont Grenet, un hôpital que l'on appelait l'hôpital de Saint-
Quentin ; cet hôpital, dit le P. Ignace, « estoit désigné pour y recevoir
les filles ou femmes qu'on nommoit *rendues*. » Lorsque ces filles
sortaient, elles étaient infailliblement saluées par les saintes ames
du Saint-Sépulcre, du dicton du pont Grenet qui a pu naître ainsi
spontanément dans notre ville comme à Gournay, dicton qui,
généralisé ou appliqué à tort et à travers, était devenu la plus
grosse injure que pussent échanger les commères de certains quartiers.

La rue Babos, qui prend naissance dans la rue de la Briolerie et qui aboutit au pont Grenet, sert de corde à l'arc informe décrit par la fin de la rue de la Briolerie, le pont Gaffé, la rue du Colombier et la rue d'Avignon. Son nom lui vient, comme celui du moulin de la Baboë, dont nous avons parlé plus haut, de sa situation vers le bas du bois d'Abbeville ; c'est, à proprement parler, la rue du *Bas-Bois*, par opposition à la chaussée du Bois qui est plus élevée. Le nom de *la Babole*, qu'on lui attribue vulgairement, a la même étymologie.— La rue Babos a été élargie il y a une dizaine d'années du côté du pont Grenet, par suite d'une acquisition faite par la ville le 6 juin 1836; on passait alors très difficilement avec une voiture à cet endroit ainsi que sur le pont.

Nous parlerons plus loin de la rue Planquette et de la ru. aux Pareurs; on nous permettra, en attendant, de rétrograder jusqu'à la place Saint-Pierre, afin de remonter avec nos digressions ordinaires la chaussée Marcadé, comme nous avons remonté la chaussée du Bois.

La place Saint-Pierre, il est inutile de le dire, tire son nom du prieuré de Saint-Pierre et Saint-Paul, dont nous parlerons plus loin. « Cette place, dit le P. Ignace dans son Histoire Ecclésiastique, estoit anciennement un cimetière où l'on enterroit les corps de ceux qui mouroient ès paroisses de la ville dépendantes du prieuré de Saint-Pierre, les quelles n'avoient pour lors aucun cimetière. Mais cette place cessa d'être un cimetière environ l'an 1400. D'autant que n'étant point fermée toutes sortes de bestes y entroient et la profanoient. Cela fut cause que messieurs de l'Echevinage, les gens du roi et autres s'assemblèrent pour représenter humblement au prieur de Saint-Pierre, que ce lieu estant bénit pour cimetière, estoit rendu profane à cause que les chariots, tombereaux, charrettes, chevaux et autres bestiaux y passaient journellement et qu'il seroit plus convenable qu'il permit à chaque paroisse dépendante de Saint-Pierre d'avoir un cimetière à part pour enterrer les paroissiens. Cette demande fut favorablement accueillie, et depuis ce temps les paroissiens du Sépulchre, de Notre-Dame de-la-Chapelle et de Saint-Eloy ont eu leurs cimetières proche de leurs églises, enclos de murailles, avec des grilles de fer au passage, pour empescher les bestes d'y entrer. »

La place Saint-Pierre a changé fréquemment de destination ; de cimetière elle devint lieu de fêtes et de réjouissances. La note suivante, sous la date de février 1719, nous tombe sous les yeux.

« Plusieurs particuliers se sont ingérés d'établir dans la place Saint-Pierre certains jeux à passer avec des balles de plomb, où s'assemblent quantité de jeunes gens, même des personnes mariées et des soldats de la garnison qui y passent leur temps à jouer du matin au soir sans en excepter les dimanches et fêtes pendant les offices divins ; ce qui est scandaleux, contraire aux réglements de police et aux devoirs de religion et donne lieu à de fréquentes querelles, mauvais traitements, juremen,ts et blasphèmes du saint nom de Dieu. On ordonne que les jeux à passer avec des balles de plomb seront détruits ; on défend d'en établir de nouveaux, même dans les maisons particulières, et aux habitants d'y jouer à tel jour et heure que ce puisse être sous peine de prison et de punition corporelle. » On voit que, si la morale de nos pères aimait parfois à s'ébattre et à s'égaudir, leur rigorisme ne se relâchait jamais de sa sévérité, dès que les manifestations du plaisir venaient en gêne aux manifestations de la piété.

Lieu de réjouissance, la place Saint-Pierre était aussi lieu d'exécution. Le chevalet tranchant sur lequel on faisait asseoir les filles publiques y était dressé ; la potence s'y élevait quelque fois. Les Ms. de M. Siffait nous en donnent un exemple que nous citerons pour montrer avec quelle facilité la peine de mort était encore appliquée au dix-huitième siècle pour des actes justiciables au plus maintenant de la police correctionnelle. — Le mardi 4 janvier 1724, disent ces Ms., furent exécutés sur la place Saint-Pierre trois soldats de notre garnison du régiment de Saxe ; ils furent pendus à la même potence qui n'avait que deux bras ; le bourreau repoussa contre le poteau un de ces soldats déjà mort, pour faire place au troisième. Ils avaient forcé la haie d'un jardin de la rue de la Pointe pour s'emparer des chandelles que l'on y mettait blanchir. Le poids des chandelles volées était de quarante-sept livres, ce qui, à huit sols la livre, faisait dix-huit livres seize sols. Une dénonciation du vol avait été faite aux officiers du régiment ; ceux-ci firent conduire leurs trois hommes à l'Hôtel-de-Ville et les condamnèrent à mort ; la grâce des coupables avait été vainement sollicitée par le propriétaire des chandelles lui-même.

Sous la révolution, l'arbre de la liberté, surmonté d'un bonnet rouge, fut planté sur la place Saint-Pierre qui devint ainsi la place révolutionnaire ; une montagne de terre élevée de plus de vingt pieds avait été disposée tout exprès pour le recevoir. Nous ne savons combien de temps cet arbre vécut ; ce qu'il y a de certain, c'est que les saints des églises voisines ayant été brûlés aux alentours de la montagne, l'herbe fut fort longtemps à repousser sur l'ancien cimetière qui subissait encore une nouvelle transformation. — A cette époque, des fêtes républicaines furent célébrées sur la place Saint-Pierre. Nous empruntons, à propos de la première et de la principale de ces fêtes, les détails suivants à un manuscrit du temps.

« Le 10 décembre 1793, il y eut à Abbeville une procession, et, par suite, un feu de joie bien digne de ce temps de révolution....

« Toute la société des Sans-Culottes ou Jacobins, les habits crasseux, les cheveux mal peignés et couverts d'un bonnet rouge, sortirent du lieu de leurs séances, l'ancienne église des Carmélites, pour se rendre chez le citoyen André Dumont, député à la convention nationale et représentant du peuple dans le département de la Somme, alors à Abbeville, en sa maison rue du Pont-de-Boulogne. Là *une gourgandine d'une excellente famille qui vivait publiquement avec un général nommé Taillefer,* que l'on avait gratifiée du beau nom de la déesse de la Raison, fut installée sur un brancart et portée avec acclamation par les Jacobins jusque sur la place d'Armes.

A cette cérémonie grotesque assistaient le représentant du peuple lui-même avec toutes les autorités civiles et militaires, parées du bonnet rouge ; des Jacobins portaient, en tête de la procession, les bustes de Marat et de Lepelletier de Saint-Fargeau ; d'autres venaient ensuite chantant et jouant sur leurs instruments l'hymne des Marseillais.

« Arrivés sur la place d'Armes, ils firent plusieurs fois le tour de la montagne sur laquelle ils firent monter *la prétendue déesse* ; et, après qu'ils eurent procédé au mariage républicain d'un prêtre avec une fille *d'une moyenne vertu*, différents discours furent prononcés qui ne respiraient que le carnage et le brigandage. On mit ensuite le feu à une quantité très considérable de chapes, chasubles, devant d'autels, dais, confessionaux, ornements d'église de toute sorte qui étaient amoncelés aux quatre coins de la place.

« De là on fut toujours processionnellement et en chantant des chansons révolutionnaires en l'église de Saint-Vulfran, alors transformée en temple dédié à l'Eternel, et l'on plaça la déesse de la Raison sur le principal autel dans le chœur.

« De nouveaux discours furent prononcés dans la chaire de vérité ; les rites du culte aboli furent grotesquement parodiés ; et la déesse de la Raison fut enfin processionnellement reportée dans la maison du représentant du peuple dans l'ordre de marche adopté pour cette fête.

« Cette cérémonie eut lieu en plein jour, au bruit des cloches et du canon.

« Le soir, pour terminer une aussi belle mascarade, il y eut spectacle gratis. Entre deux pièces, la déesse de la Raison vint sur l'avant-scène chanter un hymne à la liberté, qui fut suivi de chansons très-irréligieuses. »

La montagne de la liberté avait été élevée à l'endroit où une croix, seul vestige du cimetière ancien, en avait longtemps conservé le souvenir ; en 1842, on a retrouvé, lorsque l'on aplanit la place, les fondations de cette croix.

Le 3 avril de cette année 1848, un nouvel arbre de la liberté a été planté sur la place Saint-Pierre.

La place Saint-Pierre était entourée de couvents, d'églises et d'hôtels.

Les hôtels étaient l'hôtel de Gamaches, qui devint en 1642 la

maison des Carmes (1) ; l'hôtel de Rubempré, entre ce couvent
et le Pilori ; l'hôtel de Selincourt, qui se compose de toutes les
maisons qui sont au fond de la place, en face du Pilori, et qui fut
construit par M. Manessier de Selincourt, vers 1780 ; et enfin
l'hôtel de Monchy Senarpont, en face de la rue des Capucins, et où
s'est tenue longtemps la justice consulaire.

Les couvents et les églises étaient : l'église de Saint-Eloy, le prieuré
de Saint-Pierre, l'église Saint-Etienne et enfin les Carmes, qui du
reste appartiennent plutôt, ainsi que l'hôtel où ils s'établirent, à la
rue qui porte leur nom.

L'église de Saint-Eloy, voisine de l'hôtel de Senarpont, faisait face
comme lui à la rue des Capucins. Le cimetière qui en dépendait la
précédait du côté de la place ; il était planté d'arbres et fermé par
un mur à hauteur d'appui, ainsi qu'on le voit dans la collection de
M. de Saint-Amand. Ce fut dans ce cimetière que furent transportés
des ossements retrouvés sous la place Saint-Pierre, dans une circonstance que rapporte le P. Ignace. « L'an 1490, dit-il, lorsqu'on
fit une profonde fosse dans la place Saint-Pierre, pour y fondre la
grosse cloche de Saint-Jacques, on y trouva des anciens cercueils
de pierre où estoient des corps, et plusieurs ossements à l'entour,
lesquels furent portez au cimetière Saint-Eloy. » Nous ne savon
rien de l'église de Saint-Eloy en elle-même, et nous ignorons
l'époque où elle fut fondée. L'église de Saint-Eloy était sous le

---

(1) En 1463, le roi Louis XI étant venu à Abbeville pour racheter
les villes qui étaient le long de la rivière de Somme, logea en la
maison de Jean Gilain, avocat, demeurant place Saint-Pierre. Ce
logis est celui que le sieur Gilain vendit au seigneur de Gamaches,
que les descendants de celui-ci vendirent à l'élu Manessier ; il fut
retrait par les héritiers de la maison de Gamaches qui le revendirent
aux religieuses Ursulines, en 1613, et que celles-ci revendirent après
aux Carmes Déchaussés, en 1642. — Ms. de M. Macqueron.

patronage du prieuré de Saint-Pierre. « Anciennement, dit le P. Ignace, les gentilshommes du pays, les laboureurs et autres, tant des villes que des villages, qui avoient des chevaux, les conduisoient en la place Saint-Pierre le premier jour de décembre qui est la feste de Saint-Eloy, ou le 25 du mois de juin, qui est le jour de sa translation, où ces bonnes gens arrivoient à la foule pour honorer la feste de Saint-Eloy et le prier pour la préservation de ces animaux. Un prestre de la même église, revestu de son surplis et estole, faisoit sur ces animaux le signe de la croix avec un petit marteau de Saint-Eloy enchâssé en argent, qu'on garde pour relique en cette église, et après leur donnoit de l'eau bénite. » Ainsi le Saint de Dagobert était fêté à Abbeville principalement à deux époques, au 1er décembre et au vingt-cinq juin. Mais, dit le P. Ignace, j'ai toujours remarqué que la seconde est la plus solennelle « d'autant que les jours de l'esté sont plus beaux et plus sereins que ceux de l'hiver. » La cérémonie du marteau de Saint-Eloy fut abolie par M. de Caumartin, évêque d'Amiens. L'église et le presbytère de Saint-Eloy furent démolis au mois de mai 1792, et sur leur emplacement furent bâties deux maisons en pierres blanches (nos 8 et 10).

Un peu plus loin, dans le coin le plus reculé de la place, était la porte du prieuré de Saint-Pierre.

Le prieuré de Saint-Pierre et de Saint-Paul, de l'ordre de Cluny, fut fondé par Gui II, comte de Ponthieu, en 1100, *in castri loco juxta Abbatis villam*, dit le P. Ignace (1), c'est-à-dire dans un lieu où « estoit auparavant un ancien chasteau près d'Abbeville, lequel estoit du domaine du roy Philippe I. » Ce château ayant été donné au comte Guy, l'an 1075, ce comte, du consentement du même roi, y fit bâtir l'église et le monastère de Saint-Pierre, qu'il dota richement. Le prieuré de Saint-Pierre était encore hors la porte d'Ab-

____

(1) D'après un manuscrit que lui avait communiqué maître Claude Becquin, avocat.

beville en l'an 1110, ainsi qu'on le voit dans une donation du comte
Guy, et par la confirmation d'un achat d'une pièce de terre où il est
dit : *ista vero terra adjacet extra portam Abbatisvillæ, ante atrium
Ecclesiæ Sancti Petri.* Le prieuré de Saint-Pierre étendait son pouvoir
fort loin ; le P. Ignace donne la liste des cures, chapelles et prieurés
qu'il patronait ; ces cures, chapelles et prieurés étaint au nombre de
vingt-huit, encore le consciencieux historien a-t-il soin d'ajouter
qu'il en était quelques autres parmi les cures qui n'étaient pas venues
à sa connaissance. « L'église primitive du monastère de Saint-Pierre
se faisait remarquer par la légèreté et la délicatesse de son architecture et renfermait plusieurs objets intéressants : le tombeau du fondateur, le comte Guy, celui du savant Claude de Vert ; des stalles et
des sculptures curieuses ; un obélisque surmonté de la statue de
Saint-Pierre à genoux et la châsse de Saint-Foillan, qui était l'objet
d'un culte particulier dans ce monastère (1). » Le P. Ignace donne
l'épitaphe latine du comte Guy que les ravages du temps ne permet-
taient déjà plus, lorsqu'il écrivait, de lire entièrement. En 1770, lorsque
l'église et le couvent de Saint-Pierre qui tombaient en ruines furent
reconstruits(2), on trouva, disent les Ms. de M. Siffait, dans une excava-
tion de la maçonnerie, deux corps et une épée ; on pensa que c'étaient
les corps de Guy, second du nom, comte de Ponthieu, fondateur du
couvent, et de sa fille Agnès ou Mathilde. Ces Ms. se taisent sur le
lieu où ces ossements furent mis, mais nous voyons dans l'*Histoire*

---

(1) *Hist. d'Abb.* Tom II.

(2) Il serait plus exact de dire démolis ; voici en effet ce que nous
trouvons dans les Ms. de M. Macqueron sous la date de 1774 : En
cette année a été reconstruite la maison conventuelle de l'abbaye
de Saint-Pierre. Cette reconstruction a été terminée en 1775, suivant
qu'il appert de la mention de cette année faite sur les vitraux de
l'église ; la maison abbatiale seule est restée debout de l'ancienne
construction.

d'Abbeville qu'ils furent enveloppés dans une tapisserie et enterrés près de l'église actuelle.

C'est dans le couvent de Saint-Pierre que le savant Pierre Carpentier, continuateur du célèbre Glossaire de Ducange, prit l'habit et fit ses vœux vers 1737, au sortir de la congrégation de Saint-Maur.

Nous ne rappellerons pas les noms de tous les prieurs réguliers ou commandataires de Saint-Pierre dont le P. Ignace donne soigneusement la liste avec notices biographiques jusqu'en 1642 ; nous n'en citerons qu'un seul parmi eux qui sont postérieurs à cette date.

Le 13 décembre 1769, M. Tascher de la Pagerie, grand vicaire de Macon, prit possession du prieuré de Saint-Pierre qui lui avait été adjugé par arrêt du parlement. Ainsi le prieuré de Saint-Pierre appartint à un membre de la famille de l'impératrice Joséphine.

La bibliothèque de ce couvent était fort belle ; nous ignorons ce que sont devenus les livres qui la composaient.

Les dames Ursulines occupent maintenant les bâtiments de Saint-Pierre : — quant au jardin et au plant de cet ancien couvent, ils appartiennent à M. Foucques, qui y a établi une magnifique serre où se trouve la plus belle collection de camélias qui soit en France. Elle est connue des botanistes et des horticulteurs, qui souvent sont venus la visiter de fort loin.

A quelques pas du couvent de Saint-Pierre, à l'entrée de la rue des Capucins, sous l'emplacement même du pavillon, que l'on appelle pavillon du Génie, était l'église Saint-Etienne.

L'église Saint-Etienne, fondée à une époque que le P. Ignace ne dit pas et que nous ignorons, n'était qu'une fort ancienne chapelle dépendante du prieuré de Saint-Pierre, et qui avait été convertie en hôpital depuis la fin du XVIe siècle. « C'est en ce lieu, dit le P. Ignace, où messieurs du bureau des pauvres s'assemblent pour faire la distribution des aumosnes. » On y logeait les pauvres passants ; une chapelle avait été conservée où l'on disait la messe tous les dimanches à quatre heures du matin ; les enfants pauvres de la ville s'y réunissaient pour être catéchisés et recevoir les aumônes que les administrateurs étaient chargés de leur distribuer. L'église

Saint-Etienne fut démolie en 1780, avec un corps-de-garde y attenant. « Ce fut le jeudi 1er juin, qu'on découvrit le corps-de-garde et l'ancienne église de Saint-Etienne qui servaient anciennement d'hôpital. Depuis l'année 1708 ou environ, on ne disait plus la messe dans cette chapelle qui plus tard servit de magasin à fourrages pour les troupes (1).

Le pavillon du Génie, (2) bâtiment assez maussade d'aspect et dont l'une des faces se présente sur la place et l'autre sur la rue des Capucins, a succédé, avons-nous dit, à l'église Saint-Etienne. Le pavillon du Génie, construit vers 1780, relève encore du ministère de la guerre qui y loge le commandant de la place et les officiers du génie ; un corps-de-garde qui en dépend a remplacé celui qui fut démoli avec l'église. — Le 5 juillet 1780, trouvons-nous dans une note que nous avons sous les yeux, la première pierre d'un corps-de-garde fut posée sur la place Saint-Pierre par M. Blondin de Bazonville, maire d'Abbeville, accompagné du corps municipal. — Un mot sur cette cérémonie. Une grande médaille de fonte de sept pouces de diamètre fut scellée dans les fondations. Cette médaille portait sur ses faces les inscriptions suivantes gravées en relief : MAJORE URBIS (Gab. Aug. Blondin de Bazonville), PRO MAJORE (Pet. Nic. Duval De Soicourt) SCABINIS (M. L. J de Boileau, Pet. Hecquet d'Orval, F. C. Lefebvre de Cormont, C. R. Aliamet de Martel), ASSESSORIBUS J. B. Lefebvre de Wadicourt, N. A. Delf, Fr. Pas. Delattre, F. M. Champion.) Procuratore regio urbis (C. F. Duval de Grandpré,) Scriba (P. N. Coulombel) argent. F. L. Devismes) anno MDCCLXXX XXVII junii extructa fuere. Et sur le revers : Reg. Lud. XVI. Præfecto civili provinciæ, F. M. Bruno Comite d'Agay. Præfecto militari urbis Aug. J. Comite de Mailly. anno MDCCLXXX extructa fuere. Cette médaille,

---

(1) Ms. de M. Siffait.
(2) Ainsi nommé parce que le génie y eut longtemps ses bureaux.

après avoir été portée par un sergent de ville de première classe à l'église des Carmes, où elle fut bénie en présence de M. Duval de Grandpré, que le corps municipal avait délégué à cet effet, fut mise dans une boîte de chêne et étendue sur un lit de charbon pilé avec plusieurs pièces d'argent et monnaies de France au cours du jour, et le tout couvert d'une couche du même charbon, la boîte ayant été fermée à clous et scellée avec du mastic.

Depuis la révolution, la place Saint-Pierre s'est indifféremment appelée de son ancien nom et de celui de place d'Armes ; dans les derniers temps on avait projeté d'y ériger la statue de notre compositeur Lesueur.

Quatre issues sont à la place Saint-Pierre : le Pilori ou la chaussée du Bois, la rue du Fossé, la rue des Carmes et la rue des Capucins. Nous avons parlé du Pilori.

On explique de trois manières le nom de la rue du Fossé ; les uns ont dit qu'elle s'appelait ainsi parce qu'elle fut bâtie près des fossés ou sur les fossés du château de Philippe 1er ; d'autres, parce qu'elle longeait un vivier ou fossé où les moines de Saint-Pierre nourrissaient des poissons ; d'autres enfin parce qu'elle suivait ou à peu près la lisière de l'ancien bois d'Abbeville qu'entourait un fossé ; nous laisserons nos lecteurs choisir entre ces trois étymologies. — La rue du Fossé, qui commence à la place Saint-Pierre, finit à l'endroit où le second embranchement de la rue Charlet devient la rue de la Briolerie. C'est dans l'angle qu'elle forme avec cette dernière que l'école des frères du Saint-Sépulcre a été établie à l'aide d'une donation de dix mille francs faite par MM. l'abbé Cauchy et Du Bellay de Sainte-Croix ; deux maisons, sises rue de la Briolerie et longeant la rue du Fossé, acquises par la ville au mois de juin 1823, ont été affectées à cette école.

La rue des Carmes, ainsi désignée du couvent qui y était situé, s'appelait autre fois rue *à la Buirette*, parce qu'il y avait un puits avec de petits seaux que l'on comparait à ceux des chardonnerets à la chaîne, — de *buirz, buirette*, burette, petit vase à liqueurs.

Le P. Ignace, carme déchaussé lui-même, contribua principale-

ment à l'établissement des Carmes d'Abbeville. Des compagnons de
son ordre le secondèrent activement. Le P. Ignace raconte lui-
même toutes les démarches qu'ils furent obligés de faire pour
mener à bonne fin leur entreprise. Arrivés dans la ville le
huitième jour de décembre 1640, ils allèrent loger chez Mᵉ François
Varlet, avocat, demeurant pour lors dans la Tannerie, qui
les reçut « comme des anges ou des hommes venus du ciel. »
Le lendemain, ils allèrent visiter les principaux de la ville qui leur
donnèrent bien à penser, les uns approuvant leur dessein, les autres
y trouvant beaucoup à redire. Enfin le 12 décembre une assemblée
se tint dans la chambre du conseil à l'Echevinage pour délibérer
sur leur admission dans la ville. Les carmes s'y rendirent porteurs
de lettres du roi, de Mgr. le duc d'Angoulème, comte de Ponthieu,
de M. le duc de Chaulnes, gouverneur de la province de Picardie,
qui tous appuyaient leur demande auprès de MM. les Mayeur et
Echevins. Un des compagnons du P. Ignace, le R. P. Louis de Sainte-
Thérèse, fit alors un discours fort long, dans lequel il parla des pro-
phètes Elie et Elysée, les premiers généraux de l'ordre du Mont
Carmel, de la France, — le royaume très chrétien, que les hébreux
appelaient Sarphat, ainsi que l'Ecriture le témoigne au troisième
livre des rois, Chap. 17, — de Sainte-Thérèse qui écrivit *le Chemin de
la perfection*, du Gué de Blanque Taque, de Hugues Capet, de Saint-
Valery et de Saint-Riquier, de Moyse, de Saint-Bernard, de Louis XIII,
etc.. Le conseil municipal, convaincu par une érudition si profonde,
n'eut garde de refuser aux RR. PP. l'autorisation qu'ils deman-
daient. « Toutes ces choses, dit le P. Ignace, font bien cognoistre
que ce n'est pas une affaire de petite importance que l'établissement
d'un nouveau monastère dans une bonne ville, et combien il y a de
sollicitude et de travail pour y entrer légitimement et par la bonne
porte. » La première messe fut dite par les RR. PP. le jour de Noël
suivant, à minuit. — ils avaient remis jusque là à cause de la fête, —
dans la maison même qu'ils occupaient et que Mᵉ Varlet, « par un
excès de courtoisie et de bienveillance, » leur avait abandonnée.
Enfin ayant reçu du roi Louis XIII des lettres patentes en date du

mois de janvier 1641, ils achetèrent le 20 juillet de la même année l'hôtel de Gamaches des RR. mères Ursulines, qui changeaient de demeure, et s'y établirent avec la permission de messieurs du corps de ville et des RR. PP. Bénédictins dans la circonscription du patronage desquels ils avaient à demeurer. Le 1er novembre, jour de la Toussaint de 1642, le P. Ignace bénit lui-même toute la maison et y célébra solennellement la première messe ainsi qu'il le rapporte avec une vaniteuse complaisance. L'église, le chœur, la sacristie et les bâtiments précédemment occupés par les religieuses avaient été réparés par les carmes ; plus tard ils firent construire une église assez jolie qui fut démolie en 1811. Elle est remplacée aujourd'hui par la maison qui porte le n° 17. Comme la plupart des églises détruites depuis la révolution, elle avait servi longtemps de magasin à fourrages. A quelques changements près, la maison des Carmes existe presque entière encore aujourd'hui. En 1811, on y établit un tribunal de douanes qui y fut installé dans le courant de mars, en exécution d'un décret du 18 octobre 1810, portant création de tribunaux chargés de la répression de la fraude et de la contrebande en matière de douanes. Comme cet établissement ne devait tenir que jusqu'à la paix générale, il fut supprimé au mois d'avril 1814 par le gouvernement provisoire qui précéda la rentrée de Louis XVIII. Le couvent des Carmes était dédié à Jésus, Marie et Joseph. — Les bâtiments des Carmes sont occupés aujourd'hui par madame Flouest, maîtresse de pension. Sous ces bâtiments existent des souterrains remarquables et qui servent de lieu de récréation aux enfants en temps de pluie ou de froid.

C'est dans la rue des Carmes, mais nous ne savons dans quelle maison, que demeura longtemps madame d'Ault, la fille du colonel Démanelle (1).

____

(1) L. F. Démanelle, né à Saint-Blimont, département de la Somme, le 24 octobre 1773, mort à Plaisance le 16 brumaire an XIV. — Le

La rue des Carmes finit au carrefour qu'elle forme avec la rue du Pont-de-la-ville, la rue Entre-deux-Eaux et la rue des Pots.

La rue des Capucins, la dernière des quatre issues de la place Saint-Pierre, tire son nom du couvent de Saint-François qui y était établi. Elle s'est appelée aussi rue Saint-Eloy, parce qu'elle faisait face à l'église que ce saint patronnait sur la place Saint-Pierre. Le nom des Capucins a prévalu.

---

colonel Démanelle a laissé une des réputations militaires les plus glorieuses de son époque. — Napoléon avait tout d'abord apprécié à leur valeur son courage et son désintéressement chevaleresques, et toutes les fois qu'il en avait l'occasion, il lui témoignait l'affection et l'estime qu'il n'accordait pas toujours à ses maréchaux. — Simple colonel d'artillerie, mais homme d'esprit, Démanelle eut souvent l'honneur insigne de dîner avec Duroc et l'Empereur. — Les généraux et maréchaux le jalousaient, mais le modeste colonel ne tirait aucun orgueil de cette faveur tant enviée ; après avoir quitté la table, le Démanelle de l'empereur redevenait le Démanelle des soldats.

Démanelle, qui ne sollicita jamais pour son propre compte, obsédait l'empereur de demandes d'avancement pour ses officiers et de gratifications pour ses soldats. — L'empereur condescendait à ses demandes d'autant plus volontiers qu'il avait reconnu en lui cette abnégation personnelle, exagérée peut-être, mais sublime à une époque où le butin et les primes enrichissaient en un mois les états-majors. — Démanelle, dont les camarades expédiaient d'Espagne et d'Italie des fourgons qui fondaient la richesse de leur famille, mourut en laissant à la sienne une épée illustre et des dettes que la caisse de son régiment acquitta.

Cette probité est son plus bel éloge, cet héritage de dettes le plus honorable qu'il ait laissé à sa famille. — Laissons-le raconter

A notre droite, à l'entrée de la rue, un peu après le pavillon du Génie, la maison de M. Manéssier-Dequevauviller, sous-préfet à Abbeville (n° 16), est l'ancien refuge de la riche abbaye de Dommartin.

Le couvent des R. R. P. P. capucins était situé au bout de la rue, près du pont du Scardon. « Ces grands religieux, dit le P. Ignace, estant en grand estime par toute la France, les gens de bien d'Ab-

lui-même les divers épisodes de sa vie militaire ; son style même le peindra mieux qu'une froide biographie.

Ces passages sont extraits des lettres qu'il écrivait à son plus intime ami, M. François Traullé.

De Brest à son départ pour Saint-Domingue en qualité d'aide-de-camp du général en chef Leclerc.

« Excepté celui qu'il nous faut pour sortir, chacun des autres vents
« est venu enfler notre voile depuis ma dernière lettre : jugez par là
« de l'agrément dont a joui votre ami depuis trois semaines d'em-
« barquement. Notre temps se passe à virer de bord, et le mal de
» mer vient compliquer la situation. Quel dommage que l'on ne
» puisse aller à Saint-Domingue à franc étrier. »

Cadix, **14** *nivose, an* **X.**

« J'ai vu Madrid, Abbeville, Dunkerque, Brest, Lisbonne et Cadix,
« en 70 jours ; une tempête affreuse nous a séparés de la flotte et
« notre pauvre vaisseau, démâté, faisant 40 pouces d'eau à l'heure
« par une voie très large, est venu échouer aux pieds des Colonnes
« d'Hercule : mais, nous allons beaucoup plus loin que cet ancien ;
« demain matin nous nous remettrons à la mer et ferons voile pour
« la terre promise de nos exploits. »

Du Cap, pluviose, an **X.**

« Une ville superbe réduite en cendres, des vieillards, des femmes
« et des enfants en haillons, pleurant sur les débris de leurs habi-
« tations ; le bruit du canon, le feu dans la campagne, des troupes

beville désirèrent de les avoir. Notre seigneur accomplit leur désir...»
Le 14 juillet 1601, les Capucins furent reçus à Abbeville ; il logèrent
d'abord dans l'hôtel de Ligny, voisin de l'église Notre-Dame du
Châtel ; de l'hôtel de Ligny, ils allèrent dans l'hôtel de Huppy, rue
Saint-Eloy, où ils firent une chapelle ; de l'hôtel de Huppy enfin
ils passèrent dans les bâtiments du collège qui leur furent donnés
« pour les mieux accommoder. » Le 17 août 1606 fut posée la

« de nègres égorgeant les colons, — l'incendie et le sang : voilà le
« triste tableau que nous avons eu en débarquant.

« Depuis dix jours nous nous battons avec acharnement ; nous
« sommes maîtres de toutes les places fortes ; demain nous atta-
« quons les montagnes où sont retranchés les révoltés ; j'espère que
« nous les soumettrons.

« Tous ces malheurs, ami, un mot les a causés, liberté !... »

Cap, 15 floréal, an X.

« Aujourd'hui, nous ramenons les débris de l'armée de Toussaint
« Louverture. — La moitié des récoltes est conservée, les travaux
« reprennent, et après cette campagne terrible dans laquelle j'ai
« perdu tant d'amis, nous admirerons tous l'homme qui a su a
« finir en trois mois, et qui avant un an aura effacé sur le front de
« cette belle colonie la trace de dix années de malheurs, d'incendies
« et de massacres. »

Plaisance, 28 messidor, an XII.

« L'Empereur sort de Plaisance, — j'ai dîné à sa table et dans
« l'après-midi nous avons passé en revue mon régiment : l'Empe-
« reur m'a témoigné sa satisfaction et a causé avec moi non pas
« comme un empereur, mais comme un officier d'artillerie qui
« retrouve un camarade ; il était d'une gaîté et d'une familiarité
« si grande que toute sa suite en était plus que surprise. Je lui ai
« demandé vingt faveurs pour mon régiment et je les ai obtenues
« toutes sans exception. — Pour moi-même, vous savez que je suis

première pierre de leur église par François d'Orléans, comte de Saint-Pol, gouverneur de Picardie, qui les protégeait. Sur cette pierre étaient gravées aux quatre coins quatre croix avec les armoiries du comte de Saint-Pol. — Nous ne relatons ce détail que pour les sociétés d'antiquaires en quête de mémoires. — Cette église, construite en partie avec les démolitions du château d'Abbeville, fut solennellement dédiée, le dimanche 18 novembre 1616, par Mgr.

« incapable de rien demander ; ne suis-je pas au milieu de mes
« officiers le plus heureux des soldats ? »

Alpo, 4 brumaire.

« Votre lettre m'a trouvé sur les bords de l'Adige, vis-à-vis des
« Autrichiens que nous avons battus, que nous battrons encore et
« que nous ne laissons en repos depuis quelques jours qu'afin de
« concerter nos mouvements avec la grande armée, — celle qui fait
« des miracles ! »

Nommé successivement aide-de-camp du général Leclerc, chef d'état-major d'artillerie de l'armée de Saint-Domingue, puis commandant d'armes de la ville de Plaisance, il mourut dans cette dernière ville, du tétanos causé par une blessure reçue à la main en avant de Vérone. Jusqu'au dernier moment il signa de la main gauche ses ordonnances. La dernière lettre qu'il écrivit fut pour son père ; cette lettre nous a été communiquée par M. A. de Rambures ; nous la donnons tout entière comme un modèle de sensibilité, de fermeté, de simplicité et d'honneur.

Plaisance, 15 brumaire, an XIV.

« Quand vous recevrez cette lettre, mon cher papa, vous n'aurez
« plus de fils. J'ai été blessé, il y a quelques jours, d'une balle à la
« main droite, et je viens d'être attaqué du tétanos, maladie de la-
« quelle on revient difficilement. Je sais combien cette nouvelle
« sera affreuse pour vous : mais je vous la donne le premier, par-

André de Dormy, évêque de Boulogne.« La maison des Capucins, embellie par différentes acquisitions, possédait un jardin que le cardinal de Richelieu augmenta encore pendant le séjour qu'il fit à Abbeville en 1636 (1). »

N'en déplaise au respect qu'inspiraient au P. Ignace les vertus de ces grands religieux, il paraît que les P. P. Capucins n'entendaient pas toujours bien les vieilles maximes chrétiennes : à tout péché

« ce que vous devez avoir. pour la supporter plus de courage que
« ma femme et les autres personnes de ma famille. Quelque chose
« qui devra toujours vous consoler, c'est l'idée que votre fils a tou-
« jours vécu et est mort comme un brave. Il était digne de vous.
« Je vous engage à faire des démarches auprès de sa M. l'Empereur,
« pour obtenir une pension pour ma femme. La manière dont je me
« suis conduit dans tous les temps et surtout dans cette dernière
« circonstance de ma vie, tout doit me faire espérer que vous l'ob-
« tiendrez facilement. Adieu, mon cher papa, mes derniers vœux
« sont pour votre bonheur et celui de toute ma famille. On enverra
« à ma femme le produit de la vente de mes chevaux et de mes
« effets. Ma succession sera bien peu de chose, parce que c'est celle
« d'un homme dont la conduite a toujours été pure. Parlez de moi
« à l'ami Rambures et à tous nos voisins.
« Adieu.   DÉMANELLE. »

Impétueux sur le champ de bataille, grand cœur dans l'intimité, Démanelle était administrateur rigide. Sa probité intérieure ne démentit jamais sa probité officielle. Chargé de désarmer Venise, il reçut un jour une lettre renfermant 80,000 fr. de valeurs avec prière de faire enclouer seulement les canons sans les détruire. Il pouvait suivre cet avis sans forfaire à ses ordres reçus, l'enclouage suffisait. Il brûla les valeurs et fit briser le même jour les tourillons des pièces d'artillerie.

(1) *Hist. d'Abb.* tom. II.

miséricorde, et péché confessé est à demi pardonné. Aux fêtes de Pâques de l'an 1764, un *maître* savetier et son ouvrier, pris de vin, rencontrèrent, entre Francière et Bellancourt, une jeune fille à qui ils voulurent faire violence ; la jeune fille se défendit si bien que le repentir de leur faute inutile ne tarda pas à entrer dans l'âme des coupables ; aussi, ayant aperçu un peu plus loin un R. P. Capucin, qui venait à eux, le voulurent-ils forcer d'entendre leur confession ; sur son refus ils le saisirent par la barbe avec tout le respect que les diables ont pour celle de Saint-Antoine dans les tentations qu'ils lui font subir. Le R. P. Capucin ne se contenta sans doute pas de les exorciser sans rancune, car quelque temps après le maître savetier et son apprenti, dépouillés jusqu'à la ceinture, portant chacun un écriteau sur la poitrine avec ces mots: VIOLEUR DE FILLE SUR LE GRAND CHEMIN, escortés de huit hommes, archers et huissiers, étaient conduits par les rues Saint-Gilles et des Minimes, fouettés sur la place Saint-Pierre, ramenés par les rues des Carmes, Entre-deux-Eaux, Saint-André, jusqu'au Marché, et là fouettés définitivement et marqués. L'apprenti savetier avait été condamné à trois ans de galères ; son maître, marié depuis six ans et en cette qualité considéré comme plus coupable, à neuf ans. Ce qui n'était pas exhorbitant alors pour la vertu d'une fille et la barbe d'un capucin (1).

L'église des Capucins fut démolie de 1793 à 1795 ; quant aux bâtiments de cet ancien couvent, ils sont occupés aujourd'hui par les Carmélites. La seule curiosité digne d'intérêt que l'on y puisse citer est un portrait d'après nature du P. Ignace, notre vieil historien : il serait digne du conseil municipal de demander l'autorisation aux religieuses d'en faire lever une copie pour le musée. — Nous prendrons à cette occasion la liberté de soumettre au conseil une autre observation : il existe sans doute encore bon nombre de portraits des vieux mayeurs de la ville ; il serait facile de les réunir, car nous

---

(1) Ms. de M. Siffait.

ne pensons pas que les familles hésitassent à s'en dessaisir, et de les disposer en évidence dans quelque salle de la maison commune ou du musée : il n'est que juste de la part d'une ville d'honorer ainsi les vieilles familles qui l'ont servie. N'oublions pas que l'honneur qui s'attache aux nobles fonctions gratuites des municipalités a toujours été et sera encore longtemps, nous l'espérons, la plus sûre sauvegarde de l'ordre et de la dignité administrative dans nos villes.

Les notes de M. Traullé nous indiquent, sans nous en donner les noms, deux ou trois rues sur l'emplacement des Capucins (1).

----

(1) M. François Traullé, qui vient de mourir tout récemment parmi nous, regretté de tous ceux qui l'ont connu, était le frère de MM. Laurent et Alexandre Traullé, sur lesquels nous avons donné de trop courtes notices.

M. François Traullé naquit en 1774 ; destiné de bonne heure au commerce, qu'il n'abandonna jamais, il étudiait en 1793 la fabrication à Lyon lorsqu'il fut pris avec une société de royalistes, jugé et condamné à mort ; il resta vingt-quatre heures dans les transes d'une exécution prochaine ; enfin les preuves de sa non participation au complot dans lequel il était incriminé ayant été produites, la liberté lui fut rendue ; ses cheveux avaient blanchi en une nuit. M. Traullé fut président du tribunal de commerce ; il était membre de la société d'Emulation d'Abbeville qui le chargea de différents travaux d'Archéologie et d'Economie. M. Traullé a écrit sur la bataille de Crécy un mémoire qui, sur bien des points, se trouve en désaccord avec les données historiques reçues jusqu'à lui. Le colonel Ambert, depuis représentant du peuple, s'est servi de ce mémoire pour son histoire de la même bataille, et a adopté entièrement les idées de M. Traullé. Homme modeste, M. Traullé possédait un jugement remarquable ; à plusieurs époques il fut consulté par les chefs du département sur la direction à imprimer à

La rue des Capucins reçoit, à notre gauche, un peu avant sa fin, la rue des Pots.

La rue des Pots s'est appelée aussi rue d'Ameudin, on ne sait pourquoi, mais peut-être d'un bourgeois notable qui y avait sa maison; son nom de rue des Pots lui vient de la maison n° 15 qui fait le coin de la rue des Capucins, et qui avait pour enseigne deux petits pots sculptés en bois, comme on peut le voir encore (1). La rue des Pots, qui s'arrêtait autrefois à la rue des Carmes, se prolonge aujourd'hui jusqu'à la rue Saint-André, ainsi que nous l'avons dit à propos de la rue Entre-deux-Eaux, dont le nom a disparu.

Pendant la révolution, l'abbé Peuvrel, qui depuis fut principal du collége de Dieppe, trouva un refuge contre les persécutions de la Terreur dans une maison de la rue des Pots. Le maître de cette maison, afin de permettre à l'abbé de se promener quelques heures par jour dans une cour intérieur, tout en dépistant les soupçons des voisins, avait acheté un cochon. L'abbé Peuvrel voulait-il jouir un instant de l'air et de la lumière, on fermait la porte de la rue et l'on répondait aux questions curieuses du quartier que le cochon était dans la cour et que l'on voulait l'empêcher de fuir. La société des Jacobins eut vent cependant de la retraite de l'abbé; une escouade de ses membres vint faire une perquisition dans la rue des Pots. Prévenu à temps, l'abbé Peuvrel s'était réfugié dans une armoire. Les Jacobins parcoururent la maison de la cave au grenier; l'un des plus forcenés ouvrit même la porte de la cachette infidèle, mais, comme il était borgne, il ne put découvrir l'abbé Peuvrel, qui, par un

---

l'avenir d'Abbeville et les changements à introduire dans les personnes. Ses renseignements, donnés avec une mesure toujours digne et convenable, ont contribué au calme dont notre ville jouit depuis si longtemps.

(1) Cette maison était le siége de la vicomté du pont aux Cardons. Voir l'*Hist. d'Abb.* tom. II. chap. III.

hasard providentiel, s'était justement blotti du côté où le sbire révolutionnaire ne pouvait le voir. Les Jacobins en furent quittes pour la peine et l'abbé Peuvrel pour la peur.

La rue des Capucins finit au pont aux Cardons ou à Cardon.

Ce pont que l'on devrait, nous le supposons, appeler pont du Scardon, de la rivière qui coule au-dessous, n'a très probablement pris que par la corruption de l'usage le nom de pont aux Cardons.

Au-delà du pont du Scardon commence en ligne droite la chaussée Marcadé et prennent naissance de chaque côté et le long de la rivière les rues des Teinturiers et aux Pareurs.

Commençons par ces dernières.

La rue des Teinturiers s'est appelée autrefois petite rue aux Pareurs, des pareurs qui l'habitaient et par opposition à la rue aux Pareurs proprement dite. Les pareurs étaient des apprêteurs de drap.

Dans les rôles *de répartition* de 1550, dit Collenot, on trouve cent vingt-trois maîtres tondeurs pareurs, soixante-douze maîtres fabricants de draps, dix-huit maîtres teinturiers (1), — la petite rue aux Pareurs s'est appelée plus tard rue des Teinturiers, des teinturiers qui s'y établirent ; il y avait alors des rapports nécessaires entre les pareurs et les teinturiers. On ne se fût pas avisé, dans ces temps de bonne foi, de tisser avant d'avoir teint.

---

(1) « De 1250 à 1500, nous apprend autrepart Collenot, il se fabriquait à Abbeville de gros draps, des serges à deux estames, des étamettes et des cordelières : la communauté des baracaniers n'a pris commencement que sous le titre de sergers baracaniers. Près de deux cents maîtres fabricants de ces gros draps occupaient les rues Wattepré, aux Tisserands, les maisons près du pont de Tourvoyon et la rue Ledien. Alors les principales manufactures de gros draps en France n'existaient pas encore et Abbeville en faisait un commerce fort étendu. »

Ce fut dans la rue des Teinturiers que fut définitivement fixé, en 1711, l'hôpital des pauvres orphelines dédié à Sainte-Anne, autrement dit Hôpital de Saint-Joseph ou de Sœur Claude. — L'an 1641, une vertueuse fille d'Abbeville recueillit par charité quelques pauvres orphelines dans une maison qu'elle avait dans le Lillier, près du pont de Popincourt (1); l'année suivante, au mois de novembre, le nombre des orphelines croissant, Claude Foullon les établit dans la Tannerie, dans la maison même où plus tard l'avocat Varlet accueillit si bien le P. Ignace et ses compagnons à leur arrivée à Abbeville; de là, c'est-à-dire de sa fondatrice, le nom de Sœur Claude qui resta toujours malgré ses déplacements à l'hôpital des Orphelines, si bien que les saintes filles de cette maison ne s'appelaient guère autrement dans le public que Sœurs Claudes : l'année suivante encore, en 1643, le petit troupeau allant toujours de bien en mieux, l'hôpital des Pauvres Orphelines fut en quelque sorte consacré le jour de Sainte-Anne, avec messe, vêpres, prédication et procession dans le jardin même de la maison. Un religieux d'Abbeville ayant envoyé à Paris une relation de cette fête, la reine Anne d'Autriche, qui la lut, en témoigna de la réjouissance et dit « qu'elle désiroit que cet hôpital nouveau fust dédié à Sainte-Anne sa patronne, puisqu'entre tant d'églises qui estoient à Abbeville, il n'y en avait pas encore qui fust dédiée à cette grande Sainte. C'est une chose bien remarquable, ajoute avec admiration le P. Ignace, que Dieu se soit voulu servir d'une grande royne de France, nommée Anne, pour donner le nom de Sainte-Anne à cet hôpital. » De là, c'est-à-dire du jour où cet hôpital fut inauguré et d'un mot d'une reine de France, le nom de Sainte-Anne conservé par cette maison. L'an 1645, MM. de l'Echevinage ayant approuvé l'établissement de l'hôpital des Orphelines, cédèrent à ses fondatrices, dites Sœurs de Saint-Joseph ou de la Providence, l'hôpital Saint-Jacques, dans la rue Entre-deux-Eaux ;

(1) Quel est ce nouveau pont que nous indique le P. Ignace ?

delà, c'est-à-dire du nom même des Sœurs (1) qui le dirigeaient, son nom officiel d'hôpital de Saint-Joseph. La maison qu'elles allèrent occuper en l'an 1711 dans la rue des Teinturiers est fort grande et fort belle ; elle existe encore et porte le n° 45. Fermée en 1792, elle fut réunie ainsi que ses biens à l'hospice général des Pauvres ; pendant longtemps une manutention pour les troupes y fut établie qui n'a cessé de fonctionner que cette année. Enfin la ville, qui en a fait l'acquisition des hospices il y a environ deux ans, vient de la transformer en caserne.

La rue des Teinturiers a donné naissance, nous ne savons dans quelle maison, à Hugou de Bassville, l'envoyé extraordinaire de la Convention, qui, le premier, arbora ouvertement à Rome les couleurs de la République, hardiesse qui lui coûta la vie (2).

------

(1) Encore que ces filles ne fussent que séculières et n'eussent le droit de porter que l'habit.

(2) L'assassinat de Bassville fit grand bruit. Le commissaire général nommé par le directoire vers 1800 près l'administration départementale de la Somme, Léonard Gay-Vernon, un commissaire comme on en a trop vu, même de nos jours, d'abord curé, puis évêque constitutionnel et député à l'Assemblée législative, enfin membre de la Convention nationale et régicide, rappelle encore la fin malheureuse de notre compatriote dans une lettre dont nous citerons quelques passages pour montrer, — leçon utile de nos jours, — à quel degré de démence et de ridicule le fanatisme exaspéré des révolutions peut amener les hommes. Quelques personnes pieuses d'Abbeville ayant cru pouvoir rendre un hommage public à la mémoire de Pie VI, le commissaire Gay-Vernon s'en prit à l'autorité municipale. « Il est donc bien vrai, lui écrivit-il, que l'acte le plus incroyable, le plus absurde, le plus contre-révolutionnaire et le plus immoral vient d'avoir lieu dans l'enceinte de vos murs ; quoi ! on a dressé un catafalque devant un autel, célébré une fête funèbre en mémoire de

La rue aux Pareurs, ou grande rue aux Pareurs, fait à notre droite, en descendant le pont du Scardon, le prolongement de la petite rue aux Pareurs ou des Teinturiers. Il est inutile de rappeler, à propos du nom de cette grande rue aux Pareurs, ce que nous avons dit déjà à propos de la petite. La rue aux Pareurs, comme la rue des Teinturiers proprement dite, est bordée d'un côté par le Scardon. Elle ne portait pas dans toute son étendue, ou du moins exclusivement, le nom qui seul lui reste aujourd'hui. De la hauteur du jardin des Capucins au pont Grenet, sur la rive gauche du Scardon, elle prenait celui de faubourg Saint-Eloy. Il y avait dans ce faubourg, et c'est de là que lui venait sans doute son nom, une porte de communication et une ruelle par lesquelles on allait de la rue aux Pareurs à

---

l'assassin de Bassville, de Duphot et de tant de Français ! Cet impie qu'on nomme Pie VI et que Rome même avilie, méprisait, s'est ligué avec les barbares du Nord et de l'Orient, c'est-à-dire avec ce qu'il appelait le schisme, l'hérésie et le paganisme pour réasservir le monde, le plonger dans les ténèbres de l'ignorance et anéantir toutes les idées libérales. Cet impie qu'entouraient tous les vices personnifiés, et qu'une crapule honteuse déshonorait, a couvert notre patrie de sang et de carnage. Il a fait prêcher au nom de Dieu par ses émissaires répandus partout le meurtre et l'assassinat des hommes libres et vertueux, et c'est à la mémoire de de cet ennemi du nom français, de la raison et des vertus qu'on a osé rendre des hommages, publics etc. » BIOGRAPHIE UNIVERSELLE, SUPPLÉMENT. — Le fils d'Hugou de Bassville a été il y a peu de temps nommé général, et un de ses neveux, qui porte son nom, habite encore le village de Nouvion ; son portrait a été conservé par un autre de ses neveux, M. Henri Tronnet. Hugou a publié plusieurs ouvrages, entre autres, des *Eléments de Mythologie*, des *Mélanges érotiques et historiques*, un *Précis sur la vie de François Lefort,* des *Mémoires sur la Révolution Française,* des *Mémoires de Madame de Warens* et de *Claude Anet.*

la messe à l'église de Saint-Éloy. La rue aux Pareurs finissait autrefois à la rue Planquette ; depuis un an ou deux elle a été prolongée jusqu'au rempart par suite de la démolition d'une ou deux maisons de cette dernière rue, et c'est sur son prolongement qu'a été établie, en 1847, la Salle d'Asile, dite de la rue Planquette, sur un terrain acheté le 14 juillet 1846.

Il y avait autrefois une rue du Scardon qui devait se trouver dans les environs de la rue aux Pareurs, si elle n'était pas elle-même la rue aux Pareurs.

La rue Planquette, qui prend naissance à gauche de la rue aux Pareurs, à peu près en face du pont Grenet, et qui va du bout de la rue d'Avignon au bout de la rue Pados, tire son nom des petites planches, — *planquettes*, — sur lesquelles on passait pour aller d'une maison à l'autre, à une époque où elle était fréquemment couverte d'eau.

La chaussée Marcadé, à laquelle nous revenons enfin et qui fait face, ainsi que nous l'avons dit, au pont du Scardon, est ainsi nommée d'un certain Marcadé, coureur anglais, qui guerroya dans les environs. Nous n'avons rien à dire de cette chaussée jusqu'au point où la rue Médarde la coupe à gauche et la rue Pados à droite.

La rue Médarde s'est appelée autrefois rue des Tisserands, des tisserands qui l'habitaient. C'était là en quelque sorte son nom officiel ; son nom de rue Médarde, dont l'origine remonte, dit-on, à une lessiveuse célèbre, était plus vulgairement employé dans la ville. Ce dernier nom a prévalu et lui est seul resté. — La rue des Tisserands ne serait-elle pas la rue des *Telliers* — toiliers, — dont parle Collenot, et où se faisaient les toiles à voiles pour le cabotage et la pêche des harengs ? L'insuffisance des indications ne nous permet de rien affirmer à cet égard. Dans tous les cas, cette rue des *Telliers* devait faire partie du groupe de rues qui nous occupe.

Les notes de M. Traullé indiquent une rue qui de la rue Médarde allait jusqu'au rempart, entre la chaussée Marcadé et la Pointe ; l'existence de cette rue est attestée encore aujourd'hui peut-être par un cul-de-sac inonimé, ouvert entre les maisons qui portent les n°s 23 et 27.

La rue Médarde finit à la naissance de la rue des Rapporteurs, à l'angle de la rue de l'Eauette.

La rue de l'Eauette tire son nom d'un filet d'eau, — *Eauette,* petite eau, — que l'on désigne ainsi (1). — Elle nous conduit à la place Saint-Jacques.

La place Saint-Jacques tire son nom de l'église qu'elle entoure et à laquelle elle servait autrefois de cimetière.

L'église Saint-Jacques, dit le P. Ignace, est une des plus anciennes et des plus célèbres qui soient dans la ville. Quant à son antiquité elle paraît remonter au-delà de l'année 1136 ; l'église que nous voyons aujourd'hui ayant été bâtie en l'an 1482 n'est qu'une fille de la première ; quant à sa célébrité, le P. Ignace ne la justifie par rien. L'église Saint-Jacques se compose de trois nefs voûtées en bois ; les marins qui habitaient le quartier environnant, avant leur établissement dans le Rivage, possédaient dans cette église une chapelle dont la clôture de fer posée en 1535, nous apprend encore le P. Ignace, pesait trois mille sept cent soixante-huit livres. Le grand clocher qui est séparé de l'église fut commencé le 19 juin 1542, « dépourvu d'ornements, carré, gros, court et couvert d'un toit, il est en sur-

---

(1) L'Eauette, qui descendait autrefois, dit-on, du haut de la rue aux Pareurs, est une prise d'eau dans la rivière du Scardon dont elle se détache près de l'ancien couvent des dames de Saint-Joseph. Elle sert de déversoir à cette rivière lorsque le moulin du Roi a trop d'eau et submerge le moulin d'amont ou de la Baboë. L'Eauette alimentait autrefois, avec la rivière de Sotine dont nous dirons un mot bientôt, le moulin à bled qui était à l'entrée de l'impasse Coq-Chéru. Elle coule aujourd'hui souterrainement jusques dans les jardins de la rue Médarde et de Saint-Jacques ; de ces jardins, où on la voit reparaître, elle repasse souterrainement encore sous la place Saint-Jacques dont elle fait le tour en partie, et revient enfin à ciel ouvert lorsqu'elle se confond avec la rivière de Sotine.

plomb, de même qu'une partie de l'église (1). » Il contenait autrefois dix cloches. L'une de ces cloches, dit le P. Ignace, est une des plus grosses de la ville : « aussi cette paroisse est de fort grande étenduë. » Il y avait près de ce clocher un abreuvoir alimenté probablement par l'Eauette.

Le quartier Saint-Jacques était fort souvent au dix-huitième siècle et jusqu'à nos jours, avant l'établissement des écluses sur le canal, recouvert par les eaux de la Somme. « Au mois de janvier de 1752, voyons-nous dans les Ms. de M. Siffait, on fit une écluse au pont qui est près du moulin de la Pointe pour empêcher que la marée n'inondât davantage le terrain de Saint-Jacques. » Et plus loin : « en septembre 1776, on mit un clapet de bois en forme de porte au pont de pierre qui est sur l'Eauette, vers le clocher de Saint-Jacques, pour empêcher que la marée ne se répandît davantage dans le cimetière. L'année dernière, la veille de Noël, quand l'office de la nuit fut fini, ceux qui y étaient ne purent sortir de l'église, tant le cimetière était rempli d'eau. » Dans l'hiver de 1798 à 1799, nous apprennent les Ms. de M. Macqueron, le dégel amena dans la ville une inondation telle que la paroisse de Saint-Jacques fut en partie submergée ; on n'y pouvait aller qu'en bateau pour porter du secours et du pain aux habitants qui se tenaient dans le haut de leurs maisons. — Il arrivait même, lorsque la marée était poussée par un vent un peu fort, qu'elle entrât dans l'église et y montât de la hauteur de plus d'un pied. Ces inondations étaient devenues très fréquentes depuis que l'on avait fait des digues pour empêcher la mer de se répandre dans le pays de Noyelles et dans le Marquenterre. On voit que la question de la baie, qui a soulevé tant de controverses il y a quelques années, ne date pas d'hier.

Quatre issues sont à la place Saint-Jacques : la rue de l'Eauette, la rue des Poulies, la rue et la petite rue Saint-Jacques.

---

(1) *Hist. d'Abb.* tom. II. Liv. huitième.

Nous avons parlé de la rue de l'Eauette.

La rue des Poulies s'appelle ainsi, des poulies montées, dit Collenot, sur des poteaux fort élevés et dont on se servait, avant l'invention des rames, pour étendre les draps en longeur et en largeur et pour les faire sécher dans divers clos et plants. Plusieurs des sécheries et des ateliers d'apprêts des pareurs, nous apprend encore Collenot, étaient dans cette rue. — A l'entrée de la rue des Poulies, au coin de la place Saint-Jacques, est l'école mutuelle dirigée par M. Nortier. L'acquisition du terrain de cette école a été faite par la ville le 30 mars 1829. L'école a été construite en 1833. A l'autre extrémité de la rue est une école des sœurs de la Providence. — La rue des Poulies finit à la rue des Rapporteurs.

La rue et la petite rue Saint-Jacques aboutissent, la première à la rue Ledien, la seconde à la grande rue de la Pointe. Il est inutile d'expliquer d'où leur vient le nom du saint qui les patronne. — Nous retrouverons sur notre passage les rues Ledien et de la Pointe.

De l'autre côté de la chaussée Marcadé, si nous revenons sur nos pas, en face de la rue Médarde, s'ouvre la rue Pados ou Padot ; cette rue s'appelait autre fois rue Wattepré, nous ne savons encore pourquoi, malgré les étymologies très hasardées qui nous ont été fournies à ce propos. Son nom de rue Pados lui vient d'une famille à qui le moulin qui s'y trouve a longtemps appartenu. — « En 1776, disent les Ms. de M. Siffait, MM. de ville, après avoir fait redresser la rue Pados, ont fait percer une rue au travers d'un jardin appartenant au sieur Nicolas Deraines, marchand potier d'étain, pour de là aller en droiture au rempart; ils lui ont donné même grandeur de terrain de l'autre côté et une somme de deux cents livres pour l'indemniser. »

Du carrefour formé par la rue Médarde et la rue Pados jusqu'à celui que forment, au-delà du pont de Touvoyon, les rues Ledien et d'Argonne, nous n'avons à mentionner dans la chaussée Marcadé que la manufacture des Moquettes. — Cet établissement fut fondé en 1667 par un hollandais du nom de Philippe Leclerc, qui obtint de grands priviléges pour le faire prospérer. Ces mêmes priviléges furent cédés plus tard à M. Jacques Homassel, lorsqu'il acquit la manufacture alors périclitante. M. Jacques Hecquet, gendre de ce dernier, lui succéda vers 1716, et fut remplacé par son fils qui fit faire de nouveaux progrès aux tapis d'Abbeville. « Cette fabrique passa ensuite à M. Pierre Hecquet d'Orval, que ses lumières, sa bienfaisance et son patriotisme recommandent au souvenir de ses concitoyens (1). » M. P. Hecquet d'Orval, par d'heureuses expériences ajouta encore au succès de ses prédécesseurs. La manufacture des Moquettes a été acquise en 1824 de M. J.-P. Hecquet d'Orval, fils du précédent, par M. Vayson, qui y a introduit les métiers à la Jacquart. Les bâtiments de l'ancienne manufacture des Moquettes (n° 59) ne renferment plus que très peu de métiers ; le plus grand nombre des métiers en activité aujourd'hui fonctionnent dans l'ancien couvent des Willancourt, au-delà du pont de Tourvoyon (2).

Le pont de Touvoyon, sur lequel nous traversons la rivière de Sotine, s'appelle ainsi du nom d'un mayeur de la ville en charge en 1369 ; on l'appelle aussi pont des Minimesses, du voisinage du couvent de l'ordre de Saint-François-de-Paul dont nous parlerons tout-à-l'heure.

La rue Ledien doit son nom à une corruption de langage ou à une contraction de mots. On disait, ou on devait dire autrefois, trouvons-nous dans Collenot, rue Ledoyen. La rue Ledien ne s'appelait ainsi que dans une très faible partie de son étendue et de sa largeur actuelle. Elle ne se composait que de l'étroite voie pavée qui longe les maisons sur la rive gauche de la rivière de Sotine, jusqu'à la maison qui porte le n° 46. Cette autre partie beaucoup plus large de la rue, qui court sur la rive droite de la rivière, s'appelait rue Mourette, du nom d'une ancienne famille. La rue Mourette n'allait guères au-delà du point où la rue Saint-Jacques lui servait et lui sert encore de déversoir, en enjambant la rivière de Sotine

----

(1) *Hist. d'Abb.* 1ere édit. chap. XXXIV.

(2) Voir pour plus de détails l'*Hist. d'Abb.* 1re édit. chap. XXXIV.

sur le pont de Bataille. La rue Ledien, qui aboutit aujourd'hui au quai de la Pointe, n'a été prolongée jusque-là qu'en 1833, et pour donner accès au pont qui lui fait face et que l'on a appelé depuis pont Ledien. Les maisons que ce prolongement fit disparaître furent achetées par la ville cette année-là même et démolies immédiatement.

Le pont Ledien fut construit aux frais de la ville, il y a à peu près quinze ans. Nous ajouterons, afin d'en finir de suite avec lui, que trois maisons de la chaussée d'Hocquet furent achetées au mois de juillet 1837, pour dégager son entrée sur cette chaussée.

La rue d'Argonne, que nous retrouvons à notre droite, dans la chaussée Marcadé, en face de la rue Ledien, tire son nom d'une ancienne famille (1) ; on a prétendu a tort qu'elle fut ainsi appelée pendant les guerres de la Révolution, après la victoire de Dumouriez dans la forêt de l'Argonne ; son baptême remonte beaucoup plus haut. On la désigne vulgairement encore sous le nom de rue a Carottes, et voici pourquoi : — on se souvient sans doute de l'étymologie que nous avons donnée de l'impasse des Basses-Chambres ; il paraît qu'autrefois les ouvriers des Moquettes transformaient en succursale de cette impasse la rue d'Argonne, étroite, presqu'inhabitée et peu fréquentée ; de là, par une figure du langage populaire, le nom de rue à Carottes, où les amateurs de logogriphes sauraient retrouver, en retranchant une seule lettre, le mot propre énigmatiquement déguisé pour nous. La rue d'Argonne, non pavée encore dans les trois quarts de son étendue, et qui, sur cette même étendue, n'a guères plus de six pieds de large, remonte la rive droite de la rivière de Sotine (2) jusqu'au rempart, à peu de distance de la tour

---

(1) *Hist. d'Abb.*

(2) La rivière des Sources, ou de Sotine, prend naissance dans les prés de la Bouvaque ; entre dans la ville sous la tour à Borel ; passe derrière les jardins de la rue Pados, en longeant la rue d'Argonne :

à Borel (1). Un fossé, qui sert d'égoût aux jardins de la chaussée Marcadé, longe la rue d'Argonne du côté opposé à la rivière de Sotine, de sorte qu'en temps de pluie ou de verglas, il est presque impossible de passer sur cette étroite digue en dos d'âne sans s'égarer dans la rivière ou dans le fossé.

La partie de la chaussée Marcadé que nous allons parcourir maintenant était, comme toutes nos rues, riche en maisons religieuses : c'était d'abord le couvent des Minimesses, où nous voyons aujourd'hui la maison de madame Millevoye, la veuve de notre illustre compatriote (n° 66), puis l'abbaye royale de Willancourt, où demeure M. Cherbonnier (n° 90); puis le refuge des dames de Bertancourt, qui a fait place aux maisons de MM. Delignières Roussel et Cortilliot Tony (n°115.)

Occupons-nous d'abord de la première de ces maisons située à notre gauche, à deux pas du pont de Touvoyon.

Le couvent des Minimesses d'Abbeville a été le prémier de cet ordre fondé en France. Il dut d'être établi à la R. M. Gabrielle Foucquart, qui lutta longtemps contre des obstacles de toute nature

---

traverse la chaussée Marcadé sous le pont de Touvoyon ; longe la rue Ledien qu'elle divise en deux dans la première partie, ainsi que nous l'avons dit plus haut ; passe sous le pont de Bataille; fait un coude plus loin, derrière les jardins de Saint-Jacques et de la Pointe ; en fait un second plus brusque à sa jonction avec l'Eauette, à la hauteur du clocher de Saint-Jacques ; passe sous le pont de la Pointe, et se jette dans la Somme, contre l'impasse Coq-Chéru.

(1) La tour à Borel ou à Bourel s'appelle ainsi, parce qu'à l'époque où l'on exécutait encore sur le chemin de Drucat, le bourreau déposait dans cette tour ses attirails de supplice, afin de ne pas les traîner à travers la ville.

pour arriver à l'accomplissement de son saint projet. La R. M.
Gabrielle Foucquart est l'héroïne du P. Ignace ; il lui consacre en
vingt-quatre articles ou chapitres quatre-vingt-quatre pages de son
Histoire Ecclésiastique ; et, dans une petite gravure de F. Poilly, —
la seule du volume, — qui sert d'introduction, en quelque sorte, au
pieux roman de l'historien, la R. Mère est représentée en pied et foulant
les fleurs d'un paysage allégorique. « J'advoüe ingénuëment, dit en
commençant l'honnête Carme, qu'il faudroit un Saint Hierosme pour
escrire d'un style de saint, les belles actions de cette constante Paule
d'Abbeville, de cette courageuse fondatrice, de cette prudente mère
de tant de sages vierges et de cette femme forte. » Le R. P. se met
ensuite à l'œuvre avec ce courage imperturbable que les contes
grivois du vieux temps attribuent surtout à son ordre : — la vénérable Mère Gabrielle Foucquart naquit à Abbeville le 15 avril de l'an
1568, « en la grande maison du sieur Moitié, qui est devant l'église
des R. R. Pères Cordeliers. » — Cette maison était la maison de la
Coupe d'Or dont nous dirons un mot lorsque nous la trouverons
sur notre passage. — La petite Gabrielle fut baptisée dans l'église de
Saint-Jean-des-Prés. Ses parents, gens fort vertueux, lui inspirèrent
de bonne heure le goût de la religion. Un jour qu'elle se divertis-
sait seule dans un jardin, ses yeux furent tout-à-coup frappés par
« une belle image de la Très-Sainte Vierge, lumineuse comme si elle
eut été environnée des rayons du soleil, qui avait un cercle sous ses
pieds et luy ouvrit les bras comme la voulant embrasser. » L'enfant
alla quérir son grand'père qui ne vit sans doute rien de particulier,
hasarde le P. Ignace, se piquant d'incrédulité contre ses habitudes,
mais qui de retour en sa maison dit à sa femme : *m'amie, il nous faut
soigneusement eslever cet enfant, car Dieu s'en servira quelque jour
pour faire quelque chose de grand.* Gabrielle était pour lors âgée de cinq
ou six ans et déjà « l'honnesteté d'une très-pudique vierge parois-
soit en toutes ses actions : car toute petite qu'elle estoit, elle n'osoit
arrester les yeux sur les hommes ; et quand elle en rencontroit par
les ruës, une chaste rougeur lui montoit au visage. » Ce qui, soit dit
en passant, indiquait chez la future fondatrice une vertu bien pré-

coce. — De l'âge de dix ans à vingt-six, elle nourrit toujours le dessein d'être religieuse. Son oncle, un curé de Saint-Vulfran, la maria tout-à-coup, sans la consulter, à un sieur Duval. Gabrielle, en fille chrétienne, se soumit en vue de Dieu. « O si les mariages se traitoient de cette sorte, s'écrie le P. Ignace, que de paix et d'amour, que de grâces et de bénédictions du ciel !... il est vray, a-t-il soin d'ajouter, qu'il est peu de filles sages et chastes, qui ne se troublent quand on leur parle d'un mary et qui ne trouvent de la difficulté de cesser d'estre anges, pour commencer d'estre du nombre des femmes. » Gabrielle s'acquitta du reste si consciencieusement de ses charges de ménage, que, bien qu'elle ne restât mariée que deux ans, deux mois et deux jours, elle trouva le temps de mettre au monde deux enfants dont l'un devint plus tard une petite religieuse, et l'autre un petit curé. Son mari était mort de la peste ; elle échappa miraculeusement à la même maladie qu'elle avait contractée en le soignant. A peine veuve, elle fut recherchée par plusieurs bons partis qu'elle refusa. « Elle avait vécu pendant son mariage en blanche colombe, elle désiroit passer son veuvage en chaste tourterelle... Elle négligeoit cette grande beauté qui luy donnoit le prix entre celles de sa condition. » Son confesseur, à qui elle découvrit le désir de quitter le monde, lui donna pour conseiller un R. P. Minime « qui fut le premier qui la conduisit plus constamment dans les voies de Dieu. » Elle s'affectionna si cordialement depuis à l'ordre des RR. PP. Minimes, que dès lors le dessein de fonder un couvent de Religieuses du tiers ordre de Saint-François-de-Paule prit naissance dans son esprit. Ce dessein, affermi encore par les prophéties d'un provincial des RR. PP. Minimes, rencontra un premier obstacle dans l'opposition même des religieux de cet ordre. « Ceux qui la vouloient empescher de commencer le saint institut, disoient qu'elle » — Gabrielle Foucquart, — « n'estoit pas d'assez grande condition, et, comme par mépris, ils disoient, qu'elle n'estoit qu'une bourgeoise d'Abbeville, et que cet établissement méritoit bien une princesse ou une grande dame du royaume ; et qu'une royne de France avait réservé de grandes richesses pour estre fondatrice si les pères Minimes l'eussent voulu accepter , » — *Pour pénitence de la faute qu'ils ont faite en cela*, répondait Gabrielle, *ils en auront une qui ne sera pas de cette qualité.* Elle avait déjà rassemblé quelques novices. Un jour qu'elle se rendait avec elles à l'église de Notre-Dame de la Chapelle, elle remarqua dans la chaussée Marcadé, près de l'hôpital de N.-D. de Boulogne, une grande maison qui lui parut propre pour l'établissement d'un couvent. Cette remarque était une inspiration de la Vierge qu'elle allait consulter. Peu de temps après, la maison était mise à sa disposition par Jean Maupin, conseiller au siége présidial, qui l'avait achetée de ses deniers, mais qu'elle remboursa bientôt. Des tribulations nouvelles lui furent suscitées alors. Un supérieur de l'ordre de Saint-François de Paule la reprit sévèrement et publiquement dans un sermon de ce qu'elle élevait une communauté et se vêtait de la couleur des Minimes. Ce sermon devint le signal de remontrances nouvelles de la part des gens du monde, de ses proches parents, des filles même qu'elle avait adoptées. Gabrielle persévéra ; et, le diable ayant tenté ses filles de se retirer d'avec elle, elle saisit ce moment pour les enchaîner par des vœux ; elle les prononça elle-même la première, le 17 mars 1617. Vers le même temps, elle sollicita du grand aumônier de France, le cardinal François de la Rochefoucault, l'adjonction à sa maison de l'ancien hôpital de Notre-Dame de Boulogne ou du Pont de Touvoyon ; ce qu'elle obtint sans trop de difficulté. Des tentations plus dangereuses l'attendaient elle-même. Elle n'avait pu encore obtenir l'érection de sa maison en couvent de l'ordre de Saint-François de Paule. En 1619, un prêtre d'Abbeville lui proposa de la faire admettre dans l'ordre de Saint-Benoit. Gabrielle le remercia humblement de sa bonne volonté. En 1620, une religieuse Carmélite d'Amiens, cousine de Gabrielle, lui offrit, du consentement de la mère prieure, la direction d'un couvent de son Ordre à Abbeville. *Tout ce que vous me dites est bel et bon*, répondit Gabrielle, *mais le P. Joseph et le P. Hébert m'ont dit de la part de Dieu, qu'il m'a choisie et se veut servir de moy en l'ordre de Saint-François de Paule.* Et elle demeura inébranlable. Son propre confesseur, que les dames Carmélites d'Amiens avaient mis dans leur intérêt, conspira contre elle.

Ne pouvant la résoudre elle-même à embrasser l'ordre du Mont-Carmel, il représenta aux sœurs de la communauté naissante tous les avantages que compromettait l'obstination de leur Mère Gabrielle. Il y eut alors révolte ouverte dans la maison; la chambre de la R. Mère est envahie. On lui pose impérativement des conditions qu'elle refuse courageusement d'accepter. Sa douceur et sa prudence triomphent enfin de l'erreur des saintes filles. Le drapeau rouge de l'émeute est déchiré. — Enfin, en l'année 1621, le R. P. François de la Rivière, visiteur général des RR. PP. Minimes, étant venu à Abbeville, promit à la Mère Gabrielle l'admission de sa communauté dans l'ordre des Minimes, ce qu'il obtint effectivement à son retour à Amiens de Mgr. l'évêque. Ce digne prélat manquait probablement de fermeté, car en remettant son consentement au P. de la Rivière, il eut soin d'ajouter : « mon, père ne le dites pas à vos religieux, car autrefois, je leur ai parlé de ce projet, mais ils n'en veulent pas. » On eut dit que le P. de la Rivière eut compris sur ce mot la nécessité de faire la plus grande diligence possible pour mener à bonne fin son entreprise. Il partit d'Amiens le 15 juillet, à dix heures du matin, « bien qu'un de ses Pères collègues eut pris quelque remède purgatif ce jour là. » Au milieu du chemin, son cheval le jette par terre et lui donne un coup de pied au milieu du front. Le R. P. se relève et dit en lui-même: le diable est envieux des résolutions que j'ai pour Dieu; et il continue son chemin. A cinq heures du soir, il est à Abbeville. La mère Gabrielle prévenue fait dresser un autel, un tabernacle. Toutes les sœurs se mettent à l'ouvrage, et, leurs bons anges travaillant avec elles, elles font ce jour-là même dix habits de religion. Enfin, le samedi 17, à six heures du matin, après les cérémonies d'usage pour la bénédiction de la maison, toute la communauté reçoit des mains du P. de la Rivière le saint habit des Minimes. A huit heures du matin, deux heures après que tout fut fait, un envoyé de Mgr. l'évêque d'Amiens apportait une opposition sous peine d'excommunication à cette prise de voile. Cette opposition avait été obtenue deux heures trop tard par les Minimes. Les querelles de lutrin ne s'étouffent pas facilement. Les Minimes ne se tinrent pas pour battus: leur Père provincial obtint un arrêt pour dévoiler les saintes filles avec commandement au lieutenant-général et au procureur du roi de lui prêter main forte. « Voici, dit le P. Ignace, un accident digne de compassion, capable d'attendrir le cœur des lecteurs. » Le 12 mars 1622, la mère Gabrielle fut dévoilée avec toute sa communauté. Lorsqu'on lui retira son voile, sa propre fille, la mère Anne Duval, tomba à la renverse par terre toute pâmée de douleur. Le P. provincial n'avait cependant ôté à la fondatrice qu'une épingle au milieu de son voile « par respect, croyant que cela suffisoit. » Un dernier coup devait encore frapper la Mère Gabrielle : le Saint-Sacrement fut enlevé de la chapelle de sa maison ; jusques là elle et ses sœurs avaient entendu la sainte messe de leur cour au travers d'une clôture d'argile à laquelle elles avaient fait de petits trous pour voir le précieux corps de Notre-Seigneur à l'élévation. Enfin, quinze jours après son dévoilement, la Mère Gabrielle trouva le moyen de se faire apporter la communion par un vertueux ecclésiastique qui consentit à lui laisser en cachette une hostie consacrée qu'elle enveloppa du plus riche voile de sa maison et déposa dans le chœur de sa chapelle ; plus tard un charitable prêtre, voyant l'extrême désir qu'avaient les bonnes filles de recevoir le corps de Jésus-Christ, prit cette sainte hardiesse de leur porter quelquefois à une heure de la nuit le Saint-Sacrement sur sa poitrine. Ces mystérieuses consolations, qui transformaient presque leur céleste époux en amant terrestre, firent patienter les bonnes sœurs jusqu'au jour où un ecclésiastique se présenta devant elles de la part de Monseigneur l'évêque d'Amiens avec ordre de les excommunier. La Mère Gabrielle, sans s'épouvanter de ces menaces, déclara avec un courage inébranlable qu'elle garderait sa clôture et sa règle jusqu'à ce qu'il eût plu au pape de prononcer sur la réclamation qu'elle lui avait soumise. L'envoyé de l'évêque se mit alors en devoir de fulminer l'excommunication contre elle ; il était accompagné de deux ou trois prêtres ; un d'eux allume une chandelle ; un autre sonne une petite clochette ; le commissaire lisait des malédictions horribles et pour conclusion il

disait : *si dans trois jours vous ne sortez, je vous laisse en la possession du malin esprit.* A quoi la sainte Mère frappant du pied en terre
répondait : *je suis enfant de l'église ; je renonce au diable et à vostre
excommunication : j'en appelle au pape, mon supérieur et le vostre.* —
Cependant le procès-verbal de tout ce qui s'était passé avait été
envoyé à Rome avec de l'argent ; mais le diable fit perdre par le
chemin les papiers et l'argent ainsi que le constate une lettre du
P. de la Rivière, protecteur de la communauté. Tous les amis de la Mère
Gabrielle perdirent alors courage et tout semblait désespéré ; elle seule
demeura toujours ferme, espérant en Dieu et résolue de demander
l'aumône plutôt que de quitter cette sainte entreprise. Elle supportait
sans murmurer les adversités par lesquelles il plaisait à Dieu de
l'éprouver, lorsqu'elle eut une vision qui l'encouragea encore à
persévérer et à espérer. Cette vision est le sujet de la gravure de
François de Poilly. J'ai vu, disait la Mère Gabrielle à ses sœurs, une
petite nacelle au milieu d'une grande mer ; cette petite nacelle
était battue par les vagues qui donnaient furieusement contre elle ;
je la voyais remplie de petits enfants tout nus. Jésus et Marie étaient
aux deux bouts de cette nacelle qui la conduisaient adroitement C'est
vous, mes filles, qui êtes ces pauvres enfants tout nus, car on vous
a dévoilées et privées de l'usage des sacrements, enfin on vous a
excommuniées. Mais ayez patience et bon courage ; tant que Jésus
et Marie conduiront cette petite nacelle, vous n'avez rien à craindre
et vous serez revêtues. — Bientôt en effet la nouvelle leur vint de
Rome qu'elles seraient dans peu de temps revoilées et admises à
faire la profession. Le P. de la Rivière lui donna alors à choisir de
la part du Conseil de Rome, entre la direction des PP. Minimes de
la province de Tours et celle d'un chanoine de Saint-Vulfran. La Mère
Gabrielle répondit avec une noble confiance qu'elle ne voulait pas
d'autre direction que celle des PP. Minimes de la province de Paris
qui avaient plaidé contre elle, et qu'elle espérait bien que Dieu les
changerait avec le temps. La Mère Gabrielle fit profession avec trois
de ses sœurs le samedi 23 mars 1624 ; les huit autres ne firent profession que le 16 mai suivant, entre les mains du P. de la Rivière

qui avait apporté de Rome la bulle du pape Grégoire XV, établissant
d'autorité apostolique le premier monastère français des RR. MM.
Minimes sous le titre de JÉSUS MARIA. Ce qui est remarquable, dit
le P. Ignace, c'est que cette bulle fut signée par le pape la surveille
de sa dernière maladie et que c'est peut-être la dernière qu'il ait
expédiée. Un jour plus tard et l'affaire eut été en danger d'être perdue. La Mère Gabrielle fut élue canoniquement la première correc-
trice de son ordre en France ; elle exerça cette charge six ans, bien
que la règle ne le permît que pour trois, mais le P. directeur de la
maison trouva bon que les trois ans de son noviciat ne fussent pas
comptés. Toutes les vertus de la Mère Gabrielle éclatèrent non seulement pendant qu'elle accomplissait ses fonctions, mais encore et
d'une manière bien plus vive lorsqu'elle les déposa, « car, dit le P.
Ignace, c'est une marque d'une grande intégrité quand une religieuse
qui est sortie de charge, n'est à charge à personne. » La Mère Gabrielle
mourut le 3 décembre 1639, à l'âge de soixante-onze ans. Le récit naïf
que nous trouvons de sa mort résignée et sereine dans l'*Histoire Ecclésiastique*, ne manque pas d'une certaine gravité touchante. — Tel est
le résumé très long et très abrégé des faits et gestes de la R. Mère
Gabrielle Foucquart. Et ce qu'il y a de plus remarquable, dirait le P.
Ignace, dans ses concetti de Carme déchaussé, c'est que l'histoire de
cette grande sainte ait été écrite encore une dernière fois, 209 ans
après sa mort, par un amoureux de vieilleries dont les premières
années se sont écoulées dans la maison même où elle est née.

Nous avons parlé de l'hôpital de Notre-Dame-de-Boulogne, voisin
de la maison où s'établit Gabrielle Foucquart, et qui fit partie bientôt
après des bâtiments de la petite communauté des Minimesses. — Cet
hôpital, dédié à Marie, avait été fondé plus de trois cents ans avant
l'époque où le P. Ignace écrivait, par quelques vertueuses filles
d'Abbeville qui, voyant la grande dévotion qui portait les pèlerins
à visiter l'image miraculeuse de Notre-Dame de Boulogne-sur-Mer,
donnèrent leurs biens pour le soulagement de ceux qui entrepre-
naient ce saint voyage. Ce pèlerinage étant tombé plus tard en désué-
tude, l'hôpital de Notre-Dame-de-Boulogne n'était plus occupé

que par quelques pauvres artisans qui en étaient devenus en quelque
sorte les maîtres et qui l'entretenaient fort pauvrement, lorsque la
Mère Gabrielle obtint de le réunir à son monastère, à la condition que
la Confrérie de Notre-Dame-de-Boulogne instituée dans cet hôpital
serait transférée en la paroisse Saint-Jacques.

Un peu après le couvent des Minimesses, était l'abbaye royale de
Willancourt. Etablie à Abbeville en 1662, cette abbaye n'a pu être
mentionnée par le P. Ignace. Les Bernardines qui l'habitaient avaient
voyagé beaucoup. De l'île de Senart, près de l'Authie, où elles avaient
fondé leur monastère à la fin du XIIe siècle, elles s'étaient transpor-
tées en 1220 à Willancourt, près d'Auxi-le-Chateau, et de Willancourt
les inquiétudes de la guerre qui ravageait le pays les avaient chassées
enfin jusques dans les murs d'Abbeville.

Occupées toutes les deux par des religieuses du même ordre, l'abbaye de Willancourt et l'abbaye d'Epagne devaient nécessairement
entrer en lutte tôt ou tard. En 1747, trouvons-nous dans les Ms. de
M. Siffait, le roi ayant été informé qu'il y avait à Abbeville deux abbayes de l'ordre de Saint-Bernard, résolut de les réunir en une. En
conséquence, il fit défendre aux deux maisons de recevoir de nouvelles
religieuses. Un peu après, madame de Créqui, abbesse de Willancourt,
étant morte, il donna l'abbaye de Bertaucourt à l'abbesse d'Epagne ;
il nomma alors aux deux abbayes d'Abbeville ainsi vacantes madame
de Maupeau, abbesse de Notre-Dame de Provins, lui laissant à choisir
celle des deux maisons qui lui conviendrait le mieux pour sa demeure. — Cependant les religieuses rivales, instruites de la nomination d'une abbesse unique et de la volonté du roi, firent blanchir et
embellir les deux couvents le plus qu'il leur fut possible, afin de
donner envie à madame l'abbesse de choisir celui qu'elles habitaient
plutôt que l'autre. Les religieuses d'Epagne comptaient sur l'air de
leur maison qui était meilleur et sur l'appartement de l'abbesse
qui était plus beau qu'aux Willancourt ; les religieuses de Willancourt, de leur côté, comptaient sur l'importance des bâtiments
de leur maison et l'étendue de leur clôture. Madame de Maupeau
arriva à Abbeville le dimanche 15 octobre 1747, vers les trois

heures d'après-midi, par la porte Saint-Gilles, et fit sa descente à l'abbaye d'Epagne, mais elle alla coucher à l'abbaye de Willancourt, et les religieuses demeurèrent encore dans une incertitude mortelle des déterminations de leur abbesse. Le surlendemain, madame l'abbesse donna à dîner aux religieuses d'Epagne, à l'abbaye de Willancourt ; le jour d'après, ces mêmes religieuses reçurent leur abbesse dans la maison d'Epagne, mais le sort en était jeté : madame de Maupeau avait fait choix de Willancourt, et, le jeudi 19, elle y fut installée officiellement en présence de toutes ses religieuses par M. le curé du Saint-Sépulcre, doyen de chrestienté (1). Les religieuses oublièrent leurs jalousies intestines dans un grand repas qui suivit, et, le lendemain, on démeubla le couvent d'Epagne au profit de celui de Willancourt. Ainsi finit, absorbée par une sœur cadette, l'abbaye d'Epagne qui avait subsisté à Abbeville cent deux ans.

L'abbaye de Willancourt possédait le corps de Sainte-Colombe, fille d'un consul romain et vierge et martyre à Rome. — Voici, sauf quelques abréviations et corrections, le récit naïf que nous trouvons dans les Ms. de M. Siffait de la translation de ces reliques. N. S. P. le pape Benoist XIV, désirant faire présent du corps de cette sainte à madame de Maupeau, abbesse de Willancourt, le fit enfermer dans une caisse de bois avec ses attestations, et le fit transporter jusqu'à Lyon, à ses dépens ; de là le corps fut expédié à Paris ; on dit que c'est par eau que la sainte fit tout ce voyage depuis Rome ; elle arriva

---

(1) L'archidiaconé de Ponthieu se divisait alors en huit doyennés dits ruraux : Abbeville, Montreuil, Saint-Riquier, Rue, Airaines, Labroie, Gamaches et Oisemont. « Il faut noter dit le P. Ignace, que l'on appelle le doyen rural d'Abbeville, doyen de chrestienté, pour le distinguer du doyen de l'église collégiale de Saint-Vulfran. » Les doyens ruraux d'Abbeville étaient fort anciens. Le P. Ignace en a trouvé qui de son temps remontaient à plus de cinq cents ans.

chez nous par les voitures de nos rouliers, vers le mois d'août 1749. Aussitôt qu'elle fut à l'abbaye, M. Lesueur, curé du Saint-Sépulcre et doyen de chrestienté, vint, avec la permission de Monseigneur l'évêque, reconnaître les sceaux qu'il trouva sains et entiers ; puis on ouvrit la caisse ; tous les ossements de la sainte y étaient rejoints par des fils d'archal ; elle était habillée richement en rouge, comme si elle eût été vivante ; sa tête était tombée dans le fond, ce qui l'avait un peu brisée ; les fils d'archal étaient pliés en quelques endroits ; on croit que cela est arrivé des secousses de la voiture entre Paris et Abbeville ; on trouva aussi dans la caisse une fiole où il y a du sang de la sainte. On a estimé ses habits, galons et pierreries à trois mille livres. Aussitôt que le sculpteur eût pris ses mesures pour lui faire une châsse et que M. le doyen eût examiné les attestations du pape, la caisse fut refermée et le cachet de M. le doyen y fut apposé par lui-même. — Les cérémonies de la pieuse réception ne se bornèrent pas là ; le corps de la sainte fut mis dans une châsse de verre et exposé pendant quinze jours sur l'autel de la chapelle de Saint-Jean, dans l'église des religieuses. — Nous sautons sur des détails fort longs donnés par les Ms. — Monseigneur l'évêque, alors à Abbeville, chanta lui-même le *Te Deum* et le salut du Saint-Sacrement, en présence du chapitre de Saint-Vulfran, du doyen curé de Saint-Georges et sans aucun doute, quoique le Ms. n'en fasse pas mention, de tout le clergé de la ville ; les sermons succédèrent aux saluts pendant toute la durée de l'exposition ; enfin la châsse fut mise au-dessus de la grille des religieuses. Depuis, madame de Feydeau (1) ayant succédé à madame de Maupeau, cette châsse remplaça

------

(1) Madame Feydeau était la tante à la mode de Bretagne du chevalier de la Barre ; elle avait donné un logement au chevalier dans les bâtiments extérieurs du couvent. — Nous avons oublié de dire, à propos du marché au Blé, qu'un pavé marqué d'une croix, et placé en face de la rue de la Boucherie, indique encore la place où tomba la tête de la Barre.

par son ordre les anciennes orgues vendues à la fabrique de Saint-Vulfran de la Chaussée, les nouvelles orgues tirées pour l'usage du couvent de l'abbaye d'Epagne ayant été dressées dans le chœur.

L'abbaye de Willancourt, qui avait fait disparaître l'abbaye d'Epagne, disparut à son tour en 1790. Les bâtiments de cette abbaye, après avoir été occupés pendant plusieurs années par divers particuliers (1), furent disposés, en 1809, pour une manufacture de calicots et une filature de coton. Aujourd'hui l'ancienne maison de l'abbesse (n° 90) appartient à M. Cherbonnier, juge d'instruction ; les cloîtres (n° 92) appartiennent à M. Vayson, qui y a transporté la manufacture des Moquettes.

Un peu plus loin encore, mais de l'autre côté de la rue, était le refuge de l'abbaye de Bertaucourt (n° 115), les guerres forcèrent deux fois les dames de Bertaucourt à l'habiter.

Nous trouverons encore trois rues avant d'arriver à la porte Marcadé : une à droite, la rue Vieille-Porte-Marcadé, et deux à gauche, la rue aux Mulets et la rue du Moulin Riquebourg.

La rue Vieille-Porte-Marcadé s'appelle ainsi, parce qu'autrefois elle aboutissait à la porte même de la ville ; on l'a appelée aussi rue Sannier, du nom du propriétaire de la plupart des maisons qu'elle renferme.

La rue aux Mulets, sur laquelle s'embranche la rue du Moulin Riquebourg, s'appelle ainsi peut-être parce qu'autrefois elle servait

---

(1) C'est dans cette abbaye qu'un de nos plus intrépides voyageurs, un des hommes qui devinent le plus habilement les énigmes des hiéroglyphes, M. Prisce, d'Avesnes, a passé sa jeunesse. Savant antiquaire et dessinateur de premier ordre, M. Prisce a doté la France d'un des monuments les plus précieux de l'ancienne Egypte; ce monument, connu sous le nom de Chambre-des-Rois, se voit aujourd'hui au rez-de-chaussée de l'aile droite de la bibliothèque royale.

de marché aux Mulets ou plutôt parce qu'elle était destinée au passage des mulets du moulin du Château ou de Riquebourg.

La rue du Moulin Riquebourg tire son nom de ce moulin même.

La rue aux Mulets et la rue du Moulin Riquebourg sont séparées, à leur naissance, par un abreuvoir creusé dans la rivière de Nouvion ou de Novion (1), et, dans le reste de leur étendue, par le lit de cette même rivière.

La première aboutit au quai de la Pointe; la seconde au Plantis Méricourt. — Nous retrouverons ce quai et ce plantis sur notre passage.

Du point d'intersection de ces rues et de la chaussée Marcadé à la porte de la ville il ne nous reste à signaler que l'usine au gaz.

Cette usine fut établie au commencement de 1844; notre ville, qui n'a guère été éclairée par des réverbères avant le commencement de ce siècle, a fait depuis quelques années de grands progrès sous le rapport de l'illumination. Avant 1751, il n'y avait pas encore de lanternes dans les rues. Dans les premiers mois de cette année 1751, trouvons-nous dans les Ms. de M. Siffait, plusieurs jeunes hommes rôdeurs de nuit ayant insulté des bourgeois et n'ayant pu être punis à cause des ténèbres de la ville, MM. les mayeur et échevins firent mettre des lanternes publiques dans les rues pour prévenir le renouvellement de ces vexations, ou en assurer le châtiment. Ils avaient

---

(1) La rivière de Nouvion n'est autre que le second bras du Scardon; elle tire son nom probablement d'un moulin de Nouvion que cite le P. Ignace, et qui était hors la porte Marcadé, près Notre-Dame-de-la-Chapelle. On l'appellait aussi rivière du Château, parce qu'elle se jetait dans la Somme, près du château de Charles-le-Téméraire. La rivière de Nouvion entre dans la ville sous la tour d'Amboise; traverse la chaussée Marcadé sous un pont dont nous ignorons le nom; fait une courbe derrière des jardins de cette chaussée; traverse la

fait venir d'Amiens une lanterne avec poulie, corde, boîte, afin d'en donner le modèle aux ouvriers de la ville. La première lanterne fut pendue à la porte du mayeur.

Les notes de M. Traullé nous indiquent, aux environs de la chaussée Marcadé, plusieurs rues disparues aujourd'hui : c'étaient la rue Canteraine, *qui allait de cette chaussée au rempart ; une rue qui menait à la poterne qui conduisoit vers la tour à Bourel au chemin qui longe les murs des Chartreux et monte à Drucat ; une autre, qui conduisoit par une autre poterne droit à la grande rue de Thuyson ; une autre enfin, qui conduisoit de la chaussée Marcadé à la Pointe.*

La porte Marcadé, qui termine la chaussée (1) que nous venons de remonter, fut *mise en ligne droite,* dit le P. Ignace, en l'an 1600 ;

---

rue aux Mulets sous un autre pont dont le nom ne nous est pas parvenu ; fait un coude dans l'abreuvoir dont nous avons parlé ; longe la rue aux Mulets ; fait tourner le moulin du Château ou de Riquebourg, et se jette dans la Somme au bout du quai de la Pointe, après avoir passé sous le pont du Château.—Suivant les notes de M. Traullé, cette rivière donnait autrefois son nom au quartier Marcadé. « Le quartier de Novion, disent-elles, occupait ce qu'on appelle aujourd'hui le quartier Marcadé ; les plus anciens cueilloirs de Saint-Jacques y plaçaient Sainte Catherine, etc... On y trouvait encore une rivière de Novion, la rue de Novion, la tour de Novion, la rue de Wovion, le Riche bourg, etc... »

(1) Cette chaussée, disent les Ms. de M. Siffait, commence comme la chaussée du Bois, à la porte Comtesse, et finit au cabaret qui se trouve au dehors du glacis de la porte Marcadé ; elle a 740 toises de longueur et trois toises deux pieds de largeur, ce qui fait en toises carrées 2,810. — Le cabaret, dont parlent ici les Ms. de M. Siffait, a subi le sort des buveurs qui s'y attablaient ; le souvenir ne s'en est même pas conservé.

jusques-là, elle s'ouvrait au bout de la rue qui conserve encore le
nom de rue Vieille-Porte Marcadé. Ce fut en l'an 1599 qu'elle fut
déplacée et que les corps-de-garde y attenant furent commencés avec
les ponts, fossés et fortifications qui la défendaient ; les travaux du-
rèrent jusqu'à l'année suivante. « Le pavillon, dit le P. Ignace, est
d'une belle architecture ; celui qui y fit les figures et les trophées de
guerre de Henry-le-Grand, fut un excellent sculpteur, natif d'Abbeville, nommé Bernard Le Bel. » — En 1777, nous apprennent les Ms.
de M. Siffait, la porte Marcadé, qui avait été fortement endommagée
par l'explosion du magasin à poudre arrivée en 1773, fut réédifiée
en partie, mais point si haute et sans la couverture d'ardoises
qui la protégeait auparavant. En cette présente année 1848, nous
avons vu s'élever sur l'emplacement de cette ancienne porte,
trop basse quelquefois pour les voitures de roulage et les chariots
de fourrage, une nouvelle porte, percée de deux voies, et qui, à part
les sculptures perdues de Bernard Le Bel, ne laissera rien regretter
de la première. Dans le courant des mois de mai et de juin
de l'année 1812, des ouvriers qui travaillaient aux fortifications extérieures de la ville, en dehors de la porte Marcadé,
trouvèrent dans le fossé qui baignait l'ancien mur attenant à cette
porte, à six pieds environ au-dessous du lit de ce fossé, un chêne de
dix-huit pieds de long sur dix-huit pouces d'équarrissage ; ce grand
chêne, dont l'écorce était encore adhérente au bois et bien recon-
naissable en très grande partie, était enseveli sous la tourbe ; il paraissait avoir été abattu sur pied par la cognée ; ces mêmes ouvriers,
dit-on, trouvèrent aussi aux alentours de cet arbre, plusieurs noisetiers
avec quelques noisettes dont la forme était encore bien conservée (1).
— La route de Montreuil, sur laquelle nous mène la porte Marcadé, et qui escalade la côte de la Justice, a été adoucie et élargie en
1788, à l'endroit de cette côte. La disette ayant à cette époque consi-

---

(1) Ms. de M. Macqueron.

dérablement aggravé la misère publique, on fut obligé, comme de nos jours, d'instituer des travaux de charité, et ces travaux furent appliqués à l'amélioration de cette route.

Si maintenant nous rentrons dans la ville et prenons le rempart sur notre droite, nous trouvons le Plantis Méricourt. Cette vaste place couverte d'herbes était ainsi nommée parce que les arbres qui l'ombrageaient avaient été plantés en 1726, sous l'administration du mayeur Méricourt. Autrefois, et encore au commencement de ce siècle, la promenade du Plantis Méricourt, du quai de la Pointe et des remparts depuis la porte Marcadé jusqu'à la porte d'Hocquet, — le pont Rouge existait encore, — était très suivie. On allait aux Eaux Minérales dans le Plantis, et on dansait sous les arbres. Ces fontaines, ouvertes près du pont Rouge, existaient depuis fort longtemps ; il y a deux ans, on voyait encore l'enceinte de pierre délabrée au milieu de laquelle elles sourçaient ; négligées depuis longtemps, elles étaient à sec ; elles sont comblées aujourd'hui, et il n'en reste plus de trace. Leur enceinte avait été construite ou reconstruite au mois de juillet de 1747.

Le Plantis Méricourt, déjà disparu en partie sous l'usine à gaz, disparaîtra presqu'entièrement dans quelques années, si l'abattoir projeté depuis si longtemps s'y établit enfin.

Le pont Rouge, qu'on appelait autrefois pont du Château, était, avec les fondations d'une tour, le seul souvenir qui restât du château jeté par Charles-le-Téméraire sur la rive droite de la Somme en 1469 (1). — Ce château, forcément remis, comme on le sait, pendant les guerres de la ligue, aux troupes municipales par le gouverneur de la ville, fut deux jours après démoli par le peuple, le duc d'Aumale en tête.

______

(1) Charles-le-Téméraire avait pris, pour bâtir ce château, les matériaux que le prieur de Saint-Pierre avait amassés pour achever son église.

Ainsi notre ville eut ce jour-là sa prise de la Bastille, comme elle avait eu en 1560 son massacre des protestants, petite Saint-Barthélemy spontanée dont le Coligny fut d'Haucourt, gouverneur du château, que l'on précipita percé de coups d'épées d'une maison voisine de l'Hôtel-de-Ville ; comme aussi elle avait eu, — plus honorablement, — ses vêpres Siciliennes dirigées contre les Anglais qui l'occupaient, les 28 et 29 avril 1369, sous l'administration de Firmin de Touvoyon, un des conspirateurs principaux.

Le pont Rouge, auquel nous devons revenir, a été supprimé il y a une dizaine d'années pour la commodité du port ; les besoins de la navigation avaient exigé de toute ancienneté qu'il s'ouvrît pour laisser passage aux navires. Cependant, en 1753, MM. de la ville trouvant cette coutume dangereuse peut-être, ou gênante pour les promeneurs, firent fermer le pont Rouge afin de ne plus avoir de pont-levis. Les négociants poussèrent des cris qui ne furent pas entendus ; enfin, en l'année 1777, ils obtinrent du roi, malgré l'opposition de l'Echevinage, la permission de construire un nouveau pont-levis à la place de l'ancien ; ce nouveau pont-levis présenta à peu près l'aspect du précédent, avec quelques précautions de plus cependant pour la sûreté des passants. — Si, pour revenir vers le cœur de la ville, nous traversons la rivière de Nouvion sur le pont que l'on appelle encore de nos jours pont du Château, nous voyons devant nous s'allonger la Pointe.

La Pointe tire probablement ce nom du petit cap ou pointe que forme à la rigueur cette partie de la ville au point de jonction de la Somme et de la rivière de Novion. La Pointe se divise en rue de la Pointe et quai de la Pointe. Notre itinéraire nous présente d'abord le Quai.

Le quai de la Pointe a été construit vers 1841 ; il borde dans toute sa longueur le port actuel de la ville, compris entre l'ancien pont Rouge et le pont Ledien. Le port d'Abbeville n'a pas toujours été en cet endroit où nous le voyons aujourd'hui. Le plan de Robert Cordier en indique la position au Pont-Neuf ; mais il est probable que, dans des temps plus reculés, à une époque où le port d'Abbeville était un des principaux que l'on connût en France, les navires se chargeaient et se déchargeaient déjà le long de la Pointe. Le quai du Rivage et le canal Marchand, qui, plus tard, firent émigrer vers le Rivage les marins qui précédemment habitaient le quartier de Saint-Jacques, ne permirent jamais aux bateaux capables de tenir la mer, de remonter la Somme plus haut que le Pont-Neuf. — L'importance passée du port d'Abbeville est avérée : on peut consulter sur ce point une curieuse notice de M. L. Traullé (1) : « Il existe peu de ports en France, y est-il dit, dont le commerce ait été aussi répandu que celui d'Abbeville. Ce port, important dans le 13e siècle, occupait à cette époque le premier rang. Il était au 14e siècle le quatrième port parmi ceux des provinces maritimes soumises à la France. Il ne comptait au-dessus de lui que ceux de l'Heure, Dieppe et Caen. La Bretagne, la Guyenne, la Provence et le Languedoc, soumis à d'autres maîtres, n'étaient pas encore réunis à la couronne. » En 1350, Abbeville fournit au combat de l'Ecluse 12 vaisseaux ; — ces vaisseaux d'inégale force portaient, les grands, le nom de barges, les petit, le nom de bargiots.

BARGES OU BARGIOTS.	NOMS DES MAITRES DE BARGES.	MATELOTS.
La Notre-Dame.	Jean Leger.	155.
Le Saint-Nicolas.	Jean de Boulogne.	209.
Le Saint-Georges.	Bernard Le Quièvre.	49.
Le Saint-Christophe.	Witasse Le Flamen.	209.
Le Saint-Louis qui est le roi.	P. Beut.	159.
Le Saint-Julien.	Pierre Beut.	104.
Le Tréport.	Jean d'Avranche.	99.
	A Reporter......	984

---

(1) Notice *sur le commerce de mer d'Abbeville, sur ses forces navales au 14e siècle, sur le combat naval de l'Ecluse, etc. ; par M.* Traullé, procureur impérial a Abbeville, 1809.

		Report..........	984
Le Saint-Ouffren.	Hue Poix-au-lart.		69.
Le Saint-Firmin.	Etienne Becquin, M. de Boulogne seig.		39.
La Sainte-Catherine.	R. Damoisel.		199.
Le Saint-Esprit.	Thomas Beut.		89.
Le Saint-Jacques.	Enguerand Huguet.		99.
		TOTAL.	1479.

Les arbalêtriers répartis sur les barges et fournis par la ville étaient au nombre de cent quatre vingt-douze. Abbeville avait donc envoyé au combat de l'Ecluse seize cent soixante-et-onze hommes. « 1,500 hommes de mer effectifs, continue M. Traullé que nous ne pouvons faire mieux que de citer, supposent une quantité d'hommes attachés à la marine assez considérable pour être évaluée à 10,000 hommes environ. Dans tous les cas, cette masse annonce des ressources infinies dans le port qui la fournit. Aussi, vers cette époque, existait-il dans les quartiers de Matelots à Abbeville, dans ceux de Saint-Georges, Saint-Jacques et Saint-Paul, une population qu'attestent encore les actes des Notaires, les Manuscrits du temps, et les restes d'une foule de rues autrefois pleines de monde, supprimées depuis la chûte du commerce (1), et qu'on retrouve dans les impasses qui sortent de plusieurs couvents établis sur les ruines de ces quartiers autrefois si florissants. » Le commerce d'Abbeville était considérable, et fleurit longtemps ; nos marins exportaient « de gros draps fabriqués dans la ville, des fusils de nos ouvriers, des fromages

------

(1) Nous trouvons dans Collenot quelques détails sur ces suppressions de rues, et la population maritime qui habitait le quartier qui nous occupe. Dans l'état dressé par Vauban en 1689, dit-il, on voit qu'Abbeville contenait six mille maisons : on venait d'en détruire

du Marquenterre, le bled du pays (1). » On comptait autrefois à Abbeville, voyons-nous dans un extrait des Ms. de M. Macqueron, de soixante à quatre-vingts marchands de vin en gros ; en 1717 on en comptait encore quarante-cinq ; ils se faisaient courtiers de ces vins et les chargeaient sur les vaisseaux du port pour les Etats septentrionaux ; ces marchands offraient en échange de ces vins, qu'ils tiraient du midi, les sels du Marquenterre, les étoffes de la ville et des environs, et les harengs et les morues que nos marins allaient prendre dans le Nord.

Les charpentiers qui construisaient les nombreux bateaux que la Somme envoyait alors sur la mer, habitaient la Pointe et le quartier Saint-Jacques. Les étrangers qui trafiquaient à Abbeville, dit M. Traullé, non seulement louaient nos vaisseaux, mais en achetaient beaucoup sur nos chantiers, la construction d'Abbeville possédant le double avantage d'être moins chère et plus heureuse. Mais les étrangers enlevèrent tant de vaisseaux par ce moyen qu'on fut obligé d'interdire ce genre de commerce. (Cartulaire de la ville.) Suivant Collenot, cette interdiction n'a pas été aussi absolue, du moins dans tous les temps. On voit, dit-il, une ordonnance de 1511 de M. de la

encore près de cent dans les faubourgs du Bois, d'Hocquet et Marcadé pour l'établissement des fortifications. Il y avait de cinq à six mille bourgeois en état de porter les armes. Les maîtres capitaines de navires étaient au nombre de cent ; ils avaient pour résidence la rue de la Pointe, Rouvroy et Sur-Somme ; les navires des négociants de la ville qu'ils conduisaient étaient de 70 à 100 tonneaux et on en a compté dans la rivière jusqu'à cent dix à la fois. — Plus de deux cents maisons, occupées par des charpentiers de vaisseaux, ont été détruites ou réunies à d'autres abandonnées par ces ouvriers. — Des rues entières ont été supprimées.

(1) Notice de M. Traullé.

Grutuze, gouverneur de la province, qui, faisant droit aux réclamations des négociants d'Abbeville, ordonne que les charpentiers ne pourront construire pour les étrangers que des navires au plus de trente tonneaux. Absolue ou limitée, l'interdiction a toujours existé ; c'était là, selon nous, un singulier moyen d'encourager l'activité laborieuse du temps.

Longtemps avant la création du quai de la Pointe et le déplacement du port à peu près réduit alors au quai du Pont-Neuf, M. Urb. Sartoris, adjudicataire du canal, avait fait dans un mémoire adressé au conseil municipal et daté du 30 avril 1825, un tableau magnifique, et non encore complétement réalisé, du port futur. «Le canal du duc d'Angoulême exécuté,—disait-il,—le premier besoin du commerce sera celui d'un port, tout à la fois accessible aux bateaux de l'intérieur et aux navires de mer, à l'abri des vents et des vagues, et offrant un emplacement suffisant et libre de toute entrave, tant pour le transbordement que pour le déchargement et l'embarquement des marchandises. Or, ce port est tout fait dans votre ville, il existe entre le Pont-Neuf et le Pont-Rouge ; les maisons qui l'avoisinent *sur les deux rives* seront la plupart remplacées dans peu par des magasins pour recevoir immédiatement les marchandises déchargées *sur les deux quais*, et vous pourrez concevoir l'espoir fondé d'obtenir pour votre ville le privilége de l'entrepôt des marchandises coloniales. » Des deux rives du port une seule a vu encore une partie de ses maisons transformées en magasins, une seule a vu un quai maçonné la redresser et la consolider, mais, dans une session récente, le conseil d'arrondissement d'Abbeville a émis de nouveau le vœu déjà ancien que chemin de halage de la rive gauche de la Somme dans l'intérieur de la ville soit établi dans le délai le plus rapproché. Quoiqu'il en soit, le port, tel qu'il est aujourd'hui, et le beau bâtiment de l'entrepôt, construit de 1842 à 1843, ont rendu dans ces dernières années à la Pointe une activité qui, nous sommes fondés à l'espérer, s'augmentera encore avec les progrès du commerce.

Après le quai, vient la rue de la Pointe.

Dans cette rue, dont nous n'avons que fort peu de chose à dire, s'ouvrent la petite rue Saint-Jacques, l'impasse Coq-Chéru, l'impasse Jérémie (nord) et la rue à l'Ombrage.

On sait d'où la petite rue Saint-Jacques tire son nom.

L'impasse Coq-Chéru s'appelle ainsi, on ne sait pourquoi, d'un vieux mot qui signifie bien en chair. A proprement parler, c'est l'impasse du Coq-Charnu. Cette impasse aboutit à la Somme.

Nous avons déjà dit, à propos d'une autre impasse du même nom, située dans le Rivage, que nous ignorions l'étymologie de l'impasse Jérémie. L'impasse Jérémie était probablement autrefois une rue qui allait de la rue de la Pointe dans la rue des Poulies.

La rue à l'Ombrage doit peut-être son appellation bucolique à son peu de largeur qui ne permet pas au soleil d'y pénétrer. Elle fait un coude brusque derrière les maisons de la rue de la Pointe et va déboucher sur le quai du Pont-Neuf.

Il y avait au moyen âge aux abords de la Pointe, près du Pont-Neuf, une fosse large et profonde que l'on appelait fosse de Valoires. C'est près de cette fosse qu'en 1228, Isoard, abbé de l'abbaye de Sery, fit, à ce que l'on croit, bâtir ou rebâtir l'hôtel de cette abbaye.

Avant la fondation de l'Ecole mutuelle de la rue des Poulies, il y avait dans la rue de la Pointe une école de garçons, pour la paroisse Saint-Jacques, qui appartenait à la ville et qui fut vendue le 9 mai 1829. C'est aujourd'hui la maison de M. Tillette de Clermont (n° 30).

La rue de la Pointe finit à la place du Pont-Neuf, ainsi nommée du pont voisin. Cette place a commencé à être élargie il y a deux ans, par suite d'une acquisition faite par la ville le 12 septembre 1845.

-Le Pont-Neuf n'est pas, comme son nom pourrait le faire supposer, un pont de création nouvelle ; il s'appelait autrefois le pont de Notre-Dame-du-Châtel et doit sans aucun doute son appellation moderne à une reconstruction. Son antiquité est réputée si haute que le Père Ignace le donne pour une des trois entrées de l'île du Refuge, les deux autres étant le pont aux Poissons et le pont de l'Isle (1). C'était sur le Pont-Neuf qu'était le Christ qui fit condamner La Barre.

---

(1) L'abbé du Hodent, qui demeurait près du Pont-Neuf vers le

Le bras de la Somme qui passe sous le Pont-Neuf a longtemps servi sous le nom de canal Marchand, ainsi que nous l'avons dit, de port au commerce de la ville. Les escaliers en forme de puisoirs, qui coupent encore de distance en distance les murs du petit quai au-dessous de ce pont, aidaient au chargement et au déchargement des marchandises. Le havre de la ville, dit une description de 1643 que nous avons déjà citée, est fort beau du côté de Notre-Dame-du-Châtel ; il reçoit des barques de soixante ou de quatre-vingts tonneaux appelées gribannes.

La Somme a toujours été, comme elle l'est aujourd'hui, comme elle le sera encore, la véritable fortune d'Abbeville ; aussi ne s'étonnera-t-on pas qu'elle ait été aussi à toutes les époques un sujet de violentes disputes. Il y a quelques années, lorsqu'on croyait encore

milieu du dernier siècle, possédait une des plus riches collections de médailles qu'il y eût alors en France, des tableaux, des bustes en marbre et en bronze, des pagodes, une collection de minéraux. — Dans le même quartier, le cabinet de M. de Thuison renfermait une belle suite de médailles en argent, des objets d'histoire naturelle, etc. Ces collections se sont perdues comme celle de M. le Boucher de Richemont, dont nous avons parlé dans la chaussée du Bois. — Suivant Collenot, ce serait aussi près du Pont-Neuf, dans une maison située sur le quai et touchant à la rivière, que naquit Etienne Bonnet, savant ministre protestant et pasteur de la ville de Saintes. Etienne Bonnet mourut en Hollande, au milieu de ses travaux de controverse. Collenot renvoie pour de plus amples renseignements à quelques ouvrages que nous n'avons pas eu la patience de consulter mais que nous indiquerons ici, d'après lui : Réponse à la déclaration de Jean de Spond, édition de Lyon 1597 pages 27 et 28. Vie de Duplessis Mornay, livre deux page 208. Confession de Sancy, par d'Aubigné, pages 13 et 14.

que les chemins de fer allaient bouleverser la fortune des villes, des provinces et des empires, notre chemin de fer d'Amiens à Boulogne souleva aussi grand tapage dans la ville. Un petit rapprochement entre les querelles récentes excitées par celui-ci et les vieilles disputes dont le canal Marchand fut la cause ne nous semble pas dénué d'intérêt : — Passera-t-il dans la ville ou hors de la ville, disait-on en 1846 ou 47 ? sur la rive droite ou sur la rive gauche ? par la porte du Bois ou par la rue Saint-Jean-des-Prés ? Où placera-t-on le débarcadère définitif ? Au faubourg des Planches ou dans la ville ? A la porte d'Hocquet ou à Sur-Somme ? Et toutes les opinions et tous les intérêt de s'éveiller et de crier, et les pétitions et les contre-pétitions de courir, et les injures d'aller leur grand chemin encore plus vite. — Curera-t-on le canal Marchand ? Ouvrira-t-on au commerce le principal bras de la rivière, disait-on aussi vers le milieu du dernier siècle ? La navigation est perdue si l'on ne prend l'un de ces deux partis, et il n'y en a pas d'autre. En effet, argumentait-on, le canal n'a pas été curé depuis l'an 1670 et tous les ans les chaleurs le mettent presque à sec ; les gribannes en sont réduites à attendre le flux pour avoir un peu d'eau ; encore faut-il qu'il soit à demi-retourné pour qu'elles puissent passer sous le Pont-aux-Poissons. Le transport des marchandises à Amiens ne se fait plus qu'avec mille gênes... etc. Comme de nos jours, les opinions et les intérêts d'entrer en danse, les accusations de faire assaut d'aménités et les mémoires d'échanger leurs taches d'encre et leurs coups de plumes. Les marchands d'Amiens exposent à monseigneur l'intendant que, le principal bras de la Somme à Abbeville étant plus droit et prenant plus d'eau que l'autre, il convient d'abattre les moulins dits des Cordeliers qui en interceptent l'usage. — Les marchands d'Amiens en parlent bien à leur aise, répliquent les propriétaires des moulins et les bourgeois d'Abbeville. Les moulins existent et ils resteront ; on nous a déjà fait cette querelle, mais un arrêt du parlement a reconnu et maintenu nos droits. Le canal Marchand sera curé ou les gribannes s'arrangeront comme elles pourront. — Les marchands d'Amiens ne se tinrent pas pour battus ; l'affaire fut plaidée de nouveau et l'arrêt du parlement fut confirmé. Les esprits s'étaient aigris considérablement pendant le procès. Monseigneur l'intendant, voulant donner à la fois tort et raison à tout le monde, crut trouver un troisième parti ; c'était d'affecter à la navigation le premier bras de la Somme qui passe à Rouvroy, sous le pont de Saint-Jean, en l'élargissant de moitié et en faisant abattre le moulin de M. Gaillard de Lannoy. Pour le coup, l'alarme n'eut plus de bornes : — on voulait la mort du commerce ; la ville ne serait plus dans la ville, mais toute à Rouvroy. M. de Lannoy lui-même prévoyait les plus grands dangers. Cette perspective fit réfléchir les plus récalcitrants ; les bourgeois se résignèrent à tout pour détourner leur ruine et offrirent enfin de faire abattre les moulins des Cordeliers en représentant néanmoins que l'exécution de ce projet mettrait à sec la rivière du Pont-aux-Poissons et priverait l'Hôtel-Dieu de l'eau qui lui est nécessaire. Les matelots du Rivage, qui tenaient à conserver la rivière navigable devant leurs maisons, intervinrent alors et firent remarquer que la grande rivière ne serait pas exempte elle-même de curage. La cause fut portée au grand conseil. Deux architectes furent envoyés à Abbeville, qui, après avoir sondé les deux rivières, dressèrent un rapport de leurs observations ; sur quoi la cour ordonna que les moulins des Cordeliers resteraient, que les maisons du Pont-aux-Poissons seraient abattues et que la voûte du pont serait rehaussée de plusieurs pieds. Beau moyen de ramener la paix dans la ville ! Ce fut au tour des propriétaires et des locataires : — on allait déshonorer le plus beau quartier de la ville en abattant leurs maisons ; le pont une fois rehaussé, il faudrait aussi relever les rues aux environs pour que les voitures pussent les gravir sans trop de difficulté. Les constructions voisines seraient du coup enterrées à plus de cent pas à la ronde. Etc,... On déménageait cependant lorsque une intervention inattendue vint faire révoquer toutes les résolutions prises. Le siége de la justice des mesureurs de grains qui était sur ce pont appartenait alors au duc de Fleury, comme propriétaire des palettes (1). M. de Fleury

---

(1) A titre de vicomte du Pont-aux-Poissons. Le duc de Fleury

averti à temps réclama comme avaient réclamé les bourgeois, M. de Lannoy, les matelots et les propriétaires du pont ; il obtint du roi que les choses resteraient dans l'état où elles étaient, que l'on ne toucherait ni au pont, ni surtout aux maisons, et que le canal Marchand serait seulement nettoyé ; ce qui fut fait dans l'été de 1750 avec beaucoup de soin, et malgré de nombreux obstacles que rapporte le manuscrit de M. Siffait avec des détails trop longs pour que nous les rappelions ici. Les dépenses de ce curage furent couvertes par les droits que l'on perçut à Saint-Valery sur toutes les marchandises qui y arrivèrent jusqu'au complet acquittement de la dette, et cela sans égard pour leur destination.

Il est question depuis quelques années de combler ce bras de la Somme, afin d'y faire courir une rue nouvelle. Ce projet n'ayant pas encore eu de contradicteurs, n'a pas été sérieusement discuté. Les avantages de cette nouvelle voie seraient gratuits, les inconvénients qu'elle pourrait présenter étant nuls. Par quelles considérations en effet pourrait-on défendre ce vieux bras de la Somme inutile, sinon funeste aujourd'hui, ainsi que nous l'établirons ? Sur la navigation d'abord, puis sur le danger des crues. Mais depuis longtemps déjà, depuis la création du canal de Transit, les rares bateaux qui descendent la Somme jusqu'à Saint-Valery n'ont plus besoin de traverser la ville, et ces bateaux évitent ainsi la voûte basse et dangereuse du Pont-aux-Brouettes, le passage étranglé et rapide du Pont-de-Talance et les encombrements fréquents du port de la Pointe. En outre, dans la pensée de ceux qui l'ont exécuté, ce canal de Transit devait non seulement remplacer le canal Marchand pour la navigation, mais encore pour l'écoulement des eaux. Cela ressort clairement d'un rapport même, adressé au conseil municipal,

succédait probablement dans la possession de ce fief à la comtesse de Verrue.

sur le passage du canal du duc d'Angoulême à Abbeville, par M. Urb. Sartoris. « D'abord, il — le canal extérieur dit de *Transit*, — remplace, pour l'écoulement des eaux de la Somme, les divers bras de cette rivière, appelés canal Marchand, rivière de Maillefeu et rivière du Doigt, tous trois ne devant désormais servir que de contre-fossés et devant être tenus à un niveau moins élevé que les eaux navigables. Il sera en effet évident, pour toutes les personnes éclairées de votre ville, qu'il serait très dange-reux de vouloir, dans le temps des grandes eaux, faire passer tout le volume de la Somme par le pont de la Portelette qui n'a que 16^m. de débouché, et, un peu plus bas, par le pont de Talance qui n'en a guères plus. Non seulement ce double étranglement produirait des inondations au-dessus d'Abbeville, mais la grande rapidité du cou-rant qu'il occasionnerait au-dessous de chaque pont compromettrait gravement la solidité des constructions faites ou à faire sur les bords de la rivière. Le canal projeté en dehors de la ville offrant un débou-ché à peu près équivalent à celui du canal Marchand, sera donc un auxiliaire indispensable pour l'écoulement des eaux. » Dans un second mémoire en réponse à des observations faites au nom de l'ad-ministration municipale sur le passage du canal du duc d'Angoulême à Abbeville, M. Sartoris dit encore : « Le canal extérieur n'a pas *uniquement* la destination qu'on indique » — celle de remplacer la navigation intérieure de la ville par une navigation extérieure, — « il servira à l'écoulement d'une partie des eaux de la Somme et remplacera sous ce rapport le canal Marchand et la rivière du Doigt ; ce motif est tellement puissant, surtout pour les temps de crues, qu'il suffirait seul pour nécessiter le canal extérieur quand même les bateaux ne devraient pas y passer. » Et plus loin encore, dans le même mémoire, à propos des inondations que la création du canal du duc d'Angoulême faisait craindre à tort aux propriétaires de la vallée au-dessus et au-dessous d'Abbeville : « Une seule chose pour-rait leur être funeste : ce serait qu'on n'exécutât pas le canal extérieur autour d'Abbeville, essentiellement utile pour remplacer le bras du Doigt et le canal Marchand *qui doivent être supprimés.* » Ainsi, dans le premier mémoire cité en date du 30 avril 1825, les divers bras de la Somme appelés canal Marchand, rivière do Maillefeu et rivière du Doigt ne doivent plus servir que de contre-fossés ; dans le dernier, en date du 15 juin de la même année, ces bras doivent être supprimés. De ces trois bras la rivière de Maillefeu, sur lequel M. Sartoris se tait en dernier lieu, a subi seul le sort, réservé à tous. Pour nous, il s'en faut bien que nous demandions la suppression complète des deux autres.— Quant à la rivière du Doigt, et bien que le canal de Transit ait suffi en partie jusqu'ici pour le dégorgement qu'il présente aux eaux de la Somme à écarter toute crainte d'inondations, nous croyons qu'il serait important de le conserver et même de l'élargir, afin de faciliter encore l'écoulement de ces eaux en temps de crues, dans le cas où le canal Marchand ne pourrait plus que très imparfaitement détourner du lit principal qui traverse la ville le trop plein du fleuve. Nous disons imparfaitement, car dans le projet dont nous avons parlé, il n'est pas question de priver complétement d'eau ce canal, mais cela nous conduit à aborder les dernières objections que l'on ne manquerait pas d'opposer à notre projet. On dirait : le canal Marchand amène contre le quai du rivage les bateaux chargés de tourbes et alimente la rivière de l'Hôtel-Dieu. A cela on répondrait : une très faible étendue du quai du Rivage est employée au débarquement des tourbes ; on reporterait ce quai au marché aux Chevaux, près du pont des Prés ; et il n'y aurait nullement à craindre que l'eau stagnant en cet endroit y développât des miasmes dangereux, car, et ici nous abordons la seconde objection, une prise d'eau, destinée à alimenter la petite rivière de l'Hôtel-Dieu, descendrait de ce port, encaissée par un mur à peu près comme la rivière de Sotine dans la rue Ledien. Ainsi donc le canal Marchand ne serait pas entièrement supprimé, quant à son utilité de dégorgement ; néanmoins il y aurait, ainsi que nous l'avons dit, prudence à ouvrir au-dessus de la ville un déversoir à l'excédant des eaux par la rivière du Doigt. On dirait peut-être encore : le canal Marchand n'est pas seulement utile pour le déchargement des tourbes et l'alimentation de la rivière de l'Hôtel-Dieu ; il est encore indispensable aux constructeurs des bateaux qui ont leurs ateliers dans le Rivage. A cela on répondrait que déjà un de ces constructeurs s'est établi dans l'île Becquin, sur le bras principal de la Somme, ce qui, il est vrai, importe peu aux autres, mais ce qui prouve dès à présent l'insuffisance du canal Marchand pour la mise à l'eau des bateaux ; et puis d'ailleurs serait-il absolument nécessaire de faire commencer la rue nouvelle, dans toute sa largeur du moins, au marché au chevaux ? Le port conservé pour le déchargement des tourbes pourrait encore s'avancer assez loin dans le Rivage pour servir à ces constructeurs. En mettant le mal au pis du reste, à part la gêne qui pourrait résulter pour ces constructeurs de leur déplacement, le matériel de leurs ateliers n'est pas tellement difficile à transporter, qu'ils ne puissent aisément les établir ailleurs, au-delà de la Pointe, par exemple, en dehors de la ville, à l'endroit où une partie de l'ancien lit de la Somme, condamné par le redressement de cette rivière, leur offre l'emplacement le mieux approprié et le plus désirable. Le canal Marchand, dont les avantages sont si restreints aujourd'hui, présente au contraire des dangers qui ont été signalés depuis longtemps. M. Brunet, dans une séance de la chambre de commerce de l'arrondissement d'Abbeville, en date du 19 septembre 1845, s'exprimait ainsi : « Le canal Marchand, navigable il y a quelques années, si utile par son quai de débarquement au centre de la ville, n'offre plus aujourd'hui qu'un réceptacle d'immondices que l'eau ne recouvre plus et dont les émanations compromettent la salubrité des quartiers populeux qu'il traverse. » Tout ce qui précède montre assez, selon nous, que la suppression du canal Marchand n'offrirait que des inconvénients bien faibles en comparaison des avantages qui en résulteraient et que nous tâcherons d'indiquer :

La rue qui le remplacerait serait une des plus larges et deviendrait infailliblement une des plus belles de la ville ; elle ouvrirait une large issue aux rues du Rivage, du Lillier, des Jacobins, de la Poissonnerie, qui en manquent, ou n'en ont que d'insuffisantes. Se confondant avec le quai du Rivage jusqu'au pont d'Amour, elle dégagerait, au besoin, par la démolition d'un mur sur la rivière, les alentours de

Saint-Vulfran ; plus tard la démolition des maisons du Pont-aux-Brouettes permettrait de dégager complètement un des flancs de cet édifice. le seul vraiment remarquable que nous possédions ; la place du Parvis, la place du Petit-Marché, le quai du Guindal et la rue nouvelle ne formeraient plus qu'une immense place d'où l'on pourrait embrasser d'un coup-d'œil l'ensemble de l'édifice débarrassé des champignons de tuiles qui poussent à ses pieds ; en attendant, l'arche du pont, inutile dès à présent pour les bateaux qui n'y passent plus, pourrait, à l'aide de deux pentes douces ménagées de chaque côté, servir de tunnel aux voitures. Plus loin, la rue nouvelle, élargie par le quai du Guindal, communiquerait avec la rue du Moulin-du-Roi, la place Sainte-Catherine et la rue des Grandes-Ecoles par l'impasse de la Vallée, qui fait face à la rue Vérone, et par une ruelle sans nom, — un puisoir, — qui s'ouvre dans la rue même des Grandes-Ecoles ; plus loin encore elle ferait disparaître le Pont-Neuf et formerait avec le quai de déchargement de l'ancien port une place importante, voisine de la Halle-aux-Toiles, et qui aurait pour issues cette rue neuve d'abord, bien entendu, puis la rue encore sans nom qui longe la halle jusqu'à la Grande-Rue-Notre-Dame, la place actuelle du Pont-Neuf qui s'ouvre sur les rues de la Pointe, des Saintes-Maries et des Grandes-Ecoles, la rue à l'Ombrage qui se jette dans la rue de la Pointe, et plus tard, si cela était jugé nécessaire, un pont sur la Somme qui la ferait communiquer avec la châussée d'Hocquet. Ce projet ne demanderait pour être réalisé que deux toutes petites choses : un accord facile et *préexistant* peut-être, nous sommes fondés à le croire, entre l'administration des ponts-et-chaussées et l'administration de la ville ; puis un arrêté municipal prescrivant le dépôt des décombres dans le lit à combler. Si de dures circonstances exigeaient en outre l'établissement de nouveaux travaux de charité, on aurait là un emploi de bras tout trouvé et véritablement utile. A Dieu ne plaise que nous souhaitions l'embellissement de notre ville à des conditions comme celles-là ! mais, si nous devons l'adoucissement de la côte de la Justice à la misère de 1789, pourquoi ne devrions-nous pas au soulagement d'une autre misère,

la création d'une rue qui, d'ailleurs, la vanité et l'intérêt des propriétaires aidant, ne tarderait pas à voir les maisons qu'elle aurait dé-
gagées se retourner en quelque sorte, se garnir de façades ou se
percer de portes nouvelles, et qui aurait ainsi l'avantage d'occuper
pendant longtemps encore des centaines de bras.

A notre droite, en descendant le Pont-Neuf vers les rues Notre-
Dame, en face même en partie de la plus grande de ces rues, l'ancien Champ-de-Foire, planté de beaux marronniers, était baigné de
deux côtés par la Somme. Là s'élevait autrefois la maison de refuge
de l'abbaye de Valoires. Voici ce que nous lisons à propos de cette
maison dans l'*Hist. chron. des maieurs d'Abb.* p. 760. « Le pénul-
tième jour de may mil six cent huit, fut arrêté au grand Eschevinage
d'acheter l'hôtel de Valoire, qui étoit près de Notre-Dame-du-Châtel,
et appartenoit au sieur de Créqui, afin de faire un quai pour la plus
grande commodité des habitants et des marchauts étrangers qui
trafiquoient dans la ville, et aussitôt exécuté. Les religieux de l'abbaye
de Valoires s'opposèrent à la démolition des bâtiments, mais, par
arrêt du conseil, il fut dit qu'il serait passé outre à la démolition. »
Et plus loin, p. 767 : « l'année 1611, ledit sieur maieur Antoine
Rohaut fit faire le quay et le Pont-Neuf qui est auprès de l'église de
Notre-Dame-du-Chastel, où était auparavant une grande et ancienne
maison appelée l'hôtel de Valloires. » Il faut croire, malgré tout ce
qui précède, que les moines de Valoires conservèrent longtemps
certains droits de propriété sur la place où avait été leur maison, car
nous trouvons dans les Ms. de M. Siffait, sous la date de 1774 : le
mercredi 12 octobre, à l'Echevinage, se fit une assemblée générale
pour acheter aux moines de Valoires la place où sont les arbres, près
le Pont-Neuf. La foire se tint sur cette place à partir de 1780. Le
lundi 31 août de cette année, disent les Ms. de M. Siffait, a
été annoncé et publié à son de trompe et affiché que l'an prochain
la foire ne se tiendra plus à la Placette, comme de coutume, mais en
la place du Pont-Neuf. — Le Champ-de-Foire du Pont-Neuf a disparu
il y a trois ans sous la Halle-aux-Toiles. (1) Cette halle, construite sur

____

(1) M. Poulthier possède une vue de cet ancien champ-de-foire

une adjudication faite le 30 juin 1845, a été agrandie depuis par l'adjonction d'une maison acquise par la ville le 29 octobre de la même année : cette halle, vaste et commode, a servi quelquefois aux réunions publiques : on y a donné des concerts, et des assemblées d'électeurs s'y sont tenues.

La Grande et la Petite-Rue-Notre-Dame tirent leur nom de l'église de Notre-Dame-du-Châtel, anciennement située dans l'angle qu'elles forment, et où nous voyons la maison de M. de Condé (n° 37), et celle de M. Plisson (n° 39).

L'église de Notre-Dame-du-Châtel, la plus ancienne d'Abbeville, fut bâtie, suivant le P. Ignace, en l'an 301, au lieu où était le château du Refuge, d'où son nom de Notre-Dame-du-Chastel « véritable refuge des pêcheurs, *refugium peccatorum.* » On croit qu'elle fut construite sur l'emplacement d'un temple du Paganisme. Cette église ne traversa pas les siècles sans subir les vicissitudes ordinaires des monuments les plus solides. Rebâtie vers l'an 600, elle le fut encore en 1374, mais beaucoup plus petite, et fut définitivement démolie pendant la Révolution. — Les RR. PP. Capucins y avaient logé en 1601, lorsqu'ils vinrent s'établir à Abbeville. Pendant la durée de la foire, qui se tenait sur la place Notre-Dame, le curé de Notre-Dame s'intitulait *Roi des Ribauds* (1). Ce fut de 1791 à 1793 que furent construites les deux maisons qui remplacent aujourd'hui l'église de Notre-Dame (2).

---

peinte au dix-huitième siècle et prise du quai opposé, au coin de la rue à l'Ombrage. Le Pont-Neuf que l'on aperçoit sur la gauche de ce tableau était beaucoup plus escarpé qu'aujourd'hui ; c'était sur le point culminant de sa rampe que s'élevait le Christ qui a donné lieu au procès de La Barre.

(1) *Histoire d'Abbeville.*

(2) Quelques personnes âgées se souvenaient encore il y a quelques années d'avoir vu célébrer la messe à Notre-Dame-du-Châtel

La Petite-Rue-Notre-Dame, que nous laisserons derrière nous, à notre droite, en remontant vers Saint-Vulfran, s'appelait autrefois la rue des Meules, peut-être d'un dépôt de meules qui était voisin. La rue des Meules possédait un hôpital dont le P. Ignace parle en ces termes : « Dans la rue des Meules, entre l'église de Notre-Dame-du-Chastel et le pont de Talance, du côté de la rivière, il y a un petit hôpital qu'on dit estre dédié à Saint Jean l'évangeliste et fondé par un artisan de la ville. » Nous ne possédons aucun renseignement sur cet hôpital qui prouve jusqu'où pouvait aller autrefois chez nous l'amour des fondations pieuses ou charitables. — La Petite-Rue-Notre-Dame a été élargie il y a environ quinze ans du côté du pont de Talance, par suite d'une acquisition faite par la ville au mois de juin 1832.

par un chevalier de Malte. Il officiait avec le cérémonial particulier de son ordre : une épée ceignait ses habits sacerdotaux ; l'un de ses pieds était botté et éperonné ; deux pistolets étaient déposés devant lui sur l'autel, et il les tenait élevés vers le ciel pendant la préface. Ce vêtement, mi-parti guerrier, mi-parti religieux, ces armes, ces gestes, exprimaient symboliquement qu'un chevalier de Malte était constamment prêt à quitter la prière pour combattre. Nous ignorons si le rituel de Malte a été recueilli quelque part ; le peu que nous en avons appris donne une idée assez haute de sa signification. Tout nous porte à croire que le chevalier de Malte, qui sert de prétexte à cette digression, était celui dont nous trouvons la mort ainsi relatée dans les Ms. de M. Siffait : — Le samedi 17 juin 1780, décéda en sa maison, size Grande-Rue-Notre-Dame, frère Philippe-Antoine Lefebure de la Poterie, chapelain conventuel de l'ordre de Saint-Jean de Jérusalem, commandeur de Rheims, âgé de 75 ans. Ses funérailles se firent à Notre-Dame-du-Châtel, sa paroisse, et il fut inhumé au cimetière de Saint Vulfran.

Dans la Grande-Rue-Notre-Dame, en face même de l'église, était l'hôtel de Valines, où Louis XIII logea, et où nous avons vu que demeurèrent les religieuses de la Visitation de Sainte-Marie en arrivant à Abbeville. Cette maison fait le coin de la rue Notre-Dame et de l'ancienne place du Champ-de-Foire. M. Magnier, banquier, l'habite aujourd'hui.—Un peu plus loin, et du côté même de l'église, était l'hôtel du président de Boencourt, le père du chevalier d'Etallonde ; il s'appelait précédemment l'hôtel de Ligny-Vendôme. Cette maison porte le n° 35. M. de Pongerville a demeuré pendant son enfance et sa jeunesse dans une maison voisine (n° 33.)

Gardons-nous, avant de quitter la Grande-Rue-Notre-Dame, d'oublier deux de ses meilleurs titres à l'intérêt des yeux : la belle porte cochère de la maison n° 12, et la magnifique *Maison-Neuve* , bâtie par les Van Robais, occupée depuis par la douane, et restaurée avec soin par M. Morgan d'Emonville.

La petite rue Barbafust, qui s'ouvre à côté de la *Maison-Neuve*, mérite, malgré ses dehors peu engageants, que nous nous y arrêtions un instant. Suivant Collenot, elle se serait appelée d'abord rue du Grenier-à-Sel, puis rue Frettemeule, il ne nous dit pas pourquoi ; elle s'est appelée rue Barbafust, du nom d'une ancienne famille municipale. Le Refuge de l'abbaye du Gard y fut construit, l'an 1249, entre la rivière de Somme et la célèbre maison de Barbafust, dit le père Ignace, et, l'an 1263, au mois d'août, ils obtinrent de Bernard d'Abbeville, évêque d'Amiens, la permission d'y faire bâtir une chapelle en l'honneur de la Très-Sainte-Vierge. On distingue encore sur les fenêtres et les portes en ogive de cette maison le mélange des styles gothique et oriental qui est le caractère distinctif des monuments du 13e siècle. C'était dans cette maison, dont les caves très belles existent encore, que les religieux déposaient le vin qu'ils récoltaient dans leurs enclos, et qu'ils faisaient vendre à Abbeville en franchise. On voit en effet que les maires et échevins ayant fait en 1408 saisir le vin, faute par les religieux d'avoir voulu payer les droits, le roi fit mettre à néant le procès, ne voulant pas que cette abbaye fût imposée. (Cartulaire du Gard.)

Ce fut dans ce refuge, appelé l'hôtel du Petit-Gard, que plus tard, en 1486, Pierre Gérard et Jean Dupré établirent leur imprimerie. Suivant Collenot, cette imprimerie serait encore plus ancienne et remonterait à 1459. « J'ai eu, dit-il, une estampe gravée en bois, enluminée, où le benoit Saint-Louis étoit représenté assis sur une chaise faite en X avec un haut dos. Il était entouré de diverses figures placées à droite et à gauche, ayant de grands capuchons sur l'épaule avec une poche en gibecière, les mains chargées de gros rouleaux de papier. Au dos de cette estampe étoient imprimées en lettres grises très-gothiques ou caractères allemands ces mots : Distinchions et chapiters de la Siomme rurale, composées par messire Jehan Boutillier, imprimées par moi Paul Pérard(1) à Abbeville MCCCCLVIIII. Il faut distinguer cette édition, ajoute Collenot, de la seconde qui a été donnée en 1482, qui est en meilleur fran_ çais, sur plus grand papier et sans estampes enluminées au frontispice. J'ai vu, dit-il encore, dans la bibliothèque de Paulmi, à l'Arsenal, une édition de l'*histoire des Neuf Preux* imprimée à Abbeville en 1467 : il en existe ici une de 1469. D'après cet exposé, Abbeville aurait eu une imprimerie aussitôt que Paris, même avant. » Il serait certainement très beau de pouvoir établir que notre ville a possédé une imprimerie en lettres mobiles deux ans après l'invention de ces caractères. Malheureusement pour la vanité de notre presse abbevilloise, le bon Collenot se trompe, et c'est encore là une preuve de la défiance que l'on doit toujours garder vis-à-vis des bibliographes qui se passionnent ; la Somme rurale de Jehan Boutillier n'est que de 1486, et le triomphe des Neuf Preux de 1487.

Avant la révolution, l'hôtel du Petit-Gard servait de grenier aux chanoines de Saint-Vulfran depuis un temps que nous ignorons ; une école d'enseignement mutuel y a été établie sous la Restauration.

---

(1) Collenot s'en fiait trop à sa mémoire sans doute : il avait dû lire Pierre Gérard.

C'était dans la Grande-Rue-Notre-Dame, sur l'emplacement des maisons neuves qui font face à la poste, qu'était situé l'hôtel d'Ailly où fut engendré Henri IV. « Des documents particuliers nous apprennent qu'Antoine de Bourbon et Jeanne d'Albret, son épouse, habitaient alors l'hôtel d'Ailly, situé Grande-Rue-Notre-Dame-du-Châtel... Une partie de cet hôtel existait encore en 1740 (1). »

Nous voici de nouveau au pied de Saint-Vulfran. Deux rues à peu près parallèles s'ouvrent à nous : la rue Saint-Vulfran et la rue de l'Hôtel-Dieu.

La rue Saint-Vulfran méritait à double titre cette appellation, et de la collégiale à laquelle elle aboutit, et de l'église de Saint-Vulfran de la Chaussée, autrefois située dans l'angle qu'elle forme avec la petite rue qui porte aussi son nom. La rue Saint-Vulfran, la plus ancienne, dit le P. Ignace, s'appelait autrefois la Cauchie-du-Castel, c'est-à-dire, la Chaussée-du-Château. Ce château était celui qui très probablement fut le premier construit dans l'île du Refuge, à la place même, dit-on, où s'éleva plus tard l'église de Notre-Dame. Fut-il construit par les Romains, détruit par les Barbares, reconstruit par Charlemagne ou Saint-Angilbert? La question est douteuse ; tout porte à croire cependant, Hariulfe et le P. Ignace aidant, que telle fut l'histoire du premier château d'Abbeville. A propos de ce château, beaucoup de nos compatriotes qui ont écrit sur les origines d'Abbeville, ont repoussé avec indignation, je ne sais pas par quelle vanité extravagante, la tradition qui veut qu'elle ait appartenu autrefois aux moines de Saint-Riquier : Nicolas Rumet, sieur de Buscamps, soutient dans un Ms. qui est à la bibliothèque du roi, et après lui MM. Dargnies de Fresne, Sannier d'Arbancourt, L. Traullé dans différentes pièces que nous avons sous les yeux, que

----

(1) Biographie d'Abbeville et de ses environs.

jamais Abbeville ni le comté de Ponthieu n'ont été soumis à l'abbaye de Saint-Riquier. Brussel, dans son *Usage général des fiefs*, après avoir défendu l'opinion contraire à la fin du chapitre VI du livre III, semble se rapprocher de celle de Nicolas Rumet, dans les additions et corrections à son ouvrage, en ce qu'il dit qu'à la page 816 à la fin du chapitre, il faut ajouter ce qui suit : « mais il ne faut pas faire grand fonds sur le rapport de l'histoire, car pour ce qui est du comté de Ponthieu, ce qui prouve qu'il n'avait point usurpé ce comté sur les moines de Saint-Riquier, est qu'il ne le tenoit point d'eux en fief, mais du roi, comme cela se voit dans le compte rendu de Droue de Braye, bailly d'Amiens, du terme de la Toussaint 1261, où il est fait recette d'une somme de deux mille livres pour le rachat du comté de Ponthieu : *De rachato comitatûs Pontivi*. Cette première assertion de Brussel, trop largement interprétée, fit du chemin dans les écrits de nos compatriotes. «En effet, dit l'un deux, dans un article du journal de Verdun de 1759, tome 86, si les moines de Saint-Riquier eussent été seigneurs d'Abbeville, comme le prétend Hariulfe, il leur serait resté quelques censives, quelques droits honorifiques, mais il ne leur reste aucune de ces choses; ils ont à la vérité dans cette ville un hôtel ou refuge, mais cet hôtel a été acheté par un de leurs abbés, plusieurs siècles après l'établissement d'Abbeville, et ne leur fait nullement une portion d'ancien domaine dans cette ville. « Est-il nécessaire de répéter, après l'*Histoire d'Abbeville*, que ces conséquences sont complétement fausses ; que, ainsi que cela résulte du texte même d'Hariulfe, Hugues Capet ayant pris Abbeville aux moines de Saint-Riquier pour y établir son gendre en qualité de gouverneur militaire, le monastère ne pouvait conserver aucun droit dans un domaine qu'il ne possédait plus. Voici le texte d'Hariulfe : « Hugonem primo ducem, postea regem francorum ob barbarorum cavendos incursus Abbavillam (centulensibus) monachis abstulisse, castrumque fecisse-eique Hugonem militem generum suum præposuisse ; Hugonem avocatum dictum esse, quod ecclesiæ Sancti Richerii defensor fuisset a rege Hugone constitutus.» D'où l'on voit que si la question s'éclaircit quant à la possession de la ville par les moines, elle reste tout au moins aussi obscure quant au château qui nous occupe, puisqu'il ressort de ce passage que Hugues, le gendre de Hugues Capet, fit à son tour construire ou reconstruire un château, *Castrum*, qui était sans doute celui que l'on attribue aux Romains, puis à Saint-Angilbert. Ce premier château d'Abbeville, quelque soit son fondateur, soutint-il, dans les temps reculés, des siéges dont l'histoire n'a pas conservé le souvenir? Nous ne savons, mais cela est probable, et M. L. Traullé nous donne, dans une note à l'appui de cette supposition, l'indication suivante : » Je tiens, dit-il, de madame Choquet, propriétaire d'une maison située dans la Petite-Rue-Notre-Dame, près de l'ancienne église de Notre-Dame-du-Chastel, que dans sa cour il a été trouvé une énorme quantité d'ossements humains. » Le château des Romains, celui d'Angilbert et celui de Hugues, ont été renversés; l'église de Notre-Dame-du-Châtel a été démolie ; les ossements déterrés aux environs ont été brouettés dans quelque cimetière inconnu ; l'histoire des hauts faits dont l'île du Refuge a été le théâtre n'a jamais existé ou a été brûlée dans la cellule de quelque moine de Saint-Riquier ; et, pour la patience des lecteurs, nous espérons bien être les derniers qui traiterons de ces choses. Revenons donc tout simplement à notre rue Saint-Vulfran.

La rue Saint-Vulfran a conservé jusqu'au XVIe siècle son nom de *Cauchie-du-Castel*, de là le nom de la petite église dont la fondation se perd dans la nuit des temps. Rebâtie dans le courant du seizième siècle, l'église de Saint-Vulfran de la Chaussée, dont le clocher, rehaussé depuis la première corniche jusqu'à l'entablement en l'an 1607, avait été démonté en l'an 1621, présentait sur la grande rue Saint-Vulfran, un fort joli portail. L'église Saint-Vulfran de la Chaussée fut démolie pendant la Révolution, et, sur l'emplacement qu'elle occupait, avec les pierres mêmes qui la composaient, a été bâtje une suite de maisons blanches, qui portent les n°s 37, 39, 41 et 43. — Une maison dites des *Trois Roys*, située près de cette église, lui avait, suivant le P. Ignacé, autrefois servi de presbytère.

Dans la rue Saint-Vulfran, dans la maison qui porte le n° 6 et qui regarde la rue de l'Hôtel-Dieu, est né notre poëte Millevoye.

Presque à l'autre extrémité de la rue, du côté de la Placette, était l'hôtel de Rambures. Au-dessus de cet hôtel s'élevait une haute tour dont les fondations existent encore. L'an 1679, trouvons-nous dans les Ms. de M. Siffait, M. de la Roche, marquis de Fontenille, étant devenu l'héritier de la maison de Rambures, fit abattre l'hôtel de cette famille avec la haute tour qui dominait son enclos, et que messire André de Rambures, gouverneur d'Abbeville, avait fait bâtir en l'an 1494, pour voir ce qui se passait dans la campagne. M. de Fontenille fit construire au même lieu un autre hôtel, qui prit le nom d'hôtel de Fontenille (1). Ce qui reste de l'hôtel de Fontenille, porte le n° 68.

----

(1) Nous avons, parmi les notes de M. Traullé, trouvé quelques extraits de titres qui indiquent à quelle époque cette maison fut bâtie, comment elle s'accrut et en quelles mains elle passa successivement. — « Le 5 août 1408, David de Rambures achète de Jean Le Quaille, par-devant le maire d'Abbeville, un ténement de trois maisons sises dans la rue Wyloisel. En 1440, Adrien de Rambures prend à cens le ténement dit de Saint-Christophe, rue du Castel, devant l'église Saint-Vulfran de la Cauchie. En 1445, Adrien de Rambures prend à bail une petite place enclavée dans son hôtel et tenant par une étable à une ruelle qui séparait son hôtel de celui de M. de Rincheval. » — Nous dirons un mot de cette ruelle. — « En 1667, Marie de Bautru, femme de Charles de Rambures, étant en son hôtel de Ligny, rue Notre-Dame-du-Châtel, vend à charge de ratification, comme procuratrice de son mari, l'hôtel de Rambures à André d'Aigneville et à Pierre Bernard de Moismont. » — Dans la désignation de cet hôtel conservée par cet acte de vente, il est encore parlé d'une rue *au Sac*, —celle de plus haut—app elée aussi *l'Orde Rue*.—« En 1669, les sieurs d'Aigneville et de Moismont vendent l'hôtel de Rambures à François de la Roche Fontenille. — En 1730, Louis Antoine de la Roche,

La rue Saint-Vulfran possédait plusieurs auberges fort anciennes : c'étaient le Petit-Saint-Jacques, qui existe encore et qui porte le n° 38 ; le Grand-Hôtel qui sert aujourd'hui de maison de commerce à MM. Lottin, et qui porte le n° 23 ; l'hôtel du Chaperon Rouge où demeure aujourd'hui M. Mouchaux, et qui porte le n° 80.

C'est dans la maison, qui depuis est devenue l'hôtel du Grand-Hercule (n° 74), et qui portait déjà ce nom au seizième siècle, que naquit l'abbé Delétoille, ancien principal du collége. L'abbé Delétoille, après la suppression de cet établissement pendant la Révolution, ouvrit un pensionnat d'où sont sortis plusieurs élèves qui se sont distingués dans des carrières diverses, entre autres M. Charles de Cerisy.

Nous avons nommé la Petite-Rue-Saint-Vulfran. — La ville y possédait une école de garçons, dont l'instituteur était payé par la fabrique de Saint-Vulfran. Cette école a été vendue le 21 avril 1824.

Presque en face de la Petite-Rue-Saint-Vulfran, un peu plus haut cependant en tournant vers la place du Petit-Marché, entre les maisons qui portent les n°s 48 et 52, s'ouvre encore une impasse sans nom. Cette impasse était autrefois une ruelle qui aboutissait à la Grande-Rue-Notre-Dame, et qui s'appelait, dit-on, rue des Damoiselles, du passage fréquent des *damoiselles* d'une grande maison, — celle de Vendôme Ligny peut-être, — qui la traversaient pour se rendre à la messe à Saint-Vulfran de la Chaussée. — Cette ruelle était sans doute la rue Wyloisel ou la rue au Sac, dite aussi *l'Orde Rue*, dont il a été question dans une note sur l'hôtel de Rambures. — C'est par cette impasse que se sauvèrent, dans la nuit du 15 au 16 février 1804, l'abbé Leclerc et Durrieu, complices de Georges Cadoudal. Ils demeuraient

---

marquis de Fontenille, vend l'hôtel de Rambures devenu l'hôtel de Fontenille. » — A ceux que cette note pourrait ennuyer, nous dirons que les recherches historiques, consciencieusement poussées, conduisent infailliblement aux infiniment petits.

chez une dame Denys, dans une maison de la Petite-Rue-Notre-Dame (n° 6). Des gendarmes, envoyés de Paris pour les arrêter, ayant cerné cette maison, l'abbé Leclerc et Durrieu, réveillés à temps, franchirent plusieurs murailles pour gagner la ruelle des Damoiselles. Les gendarmes n'entrèrent que pour saisir les papiers de l'abbé Leclerc, cachés sous le parquet d'une chambre et que la dame Denys, dont la tête s'était troublée, leur découvrit elle-même. L'opinion du temps fut que, si l'on avait fait agir la police de la ville au lieu d'employer des gendarmes étrangers, l'abbé Leclerc et son complice eussent été saisis (1).

La rue de l'Hôtel-Dieu s'appelait autrefois rue Frettelangue. M. Dargnies de Fresne, avocat, nous apprend dans ses notes que de vieux titres latins la désignaient sous le nom de Via Fretelensis, et Collenot prétend que ce mot doit se traduire ainsi : via in quâ lingua fricat, rue où l'on remue fréquemment la langue, à cause, ajoute-t-il, du voisinage de la rue des Pois-Pilés où se jouaient les farces. Nous renvoyons sur ce point Collenot à M. Dargnies et M. Dargnies à Collenot. La rue de l'Hôtel-Dieu tire son nom présent de l'hôpital fondé en 1158 par Jean, comte de Ponthieu, et dédié par lui à Saint-Nicolas auquel, dit le P. Ignace, il portait grande affection. Le P. Ignace, du reste, dit peu de chose de cet hôpital. Il remarque cependant que c'est le plus ancien couvent de religieuses d'Abbeville et que les frères de l'Hôtel-Dieu ayant pour patron Saint-Nicolas, les sœurs ont pris pour patronne Sainte-Marthe. Les frères précédèrent les sœurs dans cet hôpital, les sœurs n'y ayant été installées qu'à la fin du XIIe siècle ; bientôt après cette époque, des discussions forcèrent à supprimer les frères, et les religieuses, sous la conduite d'un prêtre séculier, demeurèrent seules chargées de l'administration (2). Le P. Ignace fait grand éloge de ces religieuses.

---

(1) Voir pour plus de détails l'*Hist. d'Abb.* 1re édition.
(2) *Hist. d'Abb.* tom. II, liv. 8.

« A l'heure que j'écris ceci, dit-il, il y a plus de quarante religieuses professes, toutes filles de vertu et d'oraison. » Ces religieuses n'avaient d'abord été qu'au nombre de huit, dont deux converses. Elles étaient au nombre de trente-huit au moment de la Révolution. — L'hôtel-Dieu, avons-nous dit, a été fondé par Jean, comte de Ponthieu. Ne serait-il pas convenable, puisque cela s'est fait récemment pour d'autres institutions charitables, que le nom du noble fondateur fût inscrit sur la façade de l'établissement qu'il a légué à la ville ? Le souvenir du méchant comte Hugues de Camp d'Avesnes s'est bien conservé parmi le peuple dans les terreurs superstitieuses qu'inspire la bête Cantraine ; pourquoi celui du bienfaisant comte Jean ne lui serait-il pas chaque jour représenté ? La mémoire du peuple doit savoir punir et récompenser.

Presque en face de l'Hôtel-Dieu est une auberge qui a nom hôtel du Roi Louis (n° 4). C'est dans cette maison que logèrent les Cordeliers en arrivant à Abbeville.

Un peu après l'Hôtel-Dieu, était le refuge de l'abbaye de Saint-Valery (n° 27), qui appartient aujourd'hui à l'hospice des malades ; il est habité par M. Engerand. La maison voisine (n° 29), occupée par M. Delf, en faisait également partie. Ce refuge fut, en 1572, vendu par les moines à la *Chambre du trésor*. Le cintre de la petite porte fut changé en 1817, et celui de la grande en 1821 : au-dessus du cintre de la petite et dans l'ovale de la corniche, on lit : *Stulta est sapientia sine Deo.*

C'est dans cette rue et dans la maison (n° 32), occupée par M. de Campennelle, que demeura notre compatriote Lherminier, médecin de l'empereur (1). Madame Dehérain, fille de ce médecin distingué,

---

(1) M. Lherminier, professeur au collége de France, qui a donné chez nous à l'étude philosophique de droit une si heureuse impulsion est le neveu de notre compatriote ; son père était d'Abbeville. Nous pouvons donc en quelque sorte le compter au nombre de nos concitoyens.

y naquit le 7 novembre 1798, quelques mois avant que son père allât se fixer à Paris. Madame Debérain nous fournit un nom de plus à mettre sur la liste des artistes abbevillois. Nous citerons, entre autres tableaux qui lui sont dus, Sainte-Geneviève, patronne de Paris, Sainte-Catherine, Sainte-Geneviève de Brabant, l'Assomption de la Vierge, la Foi, l'Espérance et la Charité, la Vision de Jeanne d'Arc. Ces tableaux ont été lithographiés par Challamel. Un tableau de madame Debérain a été donné en 1834 par le gouvernement à l'église de Saint-Vulfran : il représente Jésus-Christ dans le Jardin des Oliviers, et se trouve placé contre le mur du bas-côté gauche du chœur.

La rue de l'Hôtel-Dieu reçoit l'impasse des Pois-Pilés et la rue de l'Isle.

L'impasse des Pois-Pilés était autrefois une rue qui probablement aboutissait à la rue l'Abbesse; elle communiquait, dit Collenot, avec un moulin détruit en 1774 et qui portait le même nom. La rue des Pois-Pilés s'appelait ainsi, sans doute, parce que le premier théâtre qu'Abbeville ait eu y fut établi. « On appelait à Paris jeux des Pois-Pilés, les représentations théâtrales, parce que la maison où elles avaient lieu portait pour enseigne une *pile-de-poids* à peser (1). » Collenot donne une autre explication de ce mot : « On appelle pois-pilés, dit-il, le marc dont on a ôté la purée ; de là, le même nom donné à des comédies informes mêlées de sérieux et de burlesque ; de là aussi le nom de Reine-des-Pois-Pilés, donné dans le *Moyen de parvenir* à une bourgeoise ridicule. » Nous laissons la querelle à d'autres. Collenot, pour soutenir sa thèse, affirme qu'au-dessus de la porte de notre théâtre était figurée une grosse *pile de pois* triturés dans un mortier. La pile de pois existait peut-être, mais alors Collenot ne nous donne pas l'enseigne complètement, car à côté

---

(1) *Hist. d'Abb.* tom. I. liv. III. chap. II.

on devait voir un singe « tenant un écriteau sur lequel on lisait:
Ichi on s'égaudit (1).

Il y a, au fond de l'impasse des Pois-Pilés une école des frères de
la Doctrine-Chrétienne. L'acquisition de cette école a été faite par la
ville, le 16 janvier 1822. Les frères l'occupaient déjà depuis quelque
temps.

La rue de l'Isle s'appelait autrefois rue Hors-les-Murs, en souvenir
du temps où la ville finissait au pont que l'on appelle encore Pont-
de-l'Isle ; il est propable qu'elle tire son nom présent, ou de ce pont
même, où de l'une des deux îles, l'île Foucques et l'île Becquin,
qu'elle longeait ou traversait.

Le Pont-de-l'Isle traverse la rivière de l'Hôpital. Cette rivière
s'appelle ainsi de l'Hôtel-Dieu derrière lequel elle coule. Ce n'est
qu'un bras de la Somme qui, du canal Marchand à quelques centaines
de pas au-dessus du Pont-aux-Brouettes, va se jeter dans le bras
principal de la Somme, à quelques centaines de pas au-dessus du
Pont-de-Talance. Plusieurs moulins tournaient autrefois sur cette
rivière, près du Pont-de-l'Isle, et sur une autre petite qui coulait
parallèlement et qui a été comblée. Un de ces moulins était le moulin
Videcoq. — Entre la rivière de l'Hôpital et cette autre petite rivière,
était l'île Foucques, que nous trouvons écrite île Foulques sur un
petit plan de la Collection de M. de Saint-Amand. Au-delà était
l'île Becquin. L'île Foucques et l'île Becquin devaient évidemment
leur nom à deux anciens mayeurs. Le rue de l'Isle a commencé à
être élargie il y a quelques années du côté du pont, par suite d'une
acquisition faite par la ville le 13 avril 1842.

La rue de l'Isle, qui fait deux coudes brusques à quelques pas au-
delà du pont, reçoit à gauche, au second de ces coudes, l'impasse de
l'Abbesse, et un peu plus loin, à droite, l'impasse des Six Moulins.

---

(1) *Hist. d'Abb.* tom. I. liv. III. chap. II.

L'impasse de l'Abbesse s'appelle ainsi sans doute parce que l'abbesse ou la supérieure de l'hôpital de l'Hôtel-Dieu y avait une sortie. L'impasse de l'Abbesse était autrefois une rue, qui, faisant un coude dans les jardins de la rue de l'Isle, aboutissait au rempart. Les empiétements de l'Hôtel-Dieu ont coupé cette rue par le milieu.

L'impasse des Six Moulins aboutit à la Somme. On l'appelle ainsi, parce qu'elle conduisait à des moulins que l'on désignait sous ce nom. Nous parlerons plus loin de ces moulins. Suivant les notes de M. Traullé, l'impasse des Six Moulins représenterait encore aujourd'hui un tronçon d'une rue qui remontait vers le rempart. — Dans un autre endroit de ces notes nous trouvons une rue des Moulins de l'Isle qui probablement était la même.

Au-delà de l'impasse des Six-Moulins, s'allonge encore devant nous la rue de l'Isle ; mais cette rue est si mal pavée, il est si difficile de s'y maintenir en équilibre sans une intolérable douleur de la plante des pieds, qu'il nous a été impossible de la parcourir dans toute son étendue ; nous croyons cependant avoir entendu dire qu'elle aboutit au rempart, à peu de distance du Pont-de-la-Portelette.

Nous allons reprendre la rue de l'Hôtel-Dieu, dans cette partie que l'on appelait rue du Béguinage.

Cette rue tirait ce nom, ainsi que la place voisine, aujourd'hui Placette, du couvent de Béguines fondé à une époque inconnue par les sires de Boubers. Aux béguines qui occupèrent le couvent jusqu'en 1441, succédèrent en 1456 les religieuses de Saint-François, dites *Sœurs-Grises* (1), de la couleur de leur vêtement. Le couvent des Sœurs-Grises fut fondé par Marie Boissart et Antoinette Mallet, deux vertueuses filles, l'une du faubourg de Menchecourt, l'autre du village de Franleux. La congrégation ne fut autorisée d'abord à réunir que

---

(1) *L'Histoire de Ponthieu* fixe l'établissement de ces religieuses en 1356 ; il y a erreur de cent ans.

treize religieuses sous la conduite d'une supérieure ; les vœux étaient
interdits aux *sœurettes*, comme on les appelait vulgairement, et leurs
statuts les obligeaient à garder les malades dans les maisons bourgeoises comme le faisaient les Béguines. La supérieure des Sœurs-
Grises parcourait elle-même la ville en mendiant. « Toute supérieure
qu'elle estoit, dit le P. Ignace en faisant l'éloge de celle qui fut élue
l'année même de leur fondation, elle fut la première qui porta la
besace en demandant du pain pour l'amour de Dieu. » L'ambition
vint vite aux Sœurs-Grises. Dès 1436 elles désirèrent d'être tout-à-
fait religieuses, et deux Mères de leur ordre, envoyées de Saint-
Omer à Abbeville à cet effet, après les avoir enseignées pendant
quelque temps, leur firent donner l'habit de religion. Ayant enfin
obtenu une bulle du pape Paul II, elles firent des vœux de pau-
vreté, de chasteté et d'obéissance en l'an 1468. L'an 1471, elles
obtinrent de l'évêque d'Amiens qu'il dédiât lui-même leur église, en
l'honneur de Saint-François et de Sainte-Elisabeth de Hongrie. En
1521, elles obtinrent de changer leur voile blanc contre un voile
noir. *Quoique bonnes et vertueuses*, dit le P. Ignace, les Sœurs
Grises n'avaient néanmoins jamais gardé la clôture depuis quasi
cent vingt ans qu'elles étaient établies à Abbeville. Mais Dieu qui
inspire toujours les bons désirs aux bonnes âmes, leur inspira la
clôture; si bien que, le 6 août de l'an 1635, le jour de la Transfiguration, elles virent mettre le comble à leurs vœux par le P. provincial des PP. Cordeliers, qui leur donna dans leur cloître la sainte
bénédiction si ardemment désirée. Ce fut pour elles, dit le P. Ignace,
une véritable transfiguration. Elles étaient alors au nombre
de trente-cinq. Le couvent des Sœurs-Grises possédait un grand
nombre de reliques pour la plupart fournies par les onze mille
Vierges, les dix mille et les treize mille Martyrs. La plus célèbre de
ces reliques était une grande partie du chef de Sainte-Ursule. Ce précieux reste, enchâssé d'abord dans un chef de bois doré, avait été
mis plus honorablement en 1627 dans un chef d'argent richement
accommodé. Au-dessous de ce chef étaient gravés ces quatre vers :

Ursula sum, princeps, virgo, martyrque sagittis
  Obruta cum sociis, sanguine nupta Deo.
Anglia me genuit, cupiitque Britannia, prado
  Me necat ; hic caput est, corpora Rhenus habet.

Les Sœurs-Grises étant très pauvres et ayant contracté des dettes qu'elles ne purent payer, on leur avait défendu de recevoir des novices afin de laisser la communauté s'éteindre (1). Les bâtiments du Béguinage étaient très vieux, très sombres et en grand délabrement lorsqu'ils furent démolis pendant la Révolution. Sur leur emplacement s'élevèrent trois maisons assez importantes : celle de M. de Vicq (n° 49), que fit construire M. Lefebvre de Cerisy, ancien maire d'Abbeville; celle de M. du Bellay (47), qui a appartenu à M. L. Traullé, notre collaborateur pour ce travail,—M. Traullé fit percer dans ce tte maison, au mois de mai 1816, le premier puits artésien qu'ait eu Abbeville, — et celle de M. Elluin, notaire (n° 45). Entre chacune de ces maisons a été partagé le jardin de l'ancien couvent, mais la première en a gardé la plus grande partie.

La rue du Béguinage nous ramène à la rue Saint-Vulfran par la Placette.

Cette petite place, comme son nom l'indique, s'est appelée autrefois place du Béguinage, du couvent dont nous venons de parler. Dans les temps reculés (2), la foire d'Abbeville s'y est tenue. Les marchands de volailles, d'œufs, de beurre et de fromages y étalaient en tous temps leur marchandise. — Le 19 juin de l'an 1803, la Placette prit le nom de place Bonaparte, dans les circonstances suivantes. Le premier consul avait traversé la ville la veille sous des arcs de triomphe,

---

(1) *Hist. d'Abb.* tom. II. liv. VIII.

(2) La plus ancienne mention qui soit faite de la foire d'Abbeville est de 1228 ; elle fut à cette époque autorisée par Marie, comtesse de Ponthieu, fille de Guillaume.

au bruit des cloches et du canon, èscorté de gardes d'honneur à cheval et à pied, au milieu des cris d'enthousiasme de la foule et des discours des autorités de toute sorte ; il avait touché les clefs de la ville ; il avait accepté un laurier ; le soir il avait dîné et couché chez le maire, M. de Cerisy, qu'il avait *admis* à sa table : on sentait que le premier consul était déjà plus qu'un président de République.

« *Déjà Napoléon perçait sous Bonaparte.* »

M. de Cerisy fit prendre ou prit l'arrêté suivant : — « Le maire voulant perpétuer le souvenir du séjour du premier consul Bonaparte en cette commune, et faire connaître à la postérité le lieu qu'il a habité, arrête : la rue du Béguinage, dite des *Sœurs-Grises*, où est située la maison qu'a occupée le premier consul à son passage en cette ville, sera désormais appelée rue *Bonaparte*, et la place, dite *Placette*, qui est située en face de ladite maison, portera le nom de place *Bonaparte*. *Signé* Lefebure (1). » Le nom de la place Bonaparte n'est jamais sorti de cet arrêté.

Le court tronçon de la rue Saint-Vulfran que nous avons à parcourir de la Placette au Pont-de-Talance a donné le jour, près de ce pont même, et dans une maison inconnue, à notre illustre graveur Claude Mellan, dont la famille, dit-on, subsiste encore chez nous dans un rang obscur. Non loin de ce pont aussi, dans la maison qui fait le coin de la Petite-Rue-Notre-Dame, est né M. Damiens, professeur au collége de Rheims, auteur d'une savante et patiente *Notice sur la vie et les travaux de Dom Grenier,* couronnée l'année dernière par la Société des Antiquaires de Picardie.

Le nom du Pont-de-Talance vient, dit-on, de ce qu'il fallait nécessairement le traverser pour se rendre dans le comté d'Eu et dans le pays de Caux, qui s'appelaient autrefois le comté de Tallon. — Le Pont-de-Talance, primitivement en pierre dans toute son étendue, a été reconstruit vers 1828, et l'une de ses arches a été remplacée par une

---

(1) *Hist. d'Abb.* 1re édition, chap. XLI.

pont tournant destiné à rendre plus facile la navigation intérieure de la ville avant l'ouverture du canal de Transit. — A la même époque, l'entrée de ce pont fut élargie par suite d'acquisitions faites par la ville les 27 septembre 1827 et 16 juillet 1828. Dans une session récente le conseil d'arrondissement à émis le vœu que ce pont mobile fut transformé en pont fixe et qu'une double voix y fut établie.

Nous avons de nouveau retrouvé la Somme, et cette fois pour tout de bon. Cette rivière qui, ainsi que le fait observer le P. Ignace, commence auprès de la ville d'un saint, et finit auprès de la ville d'un autre saint, donna à chacun de ces deux saints l'occasion d'un miracle : Saint-Quentin, après son martyre, étant resté pendant cinquante-cinq années chargé de plomb au fond de la rivière, surnagea tout-à-coup aux yeux d'une dame Romaine aveugle, sans que ce long séjour sous l'eau eût altéré en rien son corps. Saint-Valery traita la Somme comme Moyse avait traité la mer Rouge, comme Josué avait traité le Jourdain. Sa châsse avait été enlevée par Arnoul, comte de Flandres. Bureard, comte de Corbeil, se l'était fait remettre avec l'aide du roi, et la rapportait en triomphe lorsqu'il est arrêté par le flux de la mer ; le comte Bureard et sa suite s'agenouillent ; tout-à-coup « l'eau se divise en deux si à propos que ceux qui portaient ce saint corps et tout le peuple qui suivoit passèrent à pied sec. » Plus récemment le poète Ronsard lui fit aussi une célébrité :

> « Loire au long cours, Seine au port fructueux,
>
> Saone qui dort, le Rosne impétueux,
>
> Aussi la Somme, et force autres rivières
>
> Qui ont les bords de maintes villes fières. »

M. L Traullé, dont l'esprit actif se portait sur tous les antiques souvenirs du pays, s'est aussi occupé de la Somme, mais cette fois ses assertions nous paraissent plus que hasardées : « La navigation de la Somme, dit-il, et de toutes les rivières de France, était du temps des Romains beaucoup plus aisée qu'aujourd'hui ; il y avait dans ces rivières dix fois plus d'eau que de nos jours ; ces faits sont attestés par des témoins irrécusables, par les anciens lits que la Somme a laissés à sec, qui sont connus dans la Basse-Somme sous le nom de *Croupes* et dans lesquels on trouve tout ce que peut charrier une rivière, des bateaux submergés, des squelettes d'hommes et d'animaux, les armes des premiers Gaulois, celles des Romains, les monnaies et médailles des uns et des autres, de petites statues et figurines, des ex-voto en bronze et en terre cuite, des fragments de poterie sans nombre. L'auteur du présent mémoire, ajoute M. Traullé qui sans doute tenait à sa thèse, a connu le premier l'origine de ces monuments qui dominent majestueusement le sol de nos prairies, y dessinent tous les différents bras de ces rivières, leurs contours, leurs îles, et figurent un plan en relief, et a fait connaître leur théorie dans un Mémoire présenté à l'Institut. » Aujourd'hui ce bras principal de la Somme est complètement abandonné par la navigation à laquelle le canal de Transit suffit.

Au-delà du Pont-de-Talance s'ouvrent trois rues : la rue de la Portelette, la rue Saint-Jean-des-Prés et la chaussée d'Hocquet.

La rue de la Portelette s'appelle ainsi de l'ancienne porte de la ville, aujourd'hui supprimée. — La première partie de cette rue, depuis le Pont-de-Talance jusqu'à la rue du Hangar, s'appelait autrefois rue des Cordeliers.

La rue des Cordeliers tirait son nom du couvent de l'Ordre de Saint-François, qui y était établi.

Ce couvent avait remplacé l'hôpital de Sainte-Madeleine, consacré aux pécheresses repentantes. — De beaux réglements gouvernaient cet hôpital fondé à une époque inconnue (1). Les pénitentes ne pouvaient y être reçues qu'âgées de moins de quarante ans. Passé cet âge, on pensait que le délaissement du monde avait plus de part que leur cœur dans leur repentir. La sévérité du temps se montre dans ces statuts : on n'avait pas voulu faire d'un hôpital, les invalides du vice. Lorsque l'hôpital de Sainte-Madeleine fut donné aux Cordeliers

______

(1) Ces statuts ont été publiés par M. Louandre, dans les *Mémoires de la Société d'Emulation* d'Abbeville. Années 1834—1835.

en 1239, les filles pénitentes furent transférées dans l'hôpital de Jean-Le-Sellier, près du Pont-à-Cardon, et de là, en 1566, à l'hôpital de Saint-Quentin, près du Pont-Grenet, où elles demeurèrent jusqu'en 1610, et où nous les avons vu donner prétexte au proverbe rapporté par Collenot. Ce proverbe du reste a toujours pu voyager avec elles, les différents hôpitaux qu'elles occupèrent n'ayant jamais été situés que près d'un pont. — Le souvenir du premier couvent des filles repentantes s'est longtemps conservé dans la ville : la principale foire d'Abbeville, qui s'ouvrait comme de nos jours le 22 juillet, s'appelait foire de la Madeleine. Il paraît que le moment de cette foire était un temps de joyeuse vie. « D'aucuns mauvais plaisants de cette ville, dit Collenot, ont écrit que les filles de joie, tant celles de la ville que celles qui font trafic de leurs appas pendant la durée de la foire de la Madeleine, étaient sous la garde du custode des Cordeliers. Cette mauvaise plaisanterie ne provenait-elle pas de ce que ces Pères occupoient l'hôpital ci-devant dédié à Sainte-Madeleine, où la police faisait placer ces filles pour sûreté et les engager à récipiscence ? »

Les Pères Cordeliers qui avaient, ainsi que nous l'avons dit plus haut, logé quelque temps en face de l'Hôtel-Dieu, dans la maison qui est aujourd'hui l'auberge du Roi Louis, furent transférés en 1239, ainsi que nous l'avons dit encore, dans l'hôpital de Sainte-Madeleine, par Arnoul, évêque d'Amiens. Il n'y avait que treize ans que leur glorieux patriarche Saint-François était mort. Leur principal fondateur chez nous, la libéralité des bourgeois de la ville aidant, fut Jean d'Abbeville, sieur de Boubers. L'église des Cordeliers a conservé pour patronne Sainte-Madeleine. Par une coïncidence singulière, le grand couvent de leur Ordre, à Paris, était aussi dédié à cette Sainte. Il y avait dans ce couvent une école de théologie ; on commença à y enseigner l'an 1627. Au temps du P. Ignace, quatre-vingt-cinq religieux demeuraient aux Cordeliers ; « c'est, dit-il, la pépinière des grands prédicateurs, où se forment les excellents professeurs, et où ont estudié la pluspart de ceux qui reluisent maintenant en vertu et en science.» Il n'en restait plus que seize en 1698. — Les RR. PP. Cordeliers n'enseignaient pas seulement la philosophie : Abbeville peut, dans la personne de deux Cordeliers inconnus, frères convers et habiles menuisiers, réclamer sa grande part dans la construction des magnifiques stalles de la cathédrale d'Amiens. Ils avaient été appelés le 10 juin 1510, pour en diriger l'exécution ; cette œuvre d'un travail accompli ne fut achevée que le 10 février 1519 ; elle avait été commencée le 3 juillet 1508.

Il se tint en 1505, aux Cordeliers d'Abbeville, un chapitre général de l'Ordre de Saint-François, ainsi que l'atteste l'extrait suivant : — » Aux gardiens et religieux de l'Ordre de M. Saint-François de cette ville, la somme de soixante livres à eux donnée... pour employer et convertir aux grands frais et despens qu'il leur convient faire pour la congrégation, et chapitre d'icelluy ordre de Saint-François qui se doit tenir de brief au couvent de ceste dite ville, en laquelle viendront plusieurs gens de bien, docteurs, bacheliers, vénérables pères et autres notables personnages en grand nombre. Lequel chapitre sera à la très grant louenge et honneur de Dieu nostre créateur, du roi nostre sire et de messieurs mayeur, échevins, habitants et religieux et couvent. — Argentiers, année 1505. »

Les bâtiments des Cordeliers existent encore ; l'église sert de magasin de roulage et porte le n° 1. Les bâtiment habités par divers locataires portent le n° 7. Pendant longtemps ces derniers furent occupés par une manufacture de drap. — Les armoiries des seigneurs de Caux, qui avaient été les bienfaiteurs de la communauté, se voyaient anciennement sur le portail de l'église et en plusieurs endroits du couvent. A l'entrée du chapitre une grande pierre de marbre noir couvrait la sépulture de Guillaume d'Abbeville, seigneur de Boubers, trépassé en 1316, et petit-fils de Jean d'Abbeville nommé plus haut. — Un nom se voit encore sculpté sur celui des bâtiments qui regarde la rivière du côté de la Portelette : c'est celui du frère Paulard, définiteur et custode des Cordeliers, mort le 22 septembre 1747, qui avait fait rebâtir le couvent (1). — Les Cordeliers avaient encore dans la rue qui porte leur nom et en face de leur église, une maison désignée sous le nom de *La Coupe d'Or*. Ils l'avaient acquise en 1628 ainsi que le jardin qui en dépendait, « pour la plus grande commodité des estudians, dit le P. Ignace. » C'était celle où nous avons vu que naquit Gabrielle Foucquart. La Coupe d'Or devint depuis une auberge. Maison particulière aujourd'hui, elle est occupée par M. Terrier, et porte le n° 8 ; les Cordeliers avaient fait jeter un peu après la Coupe d'Or un pont sur la rue, afin de se rendre de leur maison dans le jardin dont nous avons parlé. La filature de M. Terrier, établie en 1846, fonctionne aujourd'hui dans ce jardin.

Un hôtel de Boubers s'élevait au moyen âge sur l'emplacement de la Coupe d'Or ; à la même époque il y avait des boucheries dans la rue des Cordeliers.

Une note que nous avons sous les yeux nous apprend qu'aux environs de l'hôtel de Boubers, existaient une rue de Paris et une rue

---

(1) Le P. Paulard avait quatre-vingt-trois ans lorsqu'il mourut. « Il avait fait rebâtir à neuf, disent les Ms. de M. Siffait, dirigeant lui-même les travaux, la maison des Cordeliers qui avait été presque écrasée par les provisions de bouche que les commissaires du roi y avaient fait mettre pour l'année 1710. » — On avait aussi logé à cette époque, dans le cloître et dans le couvent, une quantité de soldats malades et de blessés évacués de la frontière du nord après la bataille de Malplaquet, en sorte que les religieux avaient été obligés de loger eux-mêmes à la Coupe d'Or. — Le père Paulard avait fait aussi refaire à neuf les murailles de l'église des Cordeliers, sans toucher à la charpente du comble ni au clocher. « Il les orna aussi de beaux ornements. » On ne sait pas encore, ajoutent les Ms., où il eut des fonds pour subvenir à de si grosses dépenses.

de Maillefeu dont la position du reste n'est pas positivement précisée.
« La rue de Paris y est-il dit bordait d'un côté le jardin de MM. de
Boubers situé devant les frères mineurs et la rue de Maillefeu
bordait le même hôtel du côté opposé.

La petite rue qui a conservé le nom de Hangar, et qui va du bout
de la rue des Cordeliers au canal de Transit, s'appelait au moyen-
âge les *Hangards aux pourceaux*. Il y a des endroits qui portent leur
destination avec eux : c'est près de cette rue que s'est établi, il y a
quelques années, le Marché-aux-Vaches-Grasses. Après un long *inter-
règne* un marché a succédé à un marché.

Ce marché aux Vaches-Grasses a été aplani, clôturé et planté sur
un abreuvoir alimenté par la rivière de Maillefeu, qui se jetait à la
Somme contre le couvent des Cordeliers (1). Cet abreuvoir comblé a
été reporté de l'autre côté de la rue , dans la Somme même, au pied
de l'ancien couvent.

Le pont sous lequel la rivière de Maillefeu traversait la rue, s'appelait Pont-des-Cordeliers.

La rue de la Portelette commençait à cet abreuvoir.

C'était à sa naissance, vis-à-vis la petite rue qui, de l'autre côté de
la Somme, conserve encore le nom des Six-Moulins, que les six moulins, appelés au moyen âge Moulins-de-Talance, barraient la rivière.
L'un de ces moulins appartenait aux Cordeliers ; ils ont été détruits
à l'époque où les travaux du canal furent sur le point d'être terminés.
Le troisième moulin vers la rue de l'Isle devait le mardi de chaque
semaine, à l'abbaye d'Epagne, huit boisseaux de blé. C'était une
donation de Guillaume Talvas, comte de Ponthieu, et qui datait par
conséquent de 12e siècle. Le moulin de Maillefeu ou de la Mare, situé
sur l'emplacement actuel du Marché-aux-Vaches, devait à la même

---

(1) La plus grande partie du terrain de ce marché, auquel l'abreuvoir ne suffit pas, a été achetée par la ville le 29 octobre 1838.

abbaye, à la Toussaint, un setier de froment *tel qu'il tombait en mouture.* Cette donation faite par Guérard d'Abbeville, chevalier, seigneur de [Boubers, remontait à l'année 1236.

La rue de la Portelette, qui n'est bâtie que d'un côté, sert de quai de déchargement à la plus grande partie des bateaux qui viennent d'Amiens. C'était le long de cette rue que stationnaient les diligences d'eau au temps où il y avait encore des diligences d'eau. Le projet est de l'élargir en empiétant sur la Somme, que l'on repousserait sur les jardins de la rue de l'Isle (1).

La rue de la Portelette finit à la porte de la ville (2) ; cette porte flanquée de deux grosses tours rondes touchait à la rivière, tout près du pont qui relie le rempart de Saint-Jean-des-Prés au rempart du Pont-des-Prés. Son nom lui vient de ce qu'elle était alors si basse et si étroite qu'un homme à cheval pénétrait à peine sous sa voûte. La Portelette fut reconstruite dans les années 1803 et 1804. Une des

(1) Dans sa dernière session le conseil d'arrondissement a émis le vœu : 1° que le quai de la Portelette soit élargie autant que possible par la construction d'une bordure en poteaux et planches plates, construction qui d'ailleurs et dans tous les cas faciliterait singulièrement le service des bateaux ; 2° qu'en cas de retard ou d'empêchement quelconque dans l'exécution de ce travail, la sécurité des voyageurs soit garantie *par voie d'urgence* au moyen d'une barrière suffisemment solide. — Un autre projet existe aussi, croyons-nous : ce serait, en laissant à la rue de la Portelette sa largeur actuelle, de faire un nouveau quai sur la rive opposée de la Somme.

(2) Il ne faut pas confondre la rue de la Portelette avec ce que les Ms. de M. Siffait appellent la chaussée de la Portelette. « Cette chaussée, disent-ils, commence à ladite porte et finit près la chapelle Sainte-Marguerite, ayant 900 toises de longueur sur une toise de largeur, ce qui fait en toises carrées 900 toises. »

grosses tours de l'ancienne porte servait de corps-de-garde ; un assez joli bâtiment, construit près de la nouvelle, servit à la fois de corps de garde et de logement pour le concierge. Il y a trois ans, cette nouvelle porte démolie à son tour a fait place à une autre plus appropriée à la défense de la ville.

Au-delà de la Portelette était le Pâtis, promenade fréquentée et vaste, plantée de plusieurs lignes d'arbres et dont il ne reste plus guères aujourd'hui que le souvenir et le nom conservés par quelques centaines de pas du chemin de hallage. Le plan de l'ancien Pâtis est dans la Collection de M. de Saint-Amand.

Les guinguettes de la Portelette ont été célèbres, dit-on, jusqu'aux premières années de l'Empire. Les tartes au fromage, les pâtés d'anguilles et les gâteaux qu'on y mangeait y attiraient beaucoup de monde. Les gens de métiers s'y donnaient rendez-vous le jour de leur fête patronale, et, lors de la fête du Saint-Sépulcre qui était courue, la foule y devenait plus élégante.

Nous avons, on se le rappelle, dit quelques mots de la chapelle Sainte-Marguerite, et du faubourg des Planches au commencement de notre travail ; nous n'y reviendrons pas. Nous allons prendre la rue Saint-Jean-des-Prés qui fait directement face au Pont-de-Talance.

La rue Saint-Jean-des-Prés s'appelait autrefois, suivant les notes de M. Traullé, rue Froidmentel ; son nom actuel lui vient de l'ancienne église de Saint-Jean-des-Prés bâtie à son extrémité dans le cours du quatorzième siècle, à l'endroit où passe aujourd'hui le canal de Transit, et démolie en 1793.

L'église de Saint-Jean-des-Prés existait depuis beaucoup plus longtemps cependant. Le P. Ignace, qui n'indique pas la date de sa fondation, rapporte que l'an 1223, Gaufridus, évêque d'Amiens, ordonna le réglement des sept chapelains qui la desservaient sous la juridiction des doyens et des chanoines de Saint-Vulfran. L'église de Saint-Jean-des-Prés tire son nom des prés au milieu desquels elle avait été contruite. « En son commencement, dit le P. Ignace, elle estoit hors de la ville, à cause que la porte de la ville estoit pour lors au Pont-de-Talance, auprès des Pères Cordeliers. Et du temps du roy Louis XI, environ l'an 1477, lorsque la longue muraille, les tours, et les fossez qui sont depuis la Portelette jusqu'à la porte Doket, furent faits, et que la ville fut agrandie de ce côté-là, elle fut enclose dans la ville, ayant toujours retenu le nom de Saint-Jean-des-Prez, n'ayant jamais esté bastie ailleurs qu'au lieu où elle est maintenant. » Saint-Jean-des-Prés, ainsi que le remarque aussi le P. Ignace, était dédié à Dieu en l'honneur de la Nativité de Saint-Jean-Baptiste, comme Saint-Jean-de-Rouvroy à la mémoire de sa Décollation. — Jusqu'à la création du canal de Transit, une petite maison et un jardin remplacèrent l'église et le cimetière de Saint-Jean-des-Prés.

Dans la rue Saint-Jean-des-Prés encore, mais plus près du Pont-de-Talance, était le couvent des Sœurs-Blanches.

L'an 1553, dit le P. Ignace, l'empereur Charles-Quint ayant fait raser la ville de Térouane, les religieuses du Tiers-Ordre de Saint-Dominique qui y demeuraient furent dispersées en trois villes ; quelques unes s'en allèrent à Saint-Omer, les autres à Saint-Valery et dix se réfugièrent à Abbeville. Le dénuement dans lequel elles vécurent d'abord toucha ses gens de bien, et Dieu permit, dit le P. Ignace, « que Messieurs d'Abbeville pensassent sérieusement à ces pauvres étrangères (quoy que la vertu en quelque part qu'elle soit ne se trouve jamais étrangère). » On leur donna alors à habiter l'hôpital de Saint-Julien, situé dans la chaussée d'Hocquet, et dont nous parlerons bientôt. A cette époque, il y avait dans la rue Saint-Jean-des-Prés une grande maison que l'on appelait l'hôtel de Vaulehorgne ; aidées des libéralités de la famille de Melun (1), les reli-

---

(1) Le dernier membre de cette famille, le vicomte Gabriel de Melun, fut enterré comme la plupart de ceux de sa famille, dans l'église des Sœurs-Blanches, Son épitaphe, placée sous une glace, était ainsi conçue :

gieuses de Saint-Dominique l'achetèrent en 1597 et y firent bâtir leur monastère que le P. Ignace qualifie de très-beau. L'an 1603, avec l'assistance de Madame Hippolyte de Montmorency, princesse et douairière d'Epinoy, furent jetées les fondations de leur église qui ne fut dédiée par l'évêque d'Amiens que cinq ans après, le 29 juin 1608. Le 10 avril 1622, la réforme fut introduite dans le couvent des Sœurs-Blanches ; cinq de ces religieuses se refusèrent à cette réforme, et on leur permit de se retirer dans l'hôpital de Saint-Julien pour y vivre selon leur ancienne façon, à condition qu'elles ne recevraient pas de novices. « Quand il faut réformer une maison, s'écrie le P. Ignace, ô qu'il y a de peine ! il est plus facile d'en faire deux nouvelles, que d'en réformer une ancienne. » Aussitôt après leur réforme les Sœurs-Blanches quittèrent le Tiers Ordre pour prendre le Grand-Ordre de Saint-Dominique.

De 1793 à 1795 furent démolies l'église et la maison entières des Sœurs-Blanches. Deux maisons les ont remplacées : celle qui, à usage d'auberge, est occupée par M. Lottin et porte le n° 4, et celle

---

Cy devant gist le corps de très haut et très puissant seigneur Mgr. Gabriel, vicomte de Melun, né prince d'Epinoy, seigneur de la terre et pairie de Domvast, Tours, Caurroy, Hallencourt et autres lieux ; connétable héréditaire de Flandres, lieotenant-général des armées du roi, commandant pour sa magesté a Abbeville, dernier male de cette très ancienne et très illustre maison, décédé le 20 aout 1739, agé de 78 ans.

Les obsèques de Gabriel de Melun furent magnifiquement faites ainsi qu'on le voit dans l'*Hist. d'Abb.* tom. II, Chap. des Mœurs. — Un de ses ancêtres, Pierre de Melun, qui s'engagea dans la révolte des provinces unies en 1577 et dont les biens furent confisqués, s'était réfugié à Abbeville, préférant, comme il le disait au comte d'Egmont, être vicomte sans terre, que comte sans tête. — L'hôtel de Melun était près de l'église des Sœurs-Blanches.

où demeure madame Prarond et qui porte le n° 6. M. de Cerisy, maire d'Abbeville, fit construire la dernière. Le jardin du couvent a été partagé entre ces deux maisons. Les haricots que l'on récoltait dans le jardin de ces religieuses avaient, me suis-je laissé dire, une grande réputation ; je puis affirmer que j'ai mangé des haricots récoltés dans leur ancien clos, mais, soit que des mains moins saintes les eussent semés, soit que le terrain eût perdu de sa vertu vantée, je n'ai rien remarqué dans leur goût qui les distinguât des autres haricots que je connaisse.

La rue Saint-Jean-des-Prés, qui finit aujourd'hui au canal de Transit, ne finissait autrefois qu'au rempart.

Le P. Ignace nous a appris plus haut que ce rempart avait été construit en 1477. — Les beaux arbres de ce rempart, qu'on abattit il y a peu d'années, avaient été plantés en 1763, M. de Dompierre étant maire ; aussi le nom de mail de Dompierre lui était-il resté. C'était autrefois une promenade assez battue des promeneurs. La création du canal de Transit et la destruction du Pont-Rouge, en l'isolant de la ville, l'ont rendue à peu près infréquentée. La promenade nouvellement plantée le long et en deçà du canal, l'établissement du débarcadère définitif dans les marais de Saint-Jean-des-Prés et la construction prochaine d'un pont sur le canal dans l'axe de la rue rendront à ce côté de la rue un aspect moins abandonné.

Nous avons nommé le canal de Transit. Ce canal, dont nous avons déjà eu occasion de parler à propos de la navigation de la Somme, fut commencé vers 1829 et fini vers 1835.

Entre le canal de Transit et l'ancien jardin des Sœurs-Blanches, sur l'emplacement d'une maison et d'un grand jardin, a été aplani le Marché-aux-Chevaux ; la maison et le jardin avaient été acquis par la ville le 20 avril 1836 ; le marché fut ouvert vers 1838 ou 1839.

La chaussée d'Hocquet que l'on écrivait autrefois Doket, — le P. Ignace et R. Cordier l'écrivent de la sorte, — est ainsi nommée du nom d'un riche bourgeois, Barthélemy d'Hocquet ou Doket. Elle n'offre rien de bien remarquable que la multitude d'enfants qui grouillent sur son pavé. Au commencement de ce siècle, bien des maisons y étaient encore couvertes en chaume et beaucoup accusent encore aujourd'hui le peu d'aisance d'un grand nombre de ses habitants.

A l'entrée de la chaussée d'Hocquet était autrefois l'hôpital de Saint-Julien-le-Pauvre.

Cet hôpital fut fondé l'an 1217 par un bourgeois d'Abbeville, nommé Mathias Coulars, qui pour l'édifier donna, dit le P. Ignace, sa maison près du Pont-de-Talance avec deux aires, c'est-à-dire deux jardins. L'hôpital de Saint-Julien servait d'auberge aux communautés errantes, nous avons vu que les Jacobins s'y établirent en 1652 à leur arrivée à Abbeville, et nous venons de dire que les religieuses de Saint-Dominique y logèrent comme eux après leur expulsion de Térouanne. L'hôpital de Saint-Julien était dédié à Saint-Julien-le-Pauvre, dont l'histoire mérite d'être rappelée ici.

Saint-Julien, après un long voyage, était revenu chez lui. Il entre et trouve deux personnes couchées dans son lit. Les saints malgré leur foi ne sont pas exempts de jalousie ; Saint-Julien, dont la vue se troubla, pensa voir un amant couché avec sa femme ; il tua l'un et l'autre. C'était son père et sa mère que sa femme avait charitablement reçus pendant qu'il était absent. Saint-Julien au désespoir voulut prendre congé de sa femme afin d'aller faire pénitence en pays étranger, mais celle-ci ne voulut pas l'abandonner ; ils s'en allèrent donc tous deux demeurer auprès d'une rivière fort dangereuse, auprès de laquelle ils bâtirent un petit hôpital pour les pauvres qu'ils passaient en bateaux. Les remords de Saint-Julien ne se calmèrent que lorsqu'un jour il reconnut dans sa barque, sous la forme d'un lépreux, Jésus-Christ qui lui remit son péché.

Les maisons qui portent les n°s 19 et 21 occupent l'emplacement de l'hôpital de Saint-Julien-le-Pauvre.

En remontant la chaussée d'Hocquet vers la porte de la ville, nous trouvons d'abord à notre droite la Salle d'Asile de ce quartier. Cette Salle a été acquise par la ville le 6 juillet 1844. Elle existait déjà dans la même maison depuis 1841.

Un peu plus loin, le Pont-Ledien, dont nous avons parlé, fait communiquer la chaussée avec la Pointe.

Un peu plus loin encore et à notre gauche s'ouvre la rue aux Vaches.

Cette rue, voisine de l'église de Saint-Paul, non bâtie, mais bordée de fossés, de haies et de saules qui ont bien leur poésie dans l'été, se partageait autrefois en deux branches. Par l'une de ces branches on allait au rempart, par l'autre à la rue Saint-Jean-des-Prés.

La première avait nom, comme aujourd'hui, rue aux Vaches : ce nom venait sans doute des vaches qui, par elle, se rendaient aux prés situés aux environs.

La seconde avait nom rue de Boubers : ce nom venait sans doute de l'hôtel de Boubers situé, ainsi que nous l'avons dit, vis-à-vis du couvent des Cordeliers et dont le jardin longeait une partie de la rue Saint-Jean des-Prés. — Cette rue de Boubers, encore indiquée sur un plan de la Collection de M. de Saint-Amand, a disparu sous les empiétements des jardins qu'elle traversait, ainsi que cela est visible du reste sur un plan de la ville où elle n'existe plus qu'en tronçons.

Collenot nous fournit à propos de la rue aux Vaches l'anecdote suivante, la seule qui vraisemblablement s'y rattache et qu'il rapporte, dit-il, sur le témoignage de plusieurs personnes dignes de foi.

Vers 1695, un ouvrier de la manufacture des Rames, nommé Olime, se présenta chez le curé de Saint-Paul et lui dit qu'il avait fait un pacte avec le diable, afin de n'être jamais malade et d'obtenir des forces pour gagner de bonnes journées. Il ajouta que Satan lui était apparu en habit rouge avec une queue en trompette, et qu'en vertu du susdit pacte, il s'était donné à lui pour trente ans. C'était, disait-il, dans la rue aux Vaches, près de l'église Saint-Paul, qu'il avait signé ce pacte que le diable tenait entre ses griffes ; depuis cela, depuis quatre ans, Olime ne fréquentait plus l'église. L'idée de sa damnation éternelle le poursuivait sans cesse et il était venu trouver son curé pour retirer de l'abîme son corps, son âme et sa signature. — Le curé, touché de son repentir, dressa un acte pour forcer le diable à comparaître. Il fallait un huissier pour signifier cet acte, on jeta les yeux sur le nommé Pappin que, sous un faux prétexte, — la fin justifie les moyens, — on attira chez le curé où on le fit boire jusqu'à minuit. A cette heure redoutable, on se rendit dans l'église. Olime prit un cierge, le curé lui couvrit la tête de son étole, et, avant de commencer l'exorcisme, on remit l'asisgnation entre les mains de Pappin qui, ne sachant rien encore, y jeta les yeux et recula trois fois. Le curé le rassure, lui dit qu'il ne s'agit que de signer l'exploit et de le jeter par la grande porte dont le bedeau, saisi de terreur, avait ouvert les deux battants. Pappin s'arme de courage, signe non sans hésiter, s'avance en tremblant vers la grande porte et jette l'exploit. — A l'instant même, un coup de vent impétueux tourbillonne et enlève le papier ; on redouble de prières ; un grand bruit s'entend et les murs de l'église tremblent. Bientôt on voit tomber de la voûte le pacte infernal que le curé seul peut ramasser, tant était grande la terreur des assistants. Olime était resté à genoux et renversé sur les talons ; on brûla le pacte au feu du cierge qu'il tenait entre les mains.

Dans le premier angle que forme la rue aux Vaches avec la chaussée d'Hocquet est l'église de Saint - Paul qui réunit aux offices les fidèles de ce quartier, éloigné par son étendue des quatre églises principales de la ville. — Cette église, fondée à une époque inconnue, mais assurément fort ancienne, puisque le P. Ignace affirme l'avoir trouvée dans toutes les vieilles chartes qui traitent des églises d'Abbeville, n'est pas arrivée jusqu'à nos jours telle qu'elle était d'abord. Le chœur fut rebâti en 1528 ; la nef, que l'on négligea de reconstruire à cette époque, ne fut achevée qu'en 1556. On y établit un cimetière avec la permission de l'évêque, mais les chanoines de Saint-Vulfran, jaloux du droit exclusif de sépulture qu'ils exerçaient dans toute l'étendue de leur seigneurie, loin de permettre au curé de Saint-Paul d'user de ce cimetière, le firent condamner à déterrer *per signum* les morts qu'il y avait déjà ensevelis et à leur payer en outre des dommages et intérêts (1). — L'église

____

(1) *Hist. d'Abb.* tom. II, liv. VIII.

de Saint-Paul, vendue pendant la Révolution à divers particuliers, avait été rouverte au culte dès le commencement de ce siècle. Elle a été rachetée l'année dernière par la ville. Elle renferme un fort beau bas-relief.

Plus loin, mais cette fois à droite, nous trouvons la rue de la Terrasse.

Cette rue, une des plus pauvres de la ville, tire son nom de la terrasse des Rames, anciennement lieu de récréation des ouvriers de cette manufacture et à laquelle elle conduit. Elle est presqu'entièrement habitée, ainsi qu'une grande partie de la chaussée d'Hocquet, par ces ouvriers.

Cette terrasse, située le long de la rivière derrière les Rames, a vu dernièrement abattre une partie de ses arbres pour faciliter le halage des bateaux dans le port.

Les Rames, dont nous venons de parler et qui viennent après la rue de la Terrasse, furent fondées au mois d'octobre 1665, par Josse Van Robais, habile manufacturier de Middelbourg. Les vastes bâtiments de cette manufacture, dont la construction coûta plus de six cent mille francs, ne furent cependant élevés par son fils que vers les premières années du dix-huitième siècle (1). « J'examinai, écrivait vers la fin du même siècle Arthur Young dans l'ouvrage que nous avons cité au commencement de ce travail, la manufacture de Van Robais établie par Louis XIV, dont Voltaire et d'autres écrivains ont tant parlé. Je m'informai beaucoup des draps que l'on faisait ici et de la laine qu'on y employait, et dans une conversation que j'eus avec les manufacturiers, je les trouvai grands politiques, condamnant violemment le traité avec l'Angleterre. » — Vers le milieu du dix-huitième siècle, en 1745, les Rames, si nous en jugeons par les Ms. de M. Siffait, devaient posséder de petits canons : « Le samedi 11 septembre de cette année, y est-il dit, arriva à Abbeville, en poste, par

---

(1) *Hist. d'Abb.* tom. II, liv. VII, chap. VII.

la porte Marcadé, Mgr. le duc de Noailles et fut logé en la maison de MM. Van Robais, chaussée d'Hocquet ; il fut salué aussitôt des canons de cette maison dans le jardin et ceux de la ville sur le rempart.... Le soir, on fit encore une décharge de ladite artillerie. » — A la même époque et plus tard, le jardin des Rames était ouvert au public le lundi de Pâques et il y avait foule ; on s'y abordait avec des égards réciproques ; c'était une promenade commune où l'on gardait un peu de cette tenue plus sévère que l'on observe entre conviés. On allait un autre jour de l'année se promener au haut du faubourg Saint-Gilles dans le jardin de Bagatelle. En ce temps, les mœurs s'étaient polies et le luxe s'était répandu dans la ville ; les bourgeois notables portaient une épée ; beaucoup d'équipages se rencontraient le soir escortés de domestiques qui éclairaient la marche avec des torches (1).

____

(1) Il faut croire que les mœurs s'étaient à cette époque, sinon améliorées, du moins élégantisées et policées ; un portrait qui nous est resté de nos pères du dix-septième siècle nous les représente moins abordables. — « Le peuple Abbevillois est fort mal aisé à connaître à qui ne le fréquente ; ceux qui ne le voyent qu'en passant jugent qu'il est rude et peu acostable ; mais ils se trompent, car les habitants sont gens qui ne se découvrent point devant un homme inconnu, et, comme on dit, ils veulent connaître avant que d'aimer ; et ce n'est pas sans cause que ceux qui y passent trouvent les maisons si laides car leur beauté n'est qu'en dedans, et tel a le devant de sa maison fort vilain qui l'a fort magnifique au derrière. On voit l'image de ces esprits par leurs maisons. Ils sont fort beaux à qui veut les connoître, gens de cordiale affection, bons amis et qui le témoignent au besoin, ennemis de la perfidie et jaloux de leurs priviléges, mais, ce qui est plus à estimer, excellents sujets du roi, affectionnés à sa couronne et au bien de son Etat autant et plus, qu'aucuns qui portent

Les bâtiments des Rames sont encore à peu de chose près ce qu'ils étaient au dix-huitième siècle ; les métiers seuls qu'ils renferment ont été changés avec les procédés nouveaux de la fabrication. Achetée en 1812 par M. Lemaire, la fabrique des Rames avait reçu de cet

le nom français.» (*Description d'Abbeville* 1643.) — Si nos pères étaient rogues au premier abord et d'extérieur farouche, il paraît qu'ils savaient au besoin ne pas démentir cet aspect. L'énumération des armes, dont toutes n'étaient plus en usage sans doute, mais dont le maniement était encore enseigné au seizième siècle dans notre ville est curieuse ; elle nous a été conservée par Collenot, dans une pièce qui porte ce titre :

« RÉCEPTION D'UN MAITRE D'ARMES A ABBEVILLE DU 11 DÉCEMBRE 1571.
VAULTRIQUE, NOTAIRE A ABBEVILLE.

« Déclaration faite par Valery Duquesmont, Antoine Sanson, Paul Prevot, tous maistres du jeu d'armes en cette ville, y demeurant, les quels après serment fait ès mains des dits notaires ont déclaré qu'ils connoissent parfaitement Nicolas Cossart, prevot dudit Valery Duquesmont, qu'ils l'ont vu plusieurs fois et diverses tenir prix dudit jeu d'armes vis à vis de toutes les personnes qui se sont présentées en la salle du dit Duquesmont prevot et autres, particulièrement en celle de feu maître Jean de Chepy : qu'ils le reconnaissent idoine et capable d'exercer ledit jeu d'armes, comme de fait ils l'ont tenu et tiennent pour maître dudit jeu, pour le montrer et enseigner à toutes personnes qui se présenteront à lui pour le jeu de la grande épée, la hache, la petite épée, la dague, la demie lance et tous autres bâtons d'armes : en conséquence de quoi et pour que le dit Cossart puisse entrer en l'exercice dudit état, ledit Valery Duquesmont ancien maître a fait prêter le serment en cas requis audit Cossart qui s'est soumis aux statuts, ordonnances royales anciennes dudit jeu d'armes sans jamais y pouvoir contrevenir. »

actif et habile directeur une impulsion nouvelle ; en 1827, les machines à filer ayant été introduites en France, et la mécanique s'étant
substituée partout en partie aux bras de l'homme, fut montée la
machine à vapeur qui existe encore, mais qui a reçu de notables
perfectionnements. Depuis ce temps, la manufacture des Rames a con-
tinué de progresser : en 1834, elle a obtenu, sous la direction de MM.
Lemaire et Randoing, la médaille d'or de première classe à l'expo·
sition générale des produits de l'industrie française, et, en 1836, la
première médaille d'or à l'exposition départementale. — L'introduction des machines n'a point fait diminuer le nombre des ouvriers des
Rames, mais a seulement permis d'employer plus de femmes et d'enfants qu'autrefois ; suivant *le Mémoire sur les causes de la dépopulation d'Abbeville*, de MM. Brion et Paillart, la population ouvrière
des Rames se décompose ainsi : 200 hommes, 150 femmes, 150 enfants ; total 500 ouvriers. Il résulte en sus des observations de MM.
Brion et Paillart, que le salaire des femmes et des enfants s'est accru,
tandis que celui des hommes suivait une progression inverse.
Double et même conséquence de l'emploi des machines qui égalisent
les forces humaines. La condition des ouvriers des Rames n'est point
mauvaise cependant, et, malgré l'infériorité du salaire que compense
au reste le bon marché des denrées, aussi bonne ou à peu de chose
près que celle des ouvriers d'Elbœuf ou de Beauvais. Ils possèdent
en outre une excellente institution qu'il convient d'indiquer
ici et qu'il serait possible d'étendre à la plupart des industries qui
occupent beaucoup de bras ; cela ne touche en rien à l'organisation
chimérique du travail et cela rend d'incontestables services : c'est
une caisse de secours mutuels qui date des Van Robais et que les
ouvriers appellent la boîte. La boîte des Rames est administrée par
des syndics élus par eux sous la surveillance d'un contre-maître ;
elle s'alimente du produit des amendes qui varient de 1 franc à 3,
selon la gravité de la faute, d'une retenue sur le salaire de chaque
ouvrier, d'un droit d'admission payé par tout nouveau compagnon,
enfin d'un droit analogue imposé à tout apprenti qui monte sur le
métier. Cette institution a pour but de venir en aide aux ouvriers

malades. Ce qui reste de la boîte, après les prélèvements, est, sauf un premier fonds, partagé deux fois par an entre tous. Ce n'est point seulement dans leur boîte que les ouvriers trouvent aux Rames des raisons de sécurité pour l'avenir : ils savent que, lorsque sera arrivé l'âge où ils ne pourront plus filer, tisser, travailler à la journée, ils trouveront toujours dans l'établissement une occupation proportionnée à leurs forces ; les vieillards sont employés alors aux mêmes travaux que les femmes et les enfants (1). Depuis la mort regrettée de M. Lemaire, les Rames sont dirigées exclusivement par M. Randoing, aujourd'hui représentant du pays à l'Assemblée Constituante.

Un peu plus loin que les Rames, entre la porte d'Hocquet, sous laquelle on ne passe plus, et le bout du rempart qui conduisait au Pont-Rouge, et que l'on ne fréquente plus guères, est un bâtiment qui sert aujourd'hui de dépôt d'artillerie.

C'était sur l'emplacement de ce bâtiment que s'élevait la plus ancienne porte d'Hocquet qui datait du treizième siècle. Elle se composait « de trois arcades ogives, qui traversaient des murs épais, crénelés et garnis de tours. Cette vieille porte, près de laquelle existait autrefois une petite chapelle gothique, avait un aspect imposant et ne fut entièrement détruite qu'en 1781 (2). » Cette ancienne porte, ainsi qu'on le voit dans un dessin à la plume conservé dans les manuscrits de M. Siffait, regardait la Somme, le chemin de Rouvroi suivant alors les sinuosités de la rivière qui n'a été redressée que de nos jours. « Depuis l'année 1767, trouvons-nous dans ces mêmes manuscrits, que l'on avait fait une nouvelle porte d'Ocquet plus commode pour entrer et sortir de la ville, l'ancienne porte était devenue inutile. C'est ce qui a déterminé Messieurs de ville à en faire don au sieur Ricquier, entrepreneur, qui l'a fait abattre à ses dépens. L'incommodité de l'ancienne porte, qui paraissait être un ouvrage de

---

(1) Mémoire sur les causes de la dépopulation d'Abbeville.
(2) *Hist. d'Abb.* 1re édition, chap. XXXVI.

quatre à cinq cents ans, avait déterminé MM. de ville à faire élever la nouvelle. » Cette nouvelle porte, construite suivant les Ms. de M. Siffait en 1767, ne le fut suivant ceux de M. Macqueron qu'en 1769 (1). Depuis la création du canal de Transit et du pont qui le traverse, elle ne sert plus à rien. — Pendant quelque temps, derrière la maison aujourd'hui à usage d'arsenal, il y eut sur le bord de la Somme des chantiers de construction. Voici ce que nous trouvons à ce sujet dans les Ms. de M. Macqueron: « Sur l'emplacement de cette

---

(1) Ce fut probablement par cette nouvelle porte que partit l'expédition contre les corsaires qui ravageaient les côtes de Cayeux. Cette anecdote étant peu connue et ne pouvant guères trouver place ailleurs, notre amour pour les chroniques particulières de Cayeux nous fait un besoin de la raconter ici. — Le jeudi 17 juin 1779, vingt-cinq corsaires étant descendus sur les terres des environs de Cayeux et y ayant enlevé des moutons, la nouvelle en vint à Abbeville sur les huit heures du soir. M. le mayeur fit aussitôt monter une garde de la cinquantaine hors les portes de la ville avec défense de les ouvrir cette nuit là à qui que ce fût, pas même aux voitures des postes royales ; il appela aux armes les houssarts de la garnison et les munit de poudre et de plomb; la diligence fut telle que dès neuf heures du soir les houssarts partaient pour la côte. M. le mayeur donna en outre des ordres pour que les compagnies de la jeunesse fussent prêtes à marcher au premier coup de tambour ; par ses soins une corde attachée à la tourelle du corneur de Saint-Vulfran descendait dans une maison en face du portail; le corneur devait, à un signal de cinq coups de canon, secouer cette corde, et le mayeur devait être réveillé immédiatement par le propriétaire de la maison. Les houssarts étaient arrivés à Cayeux après une marche de sept quarts d'heure, mais l'alarme était passée, et l'on n'avait plus de nouvelles des corsaires. Les houssarts étaient venus et avaient vaincu sans rien voir. — Ms. de M. Siffait.

ancienne porte a été construite par M. Plantard la maison qui se voit aujourd'hui attenante à la nouvelle. Sur le terrain tenant à cette maison, lequel appartient aux fortifications de la ville, M. Plantard faisait construire des navires qu'il employait à son commerce ; il y avait à cet effet établi des ateliers de construction et des forges. »

C'est à M. Plantard que l'on doit le rétablissement du commerce maritime d'Abbeville. M. L. Traullé le constate dans son *Abrégé des Annales du commerce de mer :* « Le commerce d'Abbeville, dit-il sous la date de 1778, cherche à se ranimer ; M. Plantard fils construit dans les chantiers de la ville des vaisseaux de 80 tonneaux ; il fait baliser la rivière et donne un exemple qui malheureusement n'est pas suivi ; sa mort prématurée nuit à ses projets. MM. Delattre les reprennent, on les abandonne. »

La chaussée d'Hocquet, plus anciennement *Bourg du Vimeu*, était encore désignée par le nom de *rue du Bourg du Vimeu* sur les plaques indicatives des rues il y a dix ans environ.

A la porte d'Hocquet (1) s'arrêtera notre excursion en dehors comme au dedans des murs, car nous avons parlé du faubourg de Rouvroy au commencement de notre travail.

Nous voici arrivé au terme de notre promenade; nous avons parcouru Abbeville dans le passé et dans le présent. Dans le passé nous l'avons vue plantée d'églises et de couvents et divisée presque en autant de bourgades différentes qu'elle comptait de corps de métiers ; dans le présent nous l'avons vue s'alignant, se régularisant et prenant avec sa toilette neuve cette uniformité moderne qui

---

(1) La chaussée d'Hocquet et de Rouvroy, disent les Ms. de M. Siffait, commence au pont de Talance et finit à quarante-sept toises au-delà de la porte de Rome, ayant 1,497 toises de longueur sur trois toises de largeur, ce qui fait en toises carrées 5,239 toises.

annonce l'aisance, mais sous laquelle s'efface peu à peu la physionomie historique des vieilles villes.

Le double aspect du passé, — l'aspect religieux et l'aspect que nous appellerons bourgeois, — a disparu : l'aspect religieux avec presque tous les couvents et la plupart des églises ; l'aspect bourgeois avec les corps de métiers. A défaut des choses cependant, les souvenirs sont restés : les couvents et les églises démolis, les groupes de familles dispersés ont laissé à nos rues bâtardes leurs noms patronymiques.

Dans le présent, nous trouvons les rues plus larges, plus saines, mieux aérées, mais diminuées de nombre ; et, non point comme cause, non point comme conséquence, mais comme fait parallèle, nous pourrions constater un chiffre moindre dans la population.

A quelles causes devons-nous attribuer ces changements et ces différences ? Quant au double aspect dont nous avons parlé, la réponse est tout brièvement dans un mot que l'on retrouve partout, que l'on bénit souvent, que l'on doit maudire quelquefois, la RÉVOLUTION, qui a rasé les monuments religieux et dissout les corps de métiers ; quant à la double diminution du nombre des rues et du chiffre de la population, la réponse est plus complexe et plus difficile. Bien des rues ou ruelles ont disparu, ainsi que nous avons eu maintes fois occasion de le remarquer, par suite des empiétements des maisons voisines et des jardins riverains ; plusieurs entre autres ont été entièrement englobées par les maisons religieuses. On comprend du reste que les rues principales s'élargissant, se pavant, s'embellissant de toutes façons, les rues secondaires ou transversales, les *roycuts*, ou se sont trouvées naturellement supprimées par une sorte de prescription du droit de passage, ou n'ont pu tout au plus se sauver en partie qu'en tombant en impasses. La diminution de la population tiendrait, selon nous, à une autre cause, à l'esprit du pays, qui, peureux de toute entreprise hasardeuse, de toutes modifications dans les procédés mécaniques ou industriels, a laissé peu à peu se dessécher les sources du travail abbevillois. Il est à remarquer, en effet, et MM. Brion et Paillart n'ont eu garde d'omettre cette observation dans leur *Mémoire sur les causes de la dépopulation d'Abbeville*, que les principaux établissements du pays, les principales industries qui prospèrent encore chez nous, tels que les Rames, les Moquettes et la carrosserie, ont eu pour fondateurs ou ont actuellement pour chefs des personnes étrangères à la ville. Toutes les autres industries, la blanchisserie, la fabrique de bas, l'armurerie, la fonderie, la coutellerie, l'industrie locale proprement dite, c'est-à-dire la fabrication des bouracans, des espagnolettes, des calicots, etc., ont souffert plus ou moins de cet enracinement dans des procédés dépassés aujourd'hui, sont mortes ou, tout au plus réfugiées dans nos campagnes, y végètent misérablement et tendent tous les jours à une fin que rien ne semble devoir conjurer. Dans de telles conditions la population d'Abbeville devait inévitablement s'appauvrir, et c'est ce qui a eu lieu (1).

Quelques améliorations cependant ont été tentées depuis plusieurs années ; et sous quelques rapports notre ville a déjà gagné. Abbeville est aujourd'hui, et nous espérons qu'elle saura s'y maintenir et en profiter, dans d'excellentes conditions de progrès : un chemin de fer passe sous ses remparts ; un canal les traverse ; un port permet aux vaisseaux de remonter jusqu'au milieu de ses murs ; plusieurs quais servent en d'autres endroits au chargement et au décharge-

---

(1) Comparaison faite du chiffre total de la population aux époques des cinq recensements de 1821, 26, 31, 36 et 41, voici les résultats que MM. Brion et Paillart ont constaté : la diminution n'est que de 105 habitants de 1821 à 1826, mais elle est de 1,730 de 1826 à 1841, parce qu'il y avait eu augmentation de 840 habitants de 1821 à 1826, dont 607 par excédant des naissances sur les décès, tandis qu'il y a eu diminution continue de 1826 à 1841, la dépopulation étant pendant ces 16 années de 998 par excédant des décès sur les naissances et 732 par émigration.

ment des marchandises ; elle a pour se développer à l'intérieur un immense espace ; de grands parterres s'étendent dans l'intervalle de ses rues derrière toutes les maisons ; les pauvres mêmes ont de petits jardins. Nous avons donc tout ce qu'il nous faut pour transporter par terre et par eau ; tout ce qu'il nous faut pour bâtir, pour emmagasiner, pour assurer en un mot la prospérité de la ville et l'aisance des habitants. Courage donc ! Sachons fixer et attirer à notre tour, si nous ne voulons pas être absorbés par la sphère d'attraction des centres voisins. On a divisé Abbeville en rues riches et en rues pauvres (1) : embellissons les unes, assainissons les autres. Arrêtons chez nous les pauvres par le bien être, les riches par l'agrément. Bien des efforts dans ce but ont déjà été faits, nous le savons : les rues ont été repavées et mieux repavées ; l'établissement des trottoirs a

---

(1) D'après le *Mémoire* déjà cité *sur les causes de la dépopulation d'Abbeville*, les rues pauvres sont : les rues du Prayel, des Nattiers, la Chaussée d'Hocquet et la rue de la Terrasse, les rues de l'Isle, du Pont-de-l'Isle, des Six-Moulins, du Hangar et l'impasse l'Abbesse, les rues de la Haranguerie et de la Poissonnerie, les rues du Lillier, du Pont-à-Plicourt, de la Parfaite-Harmonie, des Trois-Fillettes, du Pont-des-Prés et l'impasse de Damas, la rue des Jacobins, l'impasse des Basses-Chambres, la Pointe, — qui doit être classée maintenant parmi les rues riches, — la rue aux Mulets, les impasses Jérémie et Coq-Chéru, la rue à l'Ombrage, la rue et les impasses du Rivage, les rues d'Angouche, Chasserat, du Bas-Mesnil, du Haut-Mesnil, Basse-du-Rempart, du Dauphiné, du Colombier, d'Avignon, Planquette, Pados, d'Argonne, Saint-Jacques, de l'Eauette, des Poulies : les rues Ledien, et Médarde, — qui doivent être aujourd'hui classées parmi les rues riches, — les rues à Borel, de la Prison, Cimetière Saint-Gilles, de l'Hôpital — à cause de l'hospice. — Ces rues représentaient, en 1821, une population de 6,243 habitants ; en 1826, une population de 6,409 habitants ; en 1831, une population de 6,203 habitants.

été encouragé, mais demanderait à l'être davantage ; les écluses de la Somme s'opposant aujourd'hui aux invasions de la marée, nous ne sommes plus exposés à ces inondations périodiques qui faisaient plusieurs fois par mois de certaines parties de la ville une petite Venise (1) et laissaient derrières elles en se retirant une humidité

---

en 1836, une population de 5,993 habitants ; en 1841, une population de 5,901. D'après le même travail, les rues riches sont : les rues Saint-Gilles, de la Tannerie et du Pont-de-Boulogne, le Marché-au-Bled, les rues du Pont-aux-Brouettes, du Pont-d'Amour, l'impasse Makalembert, les rues des Lingers, de l'Hôtel-de-Ville, du Moulin-du-Roi, Vérone, des Grandes-Ecoles, des Saintes-Maries, la place Sainte-Catherine, le quai et la place du Pont-Neuf, la Boucherie, les rues Saint-Vulfran, — Grande et Petite, — de l'Hôtel-Dieu, la Placette, l'impasse des Pois Pilés, les rues de la Fortelette, des Cordeliers, de Saint-Jean-des-Prés, Notre-Dame, — Grande et Petite, — Barbafust, du Guindal, et du Marché-aux-Herbes, la chaussée du Bois et l'impasse de la Commanderie, les rues du Fossé, Babos, de la Briolerie, du Saint-Esprit, du Saint-Sépulcre, Charlet, aux Pareurs, des Teinturiers, des Capucins, des Carmes, du Pont-de-la-Ville, des Pots, la place Saint-Pierre, la rue des Rapporteurs, la chaussée Marcadé, les rues Vieille Porte Marcadé, de Locques, des Minimes, Millevoye. Ces rues représentaient, en 1821, une population de 7,989 habitants ; en 1826, une population de 8,135 ; en 1831, une population de 7,548 ; en 1836, une population de 7,297 ; en 1841, une population de 6,942. — Si à cette population des rues riches et des rues pauvres nous ajoutons celle des faubourgs qui était de 4094 ames en 1821, 4522 en 1826, 4437 en 1831, 4420 en 1836, 4593 en 1841, nous aurons pour population totale d'Abbeville en ces années 18326, 19166, 18188, 17710, 17710, 17436.

(1) La chaussée d'Hocquet, les deux rues Notre-Dame, la rue Saint-Vulfran, la rue des Grandes-Ecoles, le quartier Saint-Jacques, la chaussée Marcadé, et, dans les grandes marées, par la petite rivière du Scardon, les rues basses de la paroisse du Saint-Sépulcre.

malsaine ; l'éclairage au gaz a répandu ses clartés là ou les réverbères ne répandaient que leurs ombres. La vigilance municipale s'est
étendue activement sur toutes les branches de la police urbaine ;
mais il reste encore à faire : bien des rues sont encore étroites et
empuanties qui demanderaient à recevoir plus d'air, à s'égoutter plus
facilement ; dans les quartiers pauvres, le sol des maisons est souvent
au-dessous du niveau de la rue. C'est dans ces rues, dans ces maisons
que la charité doit aller traquer la misère. Traquons-la par les ressources que doit chercher à créer une assistance bien entendue. Chez
nous le travail fait plus souvent défaut que l'assistance : les capitaux,
s'immobilisant pour la plupart dans la terre, se déversent en aumônes
au lieu de se déverser en activité. C'est bien, on peut espérer mieux.
Prévenons la triste nécessité de l'aumône en développant le travail ;
l'activité vaut mieux que l'assistance. Obligeons la misère, si nous ne
pouvons la détruire, à se respecter, elle-même ; désinfectons ses
taudis par de bonnes mesures sanitaires ; élevons-les à l'avenir, agran-
dissons-les par de bons réglements qui défendent aux entrepreneurs
de construire des maisons dont le sol n'aurait pas une hauteur indiquée, dont les fenêtres n'auraient pas une dimension voulue. Si nos
efforts restaient infructueux, ce qui ne sera pas, nous aurions au
moins la conscience d'avoir bien agi, la satisfaction d'avoir tenté de
maintenir notre ville dans le rang qu'elle a toujours tenu, qu'elle
tient encore et qu'elle doit toujours tenir parmi celles du département et des départements voisins.

Malgré l'ingratitude apparente de notre travail, c'est avec un plaisir
vivement senti que nous l'avons poursuivi jusqu'à la fin. Les notes
que nous compulsions avaient pour nous cette sorte d'attrait qu'ont
les vieux papiers de famille. La physionomie passée d'une ville se
retrouve en quelque sorte dans le catalogue de ses rues, dans le nom
de ses édifices, dans les traditions qui s'y rattachent. Dans ces noms,
dans ces traditions, au coin d'un mur, à propos d'une inscription, se
révèlent, par des perspectives imprévues, les mœurs, les habitudes,
le langage, les allures de nos pères ; on reconstruit par un effort de
l'imagination le monde où ils ont vécu ; des souvenirs nouveaux ou

plus précis nous rapprochent d'eux, et l'on s'éprend de leurs actions comme de celles de gens dont on tire vanité. Nous offrons donc avec pleine confiance à nos concitoyens cet incomplet travail : rien de ce qui intéresse une ville à quelques égards ne doit être étranger à ses habitants.

RECTIFICATIONS ET NOTES.

Ce volume pour être complet demanderait bien des additions encore ; il demanderait pour être sans faute une révision sévère. Les quelques notes qui suivent n'ont la prétention ni de le compléter, ni de le mettre à l'abri de tout reproche d'erreur. Une telle prétention exigerait un remaniement que ne comporte pas cette édition.

I.

En vertu d'une délibération du conseil général de la commune, en date du 10 décembre 1792, on change les noms de certaines rues qui rappelaient encore les souvenirs d'un régime répudié : la rue du Marquis devient la rue et chaussée du Bois ; la rue de la Fontaine-Lecomte, la rue de la Fontaine ; la rue de l'Echevinage, la rue de la Municipalité ; la rue du Bourg du Vimeu, la rue et chaussée d'Hocquet ; le cul-de-sac l'Abbesse, le cul-de-sac de la Maison de

Secours. En vertu de la même délibération, quelques rues qui n'avaient pas encore de noms en reçoivent : la rue qui conduit de la rue d'Anfer, dite du Lillier, — ici nous aurions à relever une quasi erreur dans notre travail, — devient la rue de la Parfaite-Harmonie. On voit par cette délibération que les rues de la Terrasse, du Saint-Sépulcre et le cul-de-sac du Cimetière Saint-Gilles ne reçurent une désignation, officielle du moins, qu'à cette époque. Dans le tableau de toutes les rues qui suit cette délibération, nous trouvons un cul-de-sac de Talsac, vulgairement appelé, — y est-il-dit, — Au Sac. — Cette impasse appartient au Sépulcre. — Pour la paroisse Saint-Jacques, nous trouvons une rue Bataille, une rue des Morts. — Cette dernière passe, est-il dit, derrière le cimetière Saint-Jacques. — Le véritable nom de la Petite Rue Saint-Jacques était alors rue Aux Courtois. Il y avait un cul-de-sac du Pont-Neuf. L'impasse Jérémie, déjà appelée ainsi, avait pour nom officiel cul-de-sac Huguet, et pour seconde dénomination vulgaire Cul-de-sac de l'Etoille ; une ruelle, dite de Cayeux, conduisait de la Grande Rue de la Pointe au cul-de-sac du Pont-Neuf ; la ruelle vis-à-vis le cul-de-sac Jérémie s'appelait rue, — ruelle ou cul-de-sac Crémone ; enfin il y avait une rue du Mont Sainte-Catherine.

II.

La rivière de Taillesac. — Elle ne se jetait pas dans la rivière du Scardon, près du Pont-de-la-Ville, mais près du Pont-aux-Poirées. Cela modifie un peu nos assertions à propos de la rue Entre-deux-Eaux.

III.

L'ancien hôtel de Créqui, qui appartient aujourd'hui à M. de Pingré, renferme plusieurs tableaux de valeur : entre autres une adoration de Saint-François dans la manière de Murillo, et que l'absence d'un chiffre empêche seule de lui attribuer ; une tête de Saint-Pierre, étude profonde et nerveuse attribuable à Ribéra ; enfin une Sainte Famille de Fra-Bartholomé. — Ce dernier morceau, peint sur un panneau vermoulu et jugé authentique par les experts des musées nationaux, est d'une grande valeur ; le clair-obscur est parfaitement traité pour le fond ; la Vierge et l'enfant Jésus vivement éclairés sont d'une grande vigueur ; l'expression de la Vierge est admirable de pureté. On sait que Fra-Bartholomé ne terminait pas ses tableaux ; il les ébauchait avec soin et se contentait de rappeler les détails et les lumières. Le présent sujet nous assure que la main de Satan n'y a pas touché. — Enfin une tête de Christ expirant, non signée, mais évidemment d'un maître italien, et quelques autres tableaux moins remarquables, mais dus cependant à des pinceaux dignes d'être connus. M. de Pingré possède en outre de beaux camées antiques rapportés d'Italie, et une collection d'armes anciennes. — Il y a dans une des dépendances de cette habitation un pilier en grès très curieux et auquel il serait difficile d'assigner une époque certaine. On présume qu'en creusant les fondations de la maison, il a été découvert divers fragments de ruines, entre autres celui dont nous parlons, qui, enclavé maintenant dans des constructions du siècle dernier, présente l'aspect d'une colonne ornée de sa base et d'un chapiteau ciselé à facettes sur lequel on lit non sans étonnement le nom de Jovis écrit en relief. Plusieurs fragments grossièrement taillés, et semblables à la base de cette colonne, se trouvent disséminés dans les différentes constructions qui font partie de la maison de M. de Pingré.

IV.

C'est par erreur qu'une rue de Wovion se trouve citée dans la note sur la rivière de Novion ; nous avions voulu écrire rue de Novion, et cette rue était déjà nommée dans la phrase même.

V.

La Salle d'Asile de la chaussée d'Hocquet ne se trouve pas, ainsi que nous l'avons dit faussement, avant le Pont Ledien, mais un peu au-delà. La petite place que forme devant cette Salle d'Asile un renfoncement des maisons s'appelle, dit-on dans le quartier, *la Prairie.*

Abbeville. — Imp. JEUNET, rue Saint-Gilles, 108.